Educational Philosophy from Preschool Teachers:

The Way to the Happiness of Education

幼儿教师的教育哲学观

——通向幸福的教育之道

胡华 ⊙ 著

复旦大學 出版社

序

古秀蓉

花草园的日子：将琐碎忙碌串成智慧探索，将教育日常过成诗意生活

关注花花草草幼儿园①，是源于和胡华老师在儿童哲学精神圈子里的相遇。这么多年的阅读、倾听与分享，自己似乎在精神上也已经是花草园的一个共同话语者，不仅和他们有着越来越多的共鸣语词，更是欣赏并转述他们不断躬身自省的专业成长故事。

这些故事饱含着教育实践智慧，但我更愿意用传统的"灵识"一词来称呼。因为这些灵识，不仅有平和通达、豁然开朗的智性愉悦，更激发阅读者贯穿心灵、周遍全身的自身能量，呈现随时更新、永不重复的鲜活生机。而这些汇聚的灵识，就像众多的智慧灵珠，看似散落于花草园建设者们和孩子们在一起的工作日常之中，但当你随意去捡拾某一颗智慧灵珠，就身不由己地进入了孕育智慧的花草园生活之中，去共情大多数工作者入职之初所企盼的那种理想境界：将琐碎忙碌的教育日常过成智慧探索的诗意生活。

我的一些幼师朋友总问我，为什么花草园的教师能拥有如此诗意的教育生活，拥有如此灵动的教育智慧？生活于同一片天空与同一段历史，看似都做着支持幼儿游戏与生活的幼教工作，却有着不同的呼吸节奏与内心沉淀？我们入职之初那些良好的教育发心为什么大多随着世事无常而烟消云散？

细品这些灵识汇聚的过程，多因花草园的守护者们自发对幼者的本能之爱而起，贯穿因儿童而唤起的对教育生活和童年成长的朴素迷思，经由亲、师、幼三方伙伴随时相依、相陪、相促进的真诚生活，勇敢自省职业生涯与个人生活的心智成长意义，从而开启自身教育灵慧的实践探索之路。

花草园的园丁们，作为学前教育工作者，有如此的工作日常，对于个体人生，自是一种非金钱地位能换、非缥缈情怀能担的智慧滋养。这份和孩子们在一起的日常，多年

---

① 中华女子学院附属实验幼儿园，被孩子们和更多人称为"花花草草幼儿园"，简称"花草园"。

来积淀成了花草园的生活化课程，也成了诸多幼教人心中的理想国，成为每个孩子的童年似乎都应该拥有的那个"孩子们的花园"，呼应了幼教之父福禄贝尔最早在德国勃兰根堡创立的"kindergarten"①的学前教育初心。

如果说《幼儿园生活化课程：回归传统、自然与本真》更多地呈现花草园的儿童在课程中的智慧探索，那么这本《幼儿教师的教育哲学观》，则集结了花草园老师们风景各异的灵识生成与智慧探索之路，同时也理性勾勒出一般的幼儿教师是如何通向教育职业幸福的智慧之途的。

而在老师们并肩前行途中，这一个词——"哲学"，赋予了花草园的日子以超越日常的形而上的意义，也将教育生活的琐碎忙碌转化成了教育智慧的探索，将一颗颗智慧灵珠串联成一道道独特的教育风景画，再用画来装点本来的教育生活，从而成就这份生活的诗意。这样的日子，于日常中见真意，极富禅意，真可谓"道不离身"，亦是"道不离生"。花草园的教师用自己的"身与生"诠释了中国哲学的"日用即道，日常即道"，不仅有外显朴素的一般日常，更有内省深邃的"道心"自觉，即在不停歇的流水生活中升起对教育之道的反思与觉知。

每当我寻觅花草园这样坚固的道心从何而来时，都会想起胡华老师提到她在美国访学时对中国幼教走向的困惑，以及花草园课程探索初期带着老师们一起品读冯友兰先生的《中国哲学史》的那些片段。哲学阅读，常常是起于如哲学家一样的对日常生活的困顿与反思，随着哲学家们的语言逻辑去探触人类内心的最底层困惑，去推演最可能的文化理想蓝图。持续地周期性的哲学共读，对于共同体文化建设而言，是在思维上形成共识和达成共情的重要一步，伴随着经验的分享与佐证，观念的激活与碰撞，文化的延续与更新。

花草园的园丁们秉持着中国文化的根脉来思考当下的中国幼儿教育，跟随孩子们自然发展出的对生活的好奇，支持天然童真与历史文化相交汇的儿童创造，并自觉地对自己的教育生活做人生哲学层面的反思，这种教育探索的进路，看得见儿童的哲学，也看得见老师的智慧，使花草园呈现出浓郁的中国文化气韵和鲜活的中国教育智慧特质。

儿童哲学游戏式生活：走出课程拼搭的教育内卷，复归抱元守真的花草乐园

当把儿童与哲学，游戏与生活两组词并在一起时，常常出现朴素的矛盾反应：儿童是天真烂漫的，哲学却高深莫测；游戏是轻松自在的，生活却总暗藏潜流。于是，儿童总和游戏相连，哲学也总显现生活不可回避的终极严肃。但在常识观念中，儿童总归要长大成人，游戏也总会走向所谓真实的生活，所以在工业时代的二分甚至更加精细裂变的生活世界中，发展论和进化论在教育领域占据了主导话语。

在这种话语中，儿童发展的方方面面是可显性测量的，教育则意味着促进人的全面

---

① 现在"幼儿园"的英语词 kindergarten，来源于德语，德语里 kind 意指"孩子"，kinder 指"孩子们"，garten 指"花园"，幼教之父福禄贝尔 1837 年在勃兰根堡首创的世界第一家幼儿园 kindergarten 意指"孩子们的花园"，英语直接沿用德语拼写。

发展与紧紧跟随人类的进化步伐。从科学意义上讲，这些理论都是人类发展进程中自然而伟大的智慧发现。但在教育实践意义上，一方面呼应理论而开发了各种领域门类的课程，一片繁荣多元景象，从强身健体到学科智力再到精神心理甚至灵性课程，似乎将人的身心脑等各方面需求都兼顾了，要啥有啥，只需消费者去购买和拼搭；另一方面，作为教育关系中的亲、师、幼三方却又遭遇了"时间难题"，陷入实践中的"选择困难"。首先是时间难题，人的一生时间有限，即使用尽童年期宝贵的吸收性心智的各种潜能，似乎也不能涵盖各类分化的历史创造成果，不能超越一个身体在一个时空的局限性，科学技术似乎总想解决这种局限性，但随之带来的身心脑分离的后遗症已经越来越被人类提防；再者是选择困难，生命似乎总向往整全的自然状态，而全面发展则似乎勾画了一种看得见的完美人设，但是稍微历经一些人事即可明晓，即使天资卓绝加上教育支持条件无上优越，作为人中一员，一生都逃不过因某些欠缺带来的终生成长挑战；更甚者，在工业化的进程中，西方价值观占主导，大多数分化性课程都是舶来品，而人是具体文化情境中的人，选择困难之后还有适应障碍，多元、移植、融合、创新，需要长时间慢节奏的教育实验田来验证。

总之，人从一开始就是具体文化中的人，教育的目标不是将人导向那想象的神或全知全能的上帝，同样也不是导向以破坏自然为目标的自负与短视的人类中心。席卷全球的新冠疫情引起了全人类对教育未来的思考，在《2050 年教育宣言》中，联合国教科文组织明确提出，教育要走出无休止的经济增长和人类发展的生态灾难逻辑，需要在超越人类、集体和关联的能动性概念指导下开展教学工作，"教育学不再把外面的世界作为学习的对象，学会与世界融为一体是一种情境实践，也是一种超越人类的教学合作"[1]。

而这种教育目标的转向，在花草园的教育生活中，得益于胡华老师对花草园教育文化生长的重视和全园教师对教育哲学的自觉，可以说在创立之初便开始了革新与探索。

近些年，中国学前教育领域的变革相比于其他学段的教育变革，可以说是从民间到官方，都经历过轰轰烈烈的认知革新，发展理论深入人心。即使在没有升学压力的非义务教育前提下，学前教育之于人生发展的重要性也几乎达成全民共识。但在这样的情境中，对于"一日生活皆课程"的理解与实践却大不相同。千禧年前后的 20 年，欧风美雨中各种成熟的课程观念与课程培训涌入，加上学前教育机构的课程自主性和开放性远甚于中小学，很多幼儿园在基础课程保底同时，都拼搭了多种课程，或凸显为"园本特色课程"，或彰显某些教学优势。

课程是幼儿园生活的重要内容，如同工业时代的儿童乐高游戏一样，这些年，一些幼儿园里儿童的一日生活也由不同源头和不同逻辑的课程拼搭组装起来，意愿很美好，缺啥补啥，要啥有啥。现实却是，常看到老师在一日生活中急于流程转换，而孩子也忙着换场子，"时间焦虑"和"选择困境"也同时弥漫在幼儿园。加上家长在教育焦虑中

① 吴文婷，李战国.2050 年教育宣言：学会融入世界〔J〕.世界教育信息，2021，34.

为儿童安排得密密麻麻的教育日程，更是让幼儿失去了自然生长自由探索的童年时间，早早内化了"缺时间"的生命焦虑感，也正是这样，"守护童年""把游戏的权利还给孩子"，则成了现时代的最强音。

花草园从一开始就拒绝课程拼搭，扎根于儿童的真实生活来做有生机的课程，我私下认为，花草园完成了最关键的教育逻辑更新：

其一，以新的哲学观来弥合儿童与哲学的鸿沟。即便从学院派哲学历史来看，哲学是所有学科之母，科学的分化发展如同人类知识树的枝繁叶茂一样，而哲学则犹如最亲近生活大地的树干一样；童年期是人生初期，对于后来发展的技能与工作而言，也似包含着各种萌芽和可能性。所以，哲学作为名词，和儿童一样，都有着最初的启蒙意义。而为动词的哲学是生活智慧的探索历程，是爱智慧的过程，儿童是天然的哲学家，教师也是天然的教育哲学家。

其二，以新的教育观来消解游戏与生活的两极张力。作为整体性的幼儿园生活，因为儿童的存在，随时都渗透着游戏精神，也吸引着老师去走近儿童的游戏视界，和儿童一起在充满游戏精神的生活中思考世界，既是师幼共在的游戏，同时也是师幼认真投入期间不断参与创造的真实生活。游戏与生活，都是具有整体意义的，流动如水，充满生机，是所有灵识的源头活水。

其三，以新的文化观来联结历史文化、教师文化、家庭文化与儿童文化。历史文化只有在师幼具体生活中被激活才被关注与被反思，教师文化作为引线联结起园所、儿童与家庭的文化元素，并以专业性判断联结相应的历史文化，支持儿童自己对身处的自然与人文交融的整体世界的灵性表达，欣赏儿童的百种语言的文化世界，呵护儿童的好奇心，守护童年的真性情，复归抱元守真的花草乐园。而这里的教师文化，其核心就是教师的教育哲学观，在哲学审思上，教师联结了自己的童年与眼前的儿童文化、联结了同龄人或年长者的家庭文化，同时，作为生活化课程的专业教师，自觉地联结起身处的历史文化。

走近儿童视界中的生活，欣赏儿童的自然童心，支持儿童的智慧表达……花草园没有刻意去做儿童哲学课程，但无时无处都在体现儿童哲学的精神。正是这样，花草园的教师，有着自己的节奏，不着急，慢慢来，和儿童一起在花草园的生活中探究童年与人生大问题，进行大量的哲学游戏式的生活体验，走出了工业时代拼搭童年生活和内卷焦虑的教育状态，复归与身边世界的万物和谐相处的花草乐园生活。

花草园的教师，因为生活化课程看见了灵慧的儿童，也照见了朴素的自己；因为给了孩子们真实的生活化课程，也给了自己真诚的反思性追问；因为和孩子们一起书写护根养心的童年生活文化，也创生了好奇活泼的教育实践智慧场。

哲学家教育者的幸福与担当：实践成就智慧，生活即是作品

总是习惯追问生活意义的思想者进入学前儿童的生活场中，在惊讶生命内在的生长力量之时，作为思考者的成年人其实更多是受着儿童生命的滋养，因为儿童朴素的生

命存在状态不仅可以唤起成人心中那个孩提时的自己，更如一道光回应着成人的意义疑惑：生命能如此天然地诞生，存在于世，本身就是意义；另外，站在跨越生命长河两端的观望点，容易升起童年易逝的理性与感怀，而身为教育者的思考者，护佑童心、守护童年，则也成为内在精神成长的一种需求，实践中的一份担当。胡华老师是有着这样的思考者特质的，因为善思善省，当她和与生命初端最近的幼儿在一起时，对世界与人生总怀着热情与好奇，且不吝于向世界表达自己对生命的新发现，这是一份赤子之心，对孩子和教育的世界而言，更是一份长者之怀、勇者之爱。也因为这样的冒险与探索精神，使她从一般的思考者成为哲学家教育者，坚信地走着自己的教育之路，也收获了属于教育探索者的实践智慧。

这几年阅读花草园的微信推送，常常惊讶于推文中显现的花草园老师和儿童生活交互的那份自然，对话时师幼双方身体、情感和智力上满溢的安全感，活动走向中儿童兴趣与逻辑推进之间的滑顺。每一篇推文都有直指人心的话题选择与反思解读，精妙真诚的遣词造句与自洽的图文相应，随手拎出一篇，就是优美的教育散文。孩子的智慧言语似珍珠四散，老师的蕙质兰心似柔线串联。他们投入地在花草园生活，我们欣喜地守候录播，这份美好的记忆，是他们的幸福分享，更是一份探索者的担当。他们在辛苦守护花草园生活之余，多年来挑灯夜战，勤勉笔耕，只为将花草园的余香及时送给我们，在点亮我们心中一盏盏理想明灯之时，也同时将最柔嫩的肌肤显现于前，由世人评说。

前后花了几个月，精读完这本他们用生命灵识凝结成的《幼儿教师的教育哲学》，不禁赞叹，胡华老师在编排上如此舍得，在第十章八位教师的教育生活叙事之前，她非常冒险地裁剪了许多佐证素材，分别收藏于随文附带的小小二维码之中，以此来清晰呈现幼儿教师教育哲学的一般性理论架构，以供同行能概览关键观点。这本书的副标题是"通向幸福的教育之道"，一般来说，幸福的人如阳光一样，具有乐于分享和利他品德，作者可能担心太多的故事冲淡了理论的衔接张力，不惜低调地遮掩诸多风采，也倾尽热情地将智慧结晶奉献于读者，用心良苦，可见一斑。

感恩遇见花草园，感恩这份意为心音的文稿，感恩遇见如此丰满有趣的灵识！

时代之幸，一位教育理想主义者的小微探索可以如此美妙地实现；

教育之幸，一个园所可以生长出这么多位师道坚定的幼儿教师；

花草园的儿童之幸，生命之初邂逅一个滋养幸福童年的花草乐园；

花草园的教师之幸，看见儿童，照见自己，走上探索成长奥秘的爱智之途；

花草园的园长之幸，看见儿童，看见教师，践行转识成智的教育智慧生活！

2021 年 9 月 10 日凌晨于沪

通向幸福的教育之道

　　刚刚过去的 2020 年，有大半年的时间，幼儿园是没有孩子的。因为疫情的缘故，很多秩序都被打乱了。疫情暴发前的那个寒假，我正计划将一个结题研究报告写成一本书。五年前，我们申报了中国学前教育研究会"十三五"重点课题"幼儿教师教育哲学观的叙事研究"①，五年来，对这一问题的思考从未停止过。

　　寒假期间，我和几位老师都在忙着搜集、整理资料，为完成这本书做准备。因为这个研究完成后，我们很确定，这是一本可以重塑幼儿教师专业信念的书。

　　对幼儿教师教育哲学观的关注与研究和我个人的经历有很大关系。我不仅是花花草草幼儿园的园长，也是一名大学教师。熟悉花草园的人都知道，这所幼儿园形成的历史并不长，但在很多方面都显示出了某种独特的气质。在创办这所幼儿园的过程中，特别是在建构被业内同行广泛熟知的"生活化课程"的过程中，作为管理者的我，一直试图从哲学的角度出发，思考与教育相关的问题。

　　这些年来，我一直参与教师们的教育实践，常常惊诧于他们对教育的理解不仅准确、细腻，而且富有个人化的智慧。应该说，这些年来我发表的很多观点，都建立在他们思考的基础之上。我特别喜欢和他们谈论对教育的认识，除了每周一次的面对面交流，只要有问题，我们还会随时在微信群里展开热烈讨论。每周二，是我阅读他们书写的"观察记录"与"教育笔记"的日子。那一天对我而言是享受的，也是振奋的。这样的倾听与对话，不仅使幼儿园具有一种组织化的诚恳气氛，也使教师的创造力与教育智慧有了充分展示的舞台。只有在真实的教育场景中，才能强烈地感受到他们的教育智慧。这也促使我思考：幼儿教师专业成长内在逻辑的出发点到底在哪里？

　　实践总能打开理论思考的窗口。"在幼儿教育领域中，好的教育从来就不是单一的，

---

① 该课题为中国学前教育研究会"十三五"重点课题。课题基于中华女子学院附属实验幼儿园教师教育哲学观的实践探索，是对幼儿教师教育哲学观的系统研究，课题于 2019 年 12 月结题。

而是成人与儿童彼此生命的成全，是双方生命的富于爱心的整体打开。个体总是在自我关联的多样化世界之中显现自身，好的教育应立足于对个体生命的洞察，尊重儿童生命在任一刹那的整体性与复杂性。"① 儿童发展要求教师对其任一刹那的整体性与复杂性做出洞察，拥有这种洞察力的教师必须具有建立在哲学观基础上的个人判断和思考能力。我一直坚持这样的观点，幼儿教育领域的实践相较于其他学段更复杂一些，因为幼儿园教育是每时每刻都在发生着的，幼儿教师必须具备一种融入身体的敏感性和临场发挥的教育机智，拥有一种"即兴的智慧"，做到心、手、脑合一，才能达到一种较为理想的教育状态。我很想为幼儿教师的教育行为与情感寻找一个更加贴切的理由。

幼儿教师的专业成长并未遵循一条标准化之路

今天的教育研究，越来越由探究普适性的教育规律转向寻求情景化的教育意义。因为，人们渐渐意识到，各种问题的背后都存在着一个共同的原因，就是真实心灵的缺失。而对哲学问题的思考将带领我们回到问题原点进行探索，寻找遗失的那些真实性。

我一直在追寻自己心目中理想的教育。当一次次把目光投向教育现场，投向教育中的一个个人的时候，我愈发确信，幼儿教师的专业成长之路不是一条标准化之路，应当是一条个人主动探寻发展的个性化之路。这么多年来，同行们一直在寻找一条适合所有幼儿教师发展的专业之路，即使一些教师有了一些看起来很"专业"的样子，但最后也会发现，那也许只是一个专业"面具"。我们的研究与实践揭示出这样一个规律：幼儿教师首先是人，那些源于教师个人生活的经验才是构建他们实践智慧的源泉。在花草园，一个在实践场域中游刃有余的教师，必须要具有内在的哲学认识和哲学结构，这样的教育才会更加接近理想教育的模样。

用叙事研究的进路，探查幼儿教师教育哲学观的形成路径

幼儿园教育越来越重视儿童的发展，亦强调文化的在场。这一转向也给我们提出了新的挑战，我们需要什么样的幼儿教师？教师可不可以成为自己的研究者？当下的许多教育研究，研究者都是不在场的。当我们习惯于用数据来解释教育问题时，会让那些在场的却难以用数据解释教育现象的教育者陷入困境——"我的教育到底好不好，怎么评判？谁来评判？""我的教育到底由谁做主？"这是实践工作者普遍面临的困境。

这本书的研究进路打破了数据至上的研究思路，遵循了叙事研究的路径，我们想用每个人都能参与其中的叙事故事，即生活中的真实事件，连接公共叙事的意义之线。幼儿教师在实践中遵循的是"心－手－脑"的整合进路。"教育的内在秩序是'心－手－脑'，'心'是创造一种道德情绪和感觉，'手'是在服从的基础上多做好事、养成习惯，'脑'是通过概念来体验与认识道德的规律。'心－手－脑'的背后是把人带回来，把

---

① 本段话引自刘铁芳于 2020 年 12 月 19 日在华东师范大学"生命·实践"教育学研究院主办的"教育研究的特殊性"主题沙龙上进行的主题为《教育研究的特殊性：意蕴及其可能性》的发言。

共同体带回来，把历史和文明中的厚度带回来，把知识带回来，把秩序带回来。'心－手－脑'的整全体系即是教育学的自我确认。"① 在本书中，我们尝试着用这样一种研究思路解释幼儿教师哲学观的形成过程。

这本书里谈论的问题都是我们真切地思考过的。对于教师而言，创造力是宝贵的，因为创造力只能听命于自己，而所有外在的训诫与貌似正确的宏论，都不能代替个人的真实经历和内心感受，不能替代个人对人生意义的追问与回答。

在书中，我们描述了幼儿教师教育哲学观形成的路径、影响因素等问题。书中的每一句话都能找到相应的场景感。个人的认识与经历固然能够让人发生改变，但研究中我们发现，促进幼儿教师真正发生改变的正是教育的对象——儿童。幼儿教师教育哲学观建构的本质依然是回归儿童。

一百个教师，有一百种教育智慧

幼儿教师的专业尊严到底从哪里来？外在的认同真的具有唯一性吗？个人的专业发展，若不能与自我发展产生联结，从内不能看到自我，从外不能回归到教育现象，所有的专业发展都是空洞的。在这本书中，我们试图从二元论对立中跳出来，将对专业问题的探讨，指向个人的哲学素养与整体素养的提升，即教育哲学观的建立。我们意识到，教育哲学观对幼儿教师专业成长的作用已经跳出了从外围技能来衡量的窠臼，也不再是中观层面上对观察儿童、理解儿童的强调，而是直抵教育的核心。在教育中"我是一个什么样的人？""我秉承什么样的哲学观？"才是最重要的，因为这才是幼儿教师正确看待儿童、看待这份职业的核心信念。

观察老师们处理和解决问题时，我总会问自己，如果我在教育现场，真的会比他们做得更好吗？这些年来，我们一直倡导，一百个儿童就有一百种语言，但似乎很少有人留意，其实一百个教师也有一百种教育智慧。

对教师而言，这是一本可以帮助他们完成自我成长的书，因为读这本书的过程也是一次反思与职业确认的过程。拥有教育哲学观的教师，会感到自己可以轻松地驾驭教育，而不会被裹挟。我也希望能够用这样的方式为幼儿教师们找到一份职业尊严。幼儿教师完全可以通过个人对生命意义的追求，对真善美的向往，完成两难困境中的嬗变，实现一次次生命的升华，从而成为幸福而坚定的教育工作者。

对于管理者而言，这也是一本能走向教师心灵、深度理解教师、与其共情的书。在写作过程中，王海霞老师不止一次对我说："很少有人去听一线幼儿教师的哲学观是什么，甚至没有人觉得，哲学观这个词可以与一线的幼儿教师联系在一起。现在，终于有人把我们的所思、所想、所为表达出来了。"这本书与其说谈论的是幼儿教师的教育哲学观，不如说讲的是在叙事之河中的我们，如何生活、如何工作的人生课题。至于如何让管理者的行为更接近本质，走进另一个人的心灵，一起去构建生命的意义，也是本书

---

① 本段话引自刘云杉于 2020 年 12 月 19 日在华东师范大学"生命·实践"教育学研究院主办的"教育研究的特殊性"主题沙龙上进行的主题为"重塑学校：把'教''育'带回来"的发言。

的另一个用意。

　　幼儿教师的教育哲学观是自身在对教育的反思中形成的。然而，这并不容易，教师身上一些隐性的、模糊的认识需要借助一些方式与路径才能将其转化为显性的知识系统，实现专业知识的增值与自身生命的超越。

　　信念是人生存的一种精神方式，人活在这个世界上，用什么样的信念来解释生活，对个人的影响非常大。积极的信念能够给人以希望和力量。一旦拥有了教育的信念，幼儿教师就有可能过上一种超越世俗生活和日常琐碎的更为纯粹的精神生活。当幼儿教师的精神世界越发纯粹的时候，哲学观也越发清晰，而一旦拥有了自己的哲学观，就等于拥有了自己的文化立场，无论外界发生什么变化，内心始终是稳定的。

我们的"生命故事"在书写中得以交融

　　写这本书的过程中，我感觉自己既是"局内人"，也是"局外人"。在教育的现场享受教育的美好，也时常从感性中抽离出来，进行一些理性思考。对我来说，在不断倾听、不断理解的过程中，也对自己的生活作出了更完整的解释。

　　随着年龄的增长，时常感觉自己精力衰退，很多事情会随着时间的流逝慢慢忘记。但我很难忘记，在这一年里，有一群人一直陪伴着我。他们非常智慧，我能感受到、触摸到他们的智慧，这不是一个人的智慧，是很多人聚集在一起形成的一个智慧的源泉。

　　2020 年 4 月，本书的文字初稿已基本完成。这个过程中，老师们一直用自己的方式支持着我。前期，我和郭国燕博士用对谈的方式梳理思路，她做了前期文字资料的收集工作，奠定了本书的基调；王海霞老师无论是在前期课题的筹备还是在课题研究的实施中以及后期文稿的审校上都作出了贡献。张芬老师一直跟随我修改、推进这本书的写作，每一章的思维导图都由她绘制完成。她给了我很多力量，她的严谨与创意为这本书增色不少。周冉老师和焦春娟老师完成了本书前期的排版与封面设计工作。特别要感谢为我们讲述精彩人生故事的八位老师，他们的教育叙事不仅成就了我们的研究，也成就了这本书。

　　2020 年 6 月，我们开始用"读书会"的方式和全体老师一起阅读这些还未完全成型的文字。书中每一章节都有我和老师们的对谈记录。对谈过程中，教师们的精彩表达不仅被完整地保留了下来，更重要的是，他们的思想激发了新的思考。孩子们的一些独特看法也让这本书具有了宝贵的儿童视角。

　　这本书对我们的意义是巨大的，它让我们在这个特殊时期找到一种力量。我们的生命故事就这样反复地交融在一起，让彼此的生命历程有了更深的共情。

写在最后

　　这本书的写作过程实在艰辛，每一次书写都需要把自己抛进文字里去，写到心灵深处和思想的远方，再出来时，三四个小时已经过去，精疲力竭，通常需要休息好几天才能缓过神来。而且这种所有人共同"创作"的机会很少，如果不是这次特殊时期带来的大块时间，还会有吗？

在这里，也要特别感谢华东师范大学的古秀蓉博士。我和她从未谋面，但却心意相通。我是通过华东师范大学的王振宇教授认识她的，她在关注了我们的教育探索之后，我们常常在微信里探讨教育问题。她的文字具有很强的穿透性。她本科学的是中文，然后取得了一个哲学硕士学位，又获得了一个学前教育的博士学位。正是这样的学术背景，使得她的视野宽阔，对教育问题的洞察很深邃，对教育、对生活，我们有共同的认识与信念。

当读到她写的这一段"他们在辛苦守护花草园生活之余，多年来挑灯夜战，勤勉笔耕，只为将花草园的余香及时送给我们，在点亮我们心中一盏盏理想明灯之时，也同时将最脆弱的皮肤显现于前，由世人评说"时，我潸然泪下。古博士和很多人一样，是一直"凝视"我们的人……也借此感谢一直关注花草园探索的同行们，谢谢你们一直鼓舞着我们走了一条"少有人走的路"。

这个研究也存在着某种局限性，反映的只是我们花草园人的一些思考，但我隐约觉得它可以代表某种方向。我们不敢说留下了一些深刻的东西，只能说留下了一些可供思考的东西。今天，我们是不是也该谈一谈幼儿园教育的精神到底是什么？大学教育倡导的自由、包容与探索，难道不适合幼儿园教育吗？也许更适合一些吧……

> 人生中，
> 你所做的
> 每一件事情，
> 如果你有追求的话，
> 都可以是你的作品。

是为序！

胡　华

2021 年 1 月 27 日于花草园

我与 14 位教师
的真诚对话

　　美国教育哲学家乔治·奈勒（George F. Kneller）说："那些不应用哲学去思考问题的教育工作者必然是肤浅的，一个肤浅的教育工作者，可能是好的教育工作者，也可能是坏的教育工作者——但是好也好得有限，而坏则每况愈下。"[①]教师之所以要走进哲学，根本目的是确保自己的行动始终隶属于真正的教育，使教师的行动直指教育的根底。[②]这就是教师需要教育哲学观的根本缘由。幼儿教师的教育哲学观无论是学术领域还是实践领域，都鲜有人提及。

　　在教育研究与日常管理中，我们一直留心观察教师在教育实践中的视角和行为，倾向于站在哲学视角观察问题与解决问题。即采用了一种"整体"的方式，对实际情况与当事人所描述的情况进行区分，和他们一起对问题进行剖析，思考现象背后的个人局限性，之后对思考进行归类，再度对事情进行确认，以帮助他们形成属于自己的教育哲学观。

　　这要求研究者必须深入教师的生活和教学场景之中，深入教育实践中，和他们一起讨论对教育核心问题的个人认识或思考，在真实的教育场景中才能深刻地感受到，教师在教学实践中表现出的教育哲学观尽管有所不同，但都有自己的特点。

　　多年的实践探索一次次将我们对教育的思考引入了哲学的迷思当中，让我们得以站在一个高度领略教育的深度与诗意。

　　本书提供的是对幼儿教师教育哲学观理论分析和实践考察的一项田野研究，目的是从生活史和文化生态的角度描述并分析幼儿教师的日常教育生活，了解其在教育生活中的所思所想，以及教育哲学观的形成在其教育与日常生活中的重要作用。研究力图打破传统单向度的理论思辨研究范式，将理论研究与质性研究范式下的叙事研究相结合，希望这样的研究能够借助理论的指导，解决实践中的根本问题。同时，也期待在理论研究

---

① 陈友松.当代西方教育哲学［M］.北京：教育科学出版社，1982：135.
② 蔡春，卓进，麻健.教师的哲学诉求：兼论教师教育的路径问题［J］.教育研究，2018，39（03）：83—93.

的基础上，能够对实践探索进行理论上的提升与概括。

研究目的

本书重点想解决与幼儿教师教育哲学观相关的八个问题：

1. 明确幼儿教师教育哲学观"是什么"的问题。将幼儿教师教育哲学观从定义缺失与实践模糊的状态中解脱出来，并将其与教师的生活活动和生命活动联系起来，对教育哲学观的内涵进行重新解读和阐释。

2. 对幼儿教师教育哲学观和教育智慧的内涵进行辨析，考察幼儿教师教育哲学观在现实中的价值和意义。从生命哲学、儿童成长规律、教师教育特点等视角，探究幼儿教师教育哲学存在的意义和价值。

3. 探寻幼儿教师自我觉醒和身份认同的途径。明确幼儿教师身份认同的核心途径与教育哲学观的关系。

4. 探讨幼儿教师教育哲学观"失语"的现状及原因。研究幼儿教师在教育哲学观生成方面存在的一些问题，揭示其教育哲学观缺失的根源。

5. 思考幼儿教师教育哲学观的结构，力图从幼儿教师对教育本质、教育目的及师幼关系认识等角度描述幼儿教师教育哲学观的形成过程。

6. 运用个案研究的方式，呈现幼儿教师的生活史和教育史，对幼儿教师教育哲学观的特点进行现场还原，分析幼儿教师教育哲学观产生的阶段。

7. 明晰幼儿教师教育哲学观生成的"内因"，分析影响幼儿教师教育哲学观形成的"外因"，梳理幼儿教师教育哲学观建构的层次，在此基础上提出幼儿教师教育哲学观的生成路径与策略。

8. 真实呈现幼儿教师教育哲学观的建构过程，通过还原幼儿教师生活史和教育史的描述，展现幼儿教师教育哲学观形成的心路历程。

研究方法

美国著名教育家、心理学家杰罗姆·布鲁纳(Jerome S. Bruner)认为，在认识世界中，有两种认知方式论。一种是试图寻求人类成长与人类境况的"解释"，另一种则是寻求"诠释"。[①]第一种认知方式主导下的研究方法主要是实验研究、量化研究，其主要目的在于因果解释，这种认知方式以"计算"为主，但是忽略了人的心灵中不能被计算的部分；第二种认知方式主导下的研究方法主要是质性研究，其目的在于"诠释"意义，对文化与心灵的关注是这种认知方式的核心。

本书对于幼儿教师教育哲学观的探究，主要采用质性研究范式下的叙事研究方法进行。质性研究方法强调，在自然情境下，通过开放式访谈和参与式观察以及实物分析对社会现象进行深入细致的研究，主张从当事人的视角理解他们行为的意义和他们对事物

---

① ［美］杰罗姆·布鲁纳.布鲁纳教育文化观［M］.宋文里，黄小鹏，译.北京：首都师范大学出版社，2011：5.

的看法。① 研究思路遵循人类学"在这里—去哪里—回到这里"的路径，即在理论研究的基础上，在田野实践中发现问题，聚焦核心内容，最后回到理论上来。

这本书的写作除了日常谈话，也运用了开放式访谈、参与式观察等收集资料的方法。在教师自愿的前提下，用录音机录音、转录。在对田野笔记反复阅读的基础上，我们对质性资料进行分析，建立代码，形成研究主题和概念结构，以便分析研究幼儿教师教育哲学观形成的阶段以及特点。所以，这本书不是一本对幼儿教师教育哲学观形成过程的迷思与遐想，而是基于研究的一些成果描述。

在成文方式上，本书也采用了比较便于阅读的形式，力求遵循实践逻辑。本书的核心部分借鉴了布鲁纳的叙事思想。在教师的个人成长故事中，我们可以发现，幼儿教师完全可以建构属于自己的教育哲学观，他们能够从一些充满困境的情景中，找到适合自己的通向教育哲学观的建构之路。

研究对象

本书的研究对象选取了我工作所在幼儿园的 8 位教师。对个案的选取也遵循了质性研究目的性的抽样原则，选取能为本研究提供最大信息量的研究对象，并对这些对象进行有针对性的个案分析。

这 8 位教师很有代表性。总体而言，他们喜欢思考，热爱儿童，工作中也很有创意。他们还有一个共同的特点，具有很强的学习、反思能力。在工作中，每个人都有鲜明的个人风格，但表现却又不尽相同。之后，我们对几位教师进行访谈记录，又对他们的教育哲学观进行了相关维度的分析。

在本书最后一章，我们将研究个案以自述故事的形式呈现了出来。

研究过程

我们将收集到的叙事资料进行反复阅读和归类。阅读资料的过程也是对资料分析编码的过程，之后，我们又将资料进行逐条分析和归类，在这个过程中采用开放式编码和集中式编码对访谈资料进行分析。在开放式编码阶段，收集到的材料分为三大类：（1）幼儿教师的生活经历；（2）幼儿教师的职业发展现状；（3）幼儿教师的教学实践。在开放式编码后，对主要研究问题进行集中式编码，即通过在之前看起来没有关系的数据之间建立联系，在某个宽泛的主题之下提出不同的子主题。主要的子主题有：（1）幼儿教师对职业的看法；（2）幼儿教师对教育的理解；（3）幼儿教师对儿童的理解；（4）幼儿教师对自身身份的理解。

之后，我们设计了幼儿教师教育哲学观的访谈提纲，对 8 位教师进行了初次访谈。初次访谈的目的是对幼儿教师的生活进行初步的了解；在初次访谈的基础上，对幼儿教师进行二次深度访谈，深度访谈主要通过"对幼儿教师职业的看法""对幼儿教师自身

的看法""对儿童的看法""对幼儿教育的看法""对文化的看法""对生活化课程的看法""对管理者的看法"七个维度进行深入的探讨。除访谈外,采用参与式观察法,观察幼儿教师的教学活动、幼儿教师与儿童的互动以及幼儿教师与家长的交流等关键问题。

特别需要说明的是,在这个研究中,我个人既是局内人又是研究者,但很确信,这一双重角色并不影响他们的自由表达与判断力,因为,我们的相互信任以及他们的职业素养已经达到了即使我不在场也可以自然表现的程度。高索(Gussow)认为:"一般来说,好的田野工作中,研究者不太在乎他们是否扰乱了自然田野,而只需要证明他们能够分析他们对田野所产生的结构性的影响就行了",① 花草园的文化一直是平等的,我们之间亦师亦友,常常交谈,因为信任,每次的交流都很真实,我和老师们的关系状态也是非常轻松自然的。

研究意义

我们希望在对话与理解的过程中,能够探明幼儿教师教育哲学观形成的路径。在研究中,我们以直接的、交互的、生活的态度走近他们,以直观的方式和真实的态度去"看"并"反思"教育中呈现出来的问题,尝试运用解释学的理论追问并诠释这些问题背后的症结,② 并希望能够在此基础上,共同探讨幼儿教师教育哲学观形成的出路。这一过程,也是我们之间加深理解,建立起更大信任的过程。

每个幼儿教师都可以拥有并实践自己的教育哲学。我们希望他们能够不断对自己的教育行为进行反思,获得一套属于自己的教育哲学观。这一期待,也会让教师们从日常的教育生活世界出发,不断对教育中那些看似平常的问题给予深切的关注,走入教育的生活世界,之后,再去挖掘其背后的深刻意蕴。再之后,能够通过反思、理解、纠正等方式质疑自己,使自己发生改变,成为一个"新"的我。这个"新我"是拥有教育哲学观的我,热爱学习和创造的我……也更加希望,教育对幼儿教师而言,不仅仅是一项工作,也可以是一种幸福的生活状态,甚至是一段创造精彩的生命旅程。

这个研究揭示了幼儿教师专业成长的另一种路径。它描述了教师是如何借助教育哲学,一步一步地成为拥有教育智慧的幼儿教师。这是一条心灵之路,也是幼儿教师的自我探寻与成长之路。

这本书是通过对话的方式完成的,对话本身具有的未完成特性也决定了教师的对话永远处于旅途之中。在教育之路上,幼儿教师只有不断地对自己的教育行动进行现象学的反思和解释学的理解,才能获得实践智慧,成为拥有教师哲学观的幼儿教师。我将对话这一通向教师教育哲学观的方式表述为"在对话中,为了对话"。对话是一个无限进行的过程,永远没有终结。

---

① [美]沃尔科特.校长办公室的那个人:一项民族志研究[M].杨海燕,译.重庆:重庆大学出版社,2009:9.
② 陈乐乐.儿童教育的身体转向[D].南京师范大学博士学位论文,2017.

目 录

第一章

幼儿教师教育哲学
的逻辑起点

有耐心,能听小朋友说话的老师就是有智慧的老师。
(白若希,女,五岁)

我的老师是很有智慧的,因为她很聪明,有很多的魔法,可以变出很多的游戏,让我们每天在幼儿园过得很快乐。(张力行,男,四岁)

李文老师◁ 以前说到哲学,会觉得哲学很高深,它只属于哲学家,和我们很远。其实哲学就在你我之间,说话、做事,处处体现了哲学的痕迹。非要说哲学是什么,我觉得哲学是一种精神状态。一个有哲学观的人,有一种能从面容上看出来的气质。

王海霞老师◁ 哲学是一种审视和反思的态度,是我们穷尽一生在追求的智慧,是我们面对未知世界和不可知事件时的勇气。

王彩霞老师◁ 哲学产生于生活,但高于生活。哲学是一种生活态度,哲学更是一条路,从简单到复杂再回归简单,它会教你在面临任何困难的时候,都能够为自己找到一条出路。

张芬老师◁ 哲学是最接近真理的学科。当我们的教育哲学观还没有形成的时候,我们非常确信的是孩子们是离真理最近的人。

田巍老师◁ 哲学是一个人去繁就简的过程,是每个人都有的"道",人人都需要,因为它帮助人超越生活本身,在真善美中获得力量。

关于"教育哲学是什么"的问题，很多研究者做出了自己的解答，但关于幼儿教师教育哲学的研究却颇为稀少，其中的原因耐人寻味。

第一节
哲学与幼儿教师的教育哲学

教师的生活不仅需要智力，更需要哲学。当下，教育变革不仅使传统的教师角色发生了根本性变化，对"教育哲学"所蕴藏的创造价值与生命意义的认识也日益凸显。教师教育哲学的形成成为了教师专业发展的重要内涵。

在实践中，我们发现，一个具有哲学观的教师能更好地在教育过程中做出正确的判断。幼儿教师的教育教学不同于其他教育形态，它是在某种特定的教育情境中进行的，这一情境有很多个人对生活经验、生活判断与价值观的投射，幼儿教师的教育行为本质上是其哲学观的外化。

对于幼儿教师教育哲学观的研究，我们首先要面对的问题是，教育哲学究竟指什么？

一、哲学

"哲学"（philosophy）一词发源于古希腊，其本义为"爱智慧"。希腊文Philosophia 由 philo 和 sophia 两个部分构成，philein 是动词，本义为"爱和追求"，sophia 的本义是"智慧"。因此，哲学最基本的含义就是追求智慧。古往今来，学者对哲学的定义虽充满争议，但总结起来，依然有许多共同的地方，哲学是关于人对世界的态度或人生境界之学。[①] 哲学最基本的思维特征是反思性，有人把它定义为寻根究底的反思。[②]

二、教育哲学

《不列颠百科全书》把教育哲学界定为一门审问、慎思、明辨、致用的学问。该观点认为："教育哲学应用哲学的方法来研究各种教育问题。"[③]《辞海》中教育哲学

① 陈晓端，席作宏．教师个人教学哲学：意义与建构［J］．教育研究，2011（03）：73—76.
② 唐泽霞．我的教育哲学观［J］．福建论坛（社科教育版），2005（11）：22—24.
③ 陈友松．当代教育哲学［M］．北京：教育科学出版社，1982：125.

的定义是"以一定的哲学观点和方法研究教育活动的学科"。①

也有学者对教育哲学的概念做出了界定。范立琼指出:"教育哲学(philosophy of education)就是对教育问题的哲学思考,它是从哲学的视角出发,对教育中发生的问题及现象进行深入本质的分析研究,以期促进教育实践者的自我反思和理性自觉。"② 王坤庆认为,教育哲学是运用一般哲学原理去探讨教育的基本问题,或将教育的基本问题上升到哲学的高度进行分析的一门理论学科。③ 马克斯·范梅南(Max van Manen)认为,教师的教育机智也是教师教育哲学观的一种体现,教师的教育机智是指教师在教育情境中的智慧行动,这种智慧行动总是刻意的、情境中的、偶然性的和即兴发挥的。④

从上述对"教育哲学"的界定中,我们可以看出,教育哲学有两种界定方式:一种是指一门专门的教育学科;另一种则是指教育工作者在实际的教育、教学工作中,个人对教育、教学行为的反思及深度分析。

此外,美国教育哲学家索尔蒂斯(Jonas F. Soltis)采用主体人的视角把教育哲学划分为了三种形态:"一是个人的教育哲学,二是公众的教育哲学,三是专业的教育哲学。"在他看来,个人的教育哲学是个人在教育领域中区分、判断什么是好的、正确的和值得做的一套信念;公众的教育哲学是公众普遍认可、信奉的教育信念;而专业的教育哲学则是以专业哲学家特有的方式对教育工作者在观念和规范两个领域遇到的问题提供严密的检验、批判、辩驳、分析与综合。⑤

借鉴索尔蒂斯的分类,本书主要关注的是幼儿教师的教育哲学,即幼儿教师作为社会中的个人,如何从自身出发对教育进行思考、反思所获得的意识观念,以及用于指导个人的教育实践活动。⑥ 在本书中,我们将幼儿教师个人的教育哲学观界定为他们对教育、教学以及儿童观相关基本问题的根本看法,这些根本的观点和看法集中体现为哲学理论所具有的核心理念,以及幼儿教师在这种核心理念影响下,对教育本质、目的、价值、功能、内容、师幼关系、教学方法等一系列问题的看法与做法。

三、幼儿教师的教育哲学

教师教育哲学的概念源于美国分析教育哲学家索尔蒂斯。他认为,教师的教育哲学是指:"基于个人信仰、教育理念或价值标准而存在的教育信条,是激励教师为实现其教育理想而孜孜以求的价值观念与行为准则。"并指出,教师个人教育哲学的建立可以帮助教师明晰在教育中"什么是好的、正确的和值得做的"。⑦

有学者认为,教师教育哲学是在教师的教育实践中生成的。乔治·奈特(George

---

① 辞海编辑委员会. 辞海〔Z〕. 上海:上海辞书出版社,2001:1.

② 范立琼. 数学教师成长中所需要的营养——教育哲学观〔J〕. 广东教育学院学报,2006(03):110—112.

③ 王坤庆. 教育哲学——种哲学价值论视角的研究〔M〕. 武汉:华中师范大学出版社,2006:61.

④⑤ 〔加〕马克斯·范梅南,教育机智——教育智慧的意蕴〔M〕. 李树英,译. 北京:教育科学出版社,2001:163.

⑥ 郑宇玲. 教师专业发展之建构个人教育哲学〔D〕. 华中师范大学硕士学位论文,2010.

⑦ 〔美〕J. 索尔蒂斯. 论教育哲学的前景〔J〕. 国外社会科学,1984(3):6—10.

R. Knight）认为，教师在教学时将个人的生活哲学引入了实践。教师个人教育哲学的存在意味着我们在学校里的日常行为都蕴含着比表面还要深刻和丰富的含义，它也解释了"为什么我们要做出此种教育行为"背后的原因。① 美国教育学者大卫·阿姆斯特朗（David G. Armstrong）认为，教师在学校中所呈现的一切行为其背后都有一套特定的假说所支持，但这些假说通常都被人们所忽视。个体的教师对于教育世界以及知识的本质都抱有不同的理解，教师之所以要有教育哲学也是为自己的教育实践找寻确定的理论依据。②

事实上，关于教育哲学的概念问题，到目前为止学界仍未达成共识。无论是从哲学的范畴还是从教育的领域来下定义，都会失之偏颇。但是我们可以通过对人类教育发展史的回顾明确一点，教育哲学的产生来源于两条路径：一方面，教育哲学源于实实在在的社会生活，人们通过对社会生活问题的思考会产生一种认识；另一方面，作为学科研究领域的教育哲学，主要反映了人们对教育理想、教育信念以及教育价值的追求。③ 而通过对两条路径的阐释，我们可以看出，教育哲学归根到底是人们对生活智慧与教育智慧的追寻。因此，幼儿教师的教育哲学也可以被我们理解成幼儿教师探寻教育智慧的过程，更确切地说，理解为教师在教育实践中遵循实践逻辑，探寻个人教育智慧形成的过程。

我们希望，对幼儿教师的教育哲学的认识不再局限于一个概念性的名词，而是把一切发生在教育体系中关于本体、价值、目的、伦理等方面的思考都看作是教育哲学的活动。简而言之，对幼儿教师而言，教育哲学不是一种认识的结果，而是一个不断进行的、永远待完成的思维探索过程和一种期待有意义的结果出现的活动。④

哲学是个"空筐"结构，对教育每个人都可以有自己的理解。但若想形成自己的教育哲学观，它一定要是真实的，且属于自己。拥有教育哲学观的幼儿教师究竟什么样？怎样才能成为一名真正拥有教育哲学观的幼儿教师？探讨幼儿教师的教育哲学观，除了理论界提出对幼儿教师教育哲学观的应然要求，也需走进教育现场，聆听一线教师对教育哲学观的实然认识。

围绕上述问题，我们与教师进行了对话，了解他们眼中具有教育哲学观的教师形象，以期从另一个角度获得对幼儿教师教育哲学观的认识。

与教师进行对话

田巍老师 ◁ 教师哲学观就是教师自己的经历、经验与教学实践结合后产生的认识，它始终是以自身的实践为依据，总是在不断变化与发展的。

---

① Knight G. Issues & Alter native in Educational Philosophy [M].Berrien Springs, Mich.: Andrews University Press, 1998: 156.
② 转引费尔南多·萨瓦特尔. 哲学的邀请：人生的追问 [M]. 林经纬，译. 北京：北京大学出版社，2007: 16.
③④ 杨日飞. 教育哲学实践性的涵义、现状及其实现 [D]. 内蒙古师范大学硕士学位论文，2008.

李美杰老师 ◁ 教师的教育哲学观是我们在自我成长的过程中，不断探索思考而建构形成的一种智慧。我们可以从平时的教育实践和自我成长中不断发展和完善自己的教育哲学观。

曹云香老师 ◁ 幼儿教师的教育哲学观是教师在教育教学的过程中，与儿童一起学习和成长的过程中，所持有的儿童观、教育观和在与儿童共同生活和学习中所采用的方法的总和。教育哲学观离我们并不遥远。

王海霞老师 ◁ 幼儿教师的教育哲学是一种实践哲学，是在长期的教育实践中通过感悟、研究、批判、反思自己的实践行动和教育问题，自觉形成的属于自己的独特的教育认识。

王玉洁老师 ◁ 教育哲学观不是成为教师后就能天然获得的，它需要我们在实践过程中不断思考，打破原有认识，逐渐形成新的认识。教育哲学观的形成离不开教师的深度思考。

张蕾老师 ◁ 我认为，幼儿教师的教育哲学观是在实践摸索中，经历了若干次的"错误—反思—学习—调整—超越"后形成的属于自己的教育认识和教育价值观。

李洋老师 ◁ 在教育实践中，教师会逐步形成对教育根本问题的稳定认识。它是一种经由理性认识、感性认识共同作用的螺旋式上升路径。

罗希悦老师 ◁ 教育哲学观是教师对自己的行为进行"反思"的过程中，升华成为具有教师自身风格的教育智慧，再回到与生活和儿童联结的现场，才能逐渐形成的。

田悦老师 ◁ 教育哲学是支持教师思想和行为的较为稳定的心理系统。

甄珍老师 ◁ 对教师的教育哲学观，每位老师都可以有自己的理解，也都能在实践中真实地显现出来。教师教育哲学观的形成受到多方面的影响，教育实践、反思、再实践……循环往复中教育哲学观也在不断地丰富与变化。教育哲学观是对教育对象儿童的"观"，也是教育者对自己的"观"。

阎玉新老师 ◁ 教育哲学观是教育者从教育实践和教育反思中抽离出来的对教育本身基本、清晰、深度的思考。

王钰诗老师 ◁ 幼儿教师的教育哲学观是基于对世界的认识，在和孩子们的教育教学、生活中形成一些理念与智慧，之后不断反思、不断升华，逐渐形成的。

从上述讨论中，我们发现，热爱儿童、热爱生活，有职业幸福感、善于思考并有终身学习理念的教师，对教育哲学观有更为清晰的认识。可以这样推断，热爱专业、拥有幸福感是拥有教育哲学观的幼儿教师的专业情感特质，在生活中不断探索和反思是拥有教育哲学观的幼儿教师的专业技能特质，持有教育信念是拥有教育哲学观的幼儿教师的个性品质。

如果说幼儿教育理论是让思维在高处穿行，超越教育现象，把握教育本质，预测未来的话，那么幼儿教育实践则时刻充满着创造，丰富多彩、出其不意，充满着变化与张力。为了使幼儿教师的教育哲学理论走出晦涩抽象、沉睡失语的阴影，需要让幼儿教育理论在幼儿教育实践中"返魅"，使其"在场"的学习现象与"不在场"的理论观念之间完成融会贯通，① 指导幼儿教师的教育实践。

---

① 张亚妮. 论幼儿园教师实践智慧生成——以"学习故事"行动研究为进路〔D〕. 陕西师范大学博士学位论文，2016.

第二节
智慧与幼儿教师的教育智慧

现实中，教师对教育智慧的追寻从未停止过。追寻教育智慧，本身也是教师个人教育哲学观不断建构与生成的过程与路径，从某种意义上说，它们是具有"同一性"的。

幼儿教师教育智慧是教师把已经形成的教育哲学观还原到真实的教育世界的过程。教育智慧让个体的教育哲学观有了实践的载体。因此，探讨智慧与幼儿教师教育智慧的概念与关系，对我们深入了解幼儿教师的教育哲学观具有重要意义。

一、智慧

智慧也是一种不可言说的概念。所以我们对智慧的探寻也只能通过对智慧已有的理解的"勾勒"。"什么是智慧？"我们每个人似乎都能描述一两句，但是要给出一个严格的定义，似乎又很难。事实上从走向智人的那一刻起，人类就没有停止对智慧的探索。探索智慧的路千差万别，纵观对智慧的已有研究，我们发现对智慧的探寻大概有三种路径。

（一）"知识论"路径

"知识论"路径的智慧探求是将智慧视为知识的一种存在方式，认为可以通过知识的习得而获得智慧。这一进路的探寻，在东西方文化中都有所体现。在东方，"智慧"在先秦时期就已经出现，例如孔子说："务民之义，敬鬼神而远之，可谓知（智）矣。"汉初，贾谊第一次对"智慧"做出明确的界定："深知祸福谓之智，反智谓愚；亟见窈察谓之慧，反慧谓童（蒙昧）。"① 即智慧是指人们对未来祸福的深刻预见和敏捷评察的思维能力。在西方，智慧源于一种抽象逻辑思维能力，有智慧的人被称为哲学家。心理学家罗伯特·加涅（Robert M. Gagne）认为，所谓智慧是个体运用概念和规则解决问题的程序性知识。知识论的智慧观对近现代教育哲学产生了很大的影响，但是，正是将知识理解为智慧进化之阶，才导致了近现代教育重视知识的发现和传授。在某种意义上说，近现代出现的学习方式、考试制度与人才选拔方式，也多少可以归因于这种知识论的智慧观的影响。

---

① 贾谊·新书校注 [M]．闫振益，钟夏，校注．北京：中华书局，2000：304.

（二）人类学路径

人类学进路的智慧探求，将智慧视为一种人类对其所生存的外部环境的适应能力，这一理念的代表人物是建构主义大师让·皮亚杰（Jean Piaget）。皮亚杰从生物进化的角度将智慧的本质理解为人类生命体的"适应"。我们可以从三个方面理解这一过程。首先，智慧具有生物性，是一种高度发展的心理适应形式。皮亚杰认为智慧是从知觉、习惯和低级的感觉-运动机制中产生出来的一切结构过程所趋向的那种平衡形式。[①]其次，智慧还具有适应性。智慧是一切适应过程的扩展和完善，智慧的逻辑和思维之间构成了一种灵活易变同时又有持久性的平衡。[②]最后，智慧还具有逻辑性的特性。因为智慧是不断发展的过程，并且可以通过恰当的形式加以训练。皮亚杰所提出的适应也就是"同化"和"顺应"的平衡。同化使刺激适应内部图式，而内部图式是同化的出发点，顺应使内部图式改变以适应现实。在此基础上，皮亚杰在人类学意义上提出了智慧起源的"四概念论"。他划分了儿童智力发展的四个阶段，并提出了结构主义的认识发生论。虽然结构主义对人们关于智慧的认识有一定的价值，但在后期也遭到了实用主义的批判质疑。

不同于结构主义明确指出智慧是人与外部环境平衡的结果，实用主义认为，知识是控制现实的工具，实际经验是最重要的，原则和推理是次要的。约翰·杜威是实用主义的集大成者，在杜威的实用主义哲学体系中，"经验"和"历程"是两个非常重要的核心概念，杜威也以实用主义哲学为蓝本创造了他的教育哲学。杜威认为，教育是一个社会在其发展与存在中不可或缺的一种历程，教育不是结果，它本身是一种过程，教育的意义在于儿童经验的重构，而教育所产生的经验是一个不确定的经验情境。由此，杜威提出了著名的"教育无目的论"，即教育除了自身之外，经验重组的过程就是教育的目的。杜威教育哲学中"教育即生活""学校即社会""教育无目的""做中学"等观点都是在这一认识基础上提出的。

结构主义和实用主义对20世纪的教育产生了巨大影响，它们都将智慧理解为人类生存与发展的必然结果。

（三）形而上学的路径

依据学科划分，哲学属于形而上学的领域。哲学从一开始就被理解为"爱智慧"，这说明了哲学和智慧的天然关系。亚里士多德（Aristotle）说："由于我们所探求的这种科学，就要去解决这样的问题，关于什么本原的科学才是智慧。如若有人接受我们对智慧所作的判断，事情也许会变得更明显些。"[③]最初的哲学揭示了希腊人的生活方式。在古希腊，人们生存方式的变革是理性得以诞生，而建立在理性基础上的智慧之爱从神话、本能中脱颖而出，也因此有了哲学的开端。在亚里士多德后，赫拉克利特

① ［加］彼阿热.智慧心理学［M］.洪宝林，译.北京：中国社会科学出版社，1992：5，7.
② ［加］彼阿热.智慧心理学［M］.洪宝林，译.北京：中国社会科学出版社，1992：5，7.
③ 苗力田.古希腊哲学［M］.北京：中国人民大学出版社，1989：496.

（Heraklertus）最早使用了"智慧"这个词。他说："智慧就在于说出真理，并且按照自然行事。"① 政治哲学家列奥·施特劳斯（Leo Strauss）认为，发现自然乃是哲学的工作，第一位哲学家就是第一个发现自然的人。② 因此，哲学家们所说的智慧从开始就与理性捆绑在一起，这种观念一直影响着现在人们对智慧的看法。

在苏格拉底（Socrates）看来，智慧是理性认识的能力，这种能力通过对生活的审察来导向真善美。苏格拉底对智慧和明智并未加以区别，他认为，凡是知道并且实行美好的事情，懂得什么是丑恶的事情而加以谨慎防范的人，都是既智慧又明智的人。③ 而柏拉图（Plato）认为智慧属于"哲学王"，哲学家是爱智者，"哲学王"具有智慧、勇敢、节制与正义的品质。为此，柏拉图将人的灵魂分为三个部分：理智、激情和欲望，理智是智慧，它在三个部分中起统领作用。具有智慧的哲学家应该专注于真理的探寻。

苏格拉底奠定了西方哲学智慧论的大体基调。亚里士多德在《形而上学》中首次提出了哲学的明确定义："智慧就是关于某些原理与原因的知识。"④ 这里的原理和原因其实就是本质或者本源，只有关于事物原因或原理的知识才是真正的知识。对事物原因的追问，亚里士多德提出了著名的四因说。正如人们所说的，前苏格拉底哲学的任务是把哲学从人导向自然，苏格拉底的哲学是把哲学从天上拉到了人间，而亚里士多德则把哲学的对象概括为整个世界。至此，哲学成为了一个包罗万象的学问，我们甚至把哲学称为"科学之科学"，正是因为哲学是探究事物本质的学问，所以亚里士多德也将其视为智慧之学。

关于智慧，我们想要表达的东西或许很多，但智慧在某种意义上又是不可言说的，我们无法给智慧一个明确的定义，但如果我们认为智慧是值得追求的话，就应当视追求智慧为一种荣誉。

二、对幼儿教师教育智慧概念的推演

施特劳斯曾深刻指出，一个社会的特征或风格，取决于这个社会把什么东西看作令人敬重或者值得崇敬的。⑤ 幼儿教育工作的重要性，今天无论我们怎么强调都不为过。在面对教育对象时，如果幼儿教师能够将工作的重心回归原点，即爱智慧、爱教育智慧上，教育的结果也许大不一样。我认为，这也是这么多年来花草园教育被大家认可的秘诀所在。本书中，我们会通过还原教育真实场景的方式，向读者展示教育哲学对幼儿园教育实践所产生的深刻影响。

虽然我们无法对教育智慧给出一个确切的定义，但作为一种价值追求，对教育智慧的探讨是非常有必要的。对幼儿教师教育智慧的描述与探索，也可以称得上是幼儿教育

① 北京大学哲学系外国哲学史教研室.西方哲学原著选读（上）[M].北京：商务印书馆，1981：25.
② ［美］列奥·施特劳斯.自然权利与历史［M］.彭刚，译.北京：生活·读书·新知三联书店，2003：82—82.
③ ［古希腊］色诺芬.回忆苏格拉底［M］.吴永泉，译.北京：商务印书馆，2001：16.
④ ［古希腊］亚里士多德.形而上学［M］.吴寿彭，译.北京：商务印书馆，1959：3.
⑤ ［美］列奥·施特劳斯.自然权利与历史［M］.彭刚，译.北京：生活·读书·新知三联书店，2003：138.

领域的一次突破。因为我们谈教育智慧，必然关系到我们如何理解教育、如何理解教师本体论等核心问题。这一概念目前还没有达成共识，但如果我们能够厘清教育领域中关于教育智慧的诸多认识，或许可以找到理解教育智慧的线索。

教育智慧不同于一般智慧，教育智慧是对美好教育的追求。范梅南是从现象学的角度诠释教育智慧的。他把"教育机智"理解为教育智慧的外在表现，他所表达的教育机智也即是那个不可言说的教育智慧。范梅南认为，教育机智是一种特殊的品质，是一种能使教育充满活力的因素，也是教师在面对教育情境中随处可见的偶发性因素时所表现出来的一种积极状态。他说："机智是教育学上的机智和天赋，它使教育者有可能将一个没有成效的、没有希望的、甚至有危害的情境转换成一个从教育意义上说积极的事件。"[①] 由此可见，没有教育机智的教师不会发现并利用教育中的意外状态。范梅南指出，在意想不到的情况下，教师应该马上知道该说什么或做什么，这样才能机智地修正偏差或重新将课堂引向具有教育意义的方向上来。[②] 在范梅南看来，教育机智不是具体的方法和技巧，教育机智的中心应是理解儿童、尊重儿童，换言之，教育机智并不是一套技巧，而是一种具有教育情怀的品质。

在对范梅南教育理论的借鉴中，我国教育理论界也提出了自己的观点。对教育智慧的诸多探索虽没有统一的定论，但是也说明，我们已经认识到教育智慧的复杂性。正如生命教育倡导者叶澜教授所认为的那样，教师的教育智慧集中表现在教育、教学实践中，教育智慧促使他的工作进入到科学和艺术相结合的境界，充分展现个性的独特风格，教育对于教师而言，不仅是一种工作，也是一种享受。[③]

在实践中，我们也一直行走在对教育智慧的追寻之路上。为此，我们想要突破传统规范关于教育智慧描述的藩篱，将教育智慧和教育哲学的认识引向教师真实的教育生活。我们认为，幼儿教师教育智慧的形成有其特殊性，这是因为幼儿教师这一职业具有很强的实践性与对话性。幼儿教师的教育智慧来自实践，实践性知识是幼儿教师产生教育智慧的摇篮。因此，幼儿教师的教育智慧来源于实践，又应用于实践，贯穿于实践，反馈于实践，指引着教师开展教育活动，并在此基础上形成属于自己的教育哲学观。

在这里，我们需指明，具有教育哲学观的幼儿教师才会关注和坚守教育的信念，主动追寻教育智慧。幼儿教师实践性知识的复杂性一定程度上也显现了其教育智慧生成的复杂性。在某种程度上说，这也是本书的意义所在。

教师的教育哲学与教师教育智慧之间既有同一性，又有着本质区别。第一，个体教育哲学集中体现了教师个体方法论和教育观，而教师教育智慧的本质是教师在复杂多变的教育实践中选择具有合目的性与合规律性的教育行为的综合系统与教育品质状态。[④]

---

① ② 〔加〕马克斯·范梅南.教学机智——教育智慧的意蕴〔M〕.李树英，译.北京：教育科学出版社，2001：172，248.

③ 叶澜.新世纪教师专业素质初探〔J〕.教育研究与实验，1988（01）：46.

④ 张亚妮.论幼儿园教师实践智慧生成——以"学习故事"行动研究为进路〔D〕.陕西师范大学博士学位论文，2016.

第二，教师教育哲学是教师教育智慧生成的基础，教育智慧亦是教师教育哲学的凝结。可以这么说，幼儿教师教育哲学的建构为其教育智慧的生成打下坚实的认识论基础，当教师能清晰地表达自己的教育哲学时，就已经开始迈向了拥有教育智慧的旅程。

综上，在本书中，我们将幼儿教师教育哲学观看成幼儿教师教育智慧建构的认识基础，教师教育智慧则是幼儿教师把已经形成的教育哲学观还原到真实的教育世界中的结果，这一认识让幼儿教师的教育哲学有了实践的载体。因此，在本书中，既有对幼儿教师教育哲学观方法论的论述，又有具有表征意义的教育智慧的白描。

第二章

幼儿教师教育哲学观的存在意义

老师和我们在一起的时候很幸福，看她们的眼睛我就知道。（张元平，男，三岁半）

老师们有时候像大人，有时候也像小孩儿，她们很有趣。（郭徐清，男，五岁半）

唐彬老师◁　教育哲学观可以改变我的工作状态，因为教育智慧存在于一个个真实的教育场景中，经过一轮又一轮"认知—思考—调整"而产生，当我们能用心思考和深入理解一些概念和问题后，我们就能得出清晰的结论，很多问题的处理也会触及本质，教育的行为自然会发生一些改变。

王海霞老师◁　如果一个教师没有教育哲学，就会茫然无所适从。教育哲学让我们知道在日常的教育教学中我为什么这样做？我这样做要追求什么？我追求的方向的正确性何在？教育哲学也像是一种规范与指导，但这种规范与指导不是具体如何做的技术和步骤，而是我们依据这些"原理"进行教育创造。

王彩霞老师◁　每个人都有自己的哲学观。每一个时期、每一个阶段，哲学观都有些许差异，但随着时间、个人成长的变化，会慢慢稳定下来，也会更加深刻。当你感受到了深刻，才愿意更加深刻。

当我们用真切的方式倾听、了解幼儿教师在生活中以及教育中的故事，呈现幼儿教师教育哲学观的基本状态时，深感确立幼儿教师教育哲学观在幼儿教育中的价值具有重要的理论与现实意义。这一意义的确立将从重新审视幼儿教师教育哲学观"失语"的现状与原因开始。

因为研究需要，我们在查阅幼儿教师教育哲学观的概念时，发现幼儿教师的教育哲学观无论是研究领域，还是实践层面，都呈现出一种缺失的状态。探寻幼儿教师教育哲学观"失语"的现状与原因，是我们在研究幼儿教师教育哲学观时反向思考的一个重要问题。这个问题一方面帮助我们认识幼儿教师教育哲学观缺场的表现；另一方面，我们可以通过反思幼儿教师教育哲学观缺失的根源，找到幼儿教师教育哲学观形成的重要突破口。

第一节
教育哲学观在幼儿教师个人生活中的意义

追求幸福感是人所从事一切活动的终极指向，幼儿教师也是如此。幼儿教育是幼儿教师在特定的时空环境中，为了自己与儿童的发展，共同提升生命质量，为实现生命价值所进行的一种生命活动。这一定义和现行教科书里对幼儿教育的定义很不相同，但我们很确信，真正意义的幼儿教育就应该如此。

一、构筑美好幸福的生活状态

对于任何人而言，生活和生命的终极价值都在于对幸福的向往与追求。教育，就其本质的意义来说，是人生命的一种存在形式，关注人的生命意义和价值是教育的永恒主题，因为教育是直面人的生命、通过人的生命、为了人生命质量的提高而进行的社会实践活动，具有提升人的生命价值和创造人的精神生命的功能。[①] 教育活动就其实质来看，是一个人类精神能量通过教与学的活动在不同主体之间实现转换和新的精神能量生成的过程。[②] 相对于自然世界中的其他类别的生命而言，人是一种永远不能满足于现实存在的"另类"动物。本质上，人也是一种具有高度自省性、创新性和超越性的物种。马克

---

① 冯茁.教育"意义"危机的根源及其消解路径 [J].青岛大学师范学院学报，2009，26（03）：12—19.
② 叶澜.教育理论与学校实践 [M].北京：高等教育出版社，2000：136—138.

思指出，个人如何表现自己的生活，他们自己就如何工作。① 我们认为，幼儿教师教育哲学观存在的最重要的价值并不完全在于对实践活动的指导，而在于可以构筑教师自身美好幸福的生活状态。

二、提供思考问题的方式和框架

教育哲学观可以为幼儿教师提供一种思考问题的方式和框架，引导他们形成对社会、对世界、对自然、对自己的生活处境和问题的理解和见识，引导他们去思考自己应当过和能够过怎样的美好生活。教育哲学观与每个在日常生活境遇中的普通人息息相关，幼儿教师要做得好和过得好，就必须懂得如何哲学地思考生活。不论时代怎么变革，人对人性的期望、人对美好生活的期望是永恒的。因此，只要这样的期望存在，人就需要问"我是谁"的问题，就需要反思"真正美好的生活是什么"的问题，一旦探究和思考这样的问题，教育哲学观中的"智慧"就已经参与到幼儿教师的生活之中了。

对幼儿教师来说，教育活动本身就是非常复杂的一种行为，不仅关涉个人、他人、国家乃至整个人类社会，更关涉理智、情感、责任和理想。教育哲学观可以使幼儿教师体验到人生的价值与意义，提升其生命境界。如果没有教育哲学的引领与指导，这一切是很难实现的。

三、为教育实践提供支持

教育哲学观本质上是实践的，是以思想观照生活的，试图通过思想领悟人的现实境况并明确未来的方向。在这一点上，教育哲学观为教育实践提供了重要的支持，教育实践一方面营造幼儿教师与儿童当下的美好生活，另一方面又提升幼儿教师与儿童未来创造美好生活的能力与品性，哲学的生活方式和人生态度无疑是面向美好生活的教育实践的重要方式和内容。从某种意义上说，幼儿教师的教育哲学观不仅改变着教师的生活状态，也引领着儿童的生活。

总之，教育哲学观不仅可以促进幼儿教师的专业发展，提升幼儿教师的职业幸福感，也能帮助幼儿教师最终走向自我实现的美好境界之中。

① 王萍. 教学智慧生成研究〔D〕. 山东师范大学博士学位论文，2015.

第二节

教育哲学观在幼儿教师教育生活中的意义

我们认为，教育哲学观对幼儿教师专业发展的重要价值主要体现在能够系统地回应教师对教育目的的认识，应对教师专业发展中的复杂性，积极顺应教师教育中的生成性。

因为教育哲学观对幼儿教师的教育过程影响巨大，在强调幼儿教师专业化发展的今天，幼儿教师的教育哲学观应成为专业化发展的核心。

一、促进幼儿教师的专业发展

关于教师专业化发展的研究，著名学者叶澜教授的观点值得关注。教师的专业发展除了教师的知识结构、能力结构外，还应该包括教师的专业理念（叶澜，1998）。随着新基础教育实验的展开，叶澜教授也对教师专业结构进行了进一步的深入研究，她认为，教师作为一名专业人员，其专业结构除了专业理念、专业知能和专业服务精神外，还包括自我专业发展意识的维度（叶澜，2001）。

幼儿教师的专业发展要想向更高的专业水平迈进，需要教育哲学观的支持。查阅相关的幼儿教师专业发展结构的研究，我们发现，幼儿教师专业发展结构可以大致归纳为专业发展知识、专业发展技能、专业发展态度与专业发展道德四个方面。总体而言，学界对幼儿教师专业知识、专业技能非常关注，但很少有人从教师个人教育哲学观的视角审视幼儿教师的专业发展。然而，缺失了教育哲学观对幼儿教师专业发展的影响，当下的幼儿园教育改革就很难实现突破。我们希望在未来对幼儿教师专业发展结构的描述里，能够将幼儿教师的教育哲学观纳入其中。

原本幼儿教师的教育生活世界里就存在着诸多哲学性的问题，如教育的价值究竟何在？理论知识如何转化成为实践知识？这些问题是学科知识无法回答的，需要教师对其进行哲学思考。当然，对这些问题的追问和认识，也将使教师跃入专业发展的另一种层次。在这个层次中，他们会突破工具理性的制约，使思考与行动进入"思"与"悟"的境界。[①]也只有这样，才能帮助幼儿教师实现从技术型教师向专家型教师乃至教育家型教师的转变。

只有通过对教育行为不断进行的哲学式反思，形成价值观，才能沉淀为教育信念，帮助幼儿教师在专业道路上走得更加坚定。

---

① 高维.教师个人教学哲学：必要与可能〔J〕.湖南师范大学教育科学学报，2014，13（03）：68—71.

二、提升幼儿教师的职业幸福感

幼儿教师的职业是一份具有情感性和生命性的职业。渴望超越是人的本性，而只有超越，他们才能不断地提升自己的生命品质和幸福感。现实中，很多幼儿教师处在一味地模仿和机械的教育教学中，产生职业倦怠，这侵蚀了他们的职业幸福感。

檀传宝认为，教师的幸福感就在于教师能够在教学中获得价值的一种主动性的教育状态。[①] 李碧慧认为，教师职业幸福感是教师根据自己对幸福的正确认识，通过自己的努力来实现职业理想，从而使潜能得到发挥、能力得以提升，从而得到的快乐体验。[②] 借鉴这些观点，本书中，我们将幼儿教师的职业幸福感定义为在教育工作中所体验到的胜任感和愉悦感。

胜任感和愉悦感既是一种个人的主观体验，也是教师个人对抗当下教育工具化、程序化的一种积极的心理倾向。这一切完全可以来自幼儿教师个人教育哲学观的建立。因为哲学观能够帮助教师在教育行为中成为更加主动的个体。如果教师日复一日地重演倦怠的教育生活，将精力仅停留在对教学技术的关注和对其他优秀教师的模仿重复之中，就会忽视自己在教育中的思考，这会在根本上摧毁超越的可能。

追求教学技术的教师也许会成为一个合格的教师，但没有自己教育哲学观的教师，是很难实现更高层次的超越的，终究也只能是一个平庸的教师。

因此，实践中的幼儿教师需要对教学的基本问题不断进行哲学式的追问，才能形成教育信念，并将这些信念变成发自内心的信仰。幼儿教师如果形成自己的教育信仰，就更可能过上一种幸福的教育生活。

三、提升幼儿教师的生命境界

对于生命境界，在中国文化语境中，通常有三种不同的含义，一是指个体学问或事业发展的阶段与相应的位置；二是指个体形神合一、情理交融、相对完整独立的审美层次和水平；三是指个体在寻求安身立命过程中，所形成、达到的一种精神状态、精神修养的层次和水平。[③] 哲学家冯友兰说："人与其他动物的不同，在于人做某事时，他了解他在做什么，并且自觉地做。正是这种觉解，使他正在做的事对于他有了意义。他做各种事，有各种意义，各种意义合成一个整体，就构成他的人生境界。"[④] 幼儿教师的精神修养与生命境界不仅体现在生活质量上，也体现在他们的专业水平和教育哲学观的差异上。

幼儿教师教育哲学观对提升幼儿教师的精神境界具有潜移默化的作用。具有教育哲学观的教师，可以通过提升生命境界达到教育生活的幸福状态。在一定的社会背景下，

① 檀传宝.论教师的幸福〔J〕.教育科学，2002（2）：39—43.
② 李碧慧，叶卫红.也谈教师职业幸福感〔J〕.教育家，2018（47）：34—35.
③ 王萍.教学智慧生成研究〔D〕.山东师范大学博士学位论文，2015.
④ 冯友兰.冯友兰追问人生〔M〕.北京：新世界出版社，2012：1.

幼儿教师基于个人成长经历、教育理论、教育信念、教学实践等构筑形成的精神状态，就是生命的精神境界。这种精神境界的提升过程，也是教师自身通过追寻教育智慧提升生命境界的过程。教师追寻教育哲学观的过程，本质上就是精神境界不断提升的过程。

我们的实践研究表明，教师教育的关键在于拥有自己的"教育思想"，因为"教育思想"最能够体现出教师的个人创造。而幼儿教师只有通过追寻自己的教育哲学观，才会不断获得对教育的正确认识，形成自己的教育思想。教育思想一旦拥有，教师就会远离机械单调、缺乏生机的"搬运工"式的教育生活，享受思考、探究、创造与充满活力的"研究者"式的教育。

正如伟大的教育家卡尔·雅斯贝尔斯（Karl Jaspers）所言："教育是人的灵魂的教育，而非理智知识和认识的堆积。通过教育使具有天资的人，自己选择成为什么样的人以及自己把握安身立命之根。谁要把自己单纯地局限于学习和认知上，即使他的学习能力非常强，那他的灵魂也是匮乏而不健全的。"[1]因此，如果教育未能引起人的灵魂深处变革，就不能称其为教育。

拥有教育哲学观的幼儿教师对自己的工作总是有独到的见解……

与教师进行对话

张芬老师◁ 我觉得任何工作做到极致，会进入一种诗意状态。对我而言，当我在工作中创造美好的时候，会感觉自己是诗意地工作着。

李美杰老师◁ 孩子的世界充满着真善美。当我身处孩子之中，像个孩子一样游戏、玩耍、对世界充满好奇的时候，我觉得自己是幸福的。

李洋老师◁ 和孩子们抬头看云的时候，一起游戏与生活的时候，还有，静静地写下自己对教育的认识与思考的时候，我感觉这才是自己想要的生活……

曹云香老师◁ 开心工作的时候，我通常会忘掉时间。

王钰诗老师◁ 和孩子们一起游戏时，投入到活动中会有一种全然的放松，每个人脸上都洋溢着笑容。我想，这就是我热爱的工作吧……

张蕾老师◁ 幼儿园有美好的环境，每天和孩子们一起"生活"，每天记录着他们对生活的思考与憧憬，这件事本身就充满着各种美好。

唐彬老师◁ 工作中，我会有"心流"的体验，感觉自己很幸福。

---

① ［德］卡尔·雅斯贝尔斯.什么是教育［M］.邹进，译.北京：生活·读书·新知三联书店，1991：6.

王彩霞老师 ◁ 好的工作状态不是一蹴而就的，不是每个人一开始便能寻找到的，需要一个过程，也存在于我们的寻找和感悟中。

周冉老师 ◁ 在花草园，教育从什么时间开始，好像已经不太能分清了。教育和生活已融为一体，就在一花一草、一朝一夕之间。清晨操场上孩子们的"叽叽喳喳"，上午楼道里"咚咚咚"的脚步声；搬石头、捡花瓣、煮柿子皮、磨豆子……

田巍老师 ◁ 和"本自具足"的孩子们在一起，更容易达到一种物我两忘的境界。我认为，这不仅是一种自我的感受，也是一种境界，需要用心慢慢体会。

.

第三节

幼儿教师教育哲学观失语的原因分析

幼儿教师教育哲学观对幼儿教师的意义如此重要，但现实中，幼儿教师教育哲学观却表现出了某种"失语"的现状。

在技术理性盛行的世界里，人往往被消解了情感、价值、个性等特征，作为维持整体系统运转的一个零部件而存在。技术理性使人成为"没有思想、没有情感的机器"。哲学家尼采（Nietzsche）说："由于这种'非人格化'的机械和机械主义，由于工人的'非人格化'，由于错误的'分工'经济，生命便成病态的了。"① 这种强制性的权力和权威所带来的是教师主体性和个性的丧失，进而导致教师教育哲学观的失语和教师"心"的不在场。

究竟什么原因导致了幼儿教师教育哲学观的缺失？对这一问题的回答，会直接影响本书后面章节中的关键问题"幼儿教师教育哲学观形成的特征、阶段以及提升策略"的阐释。

一、个性化缺失影响了幼儿教师教育哲学观的形成

教育应是个性化的，这原本也是幼儿教师教学生活方式多姿多彩的某种意义体现。我们认为，教育的个性化是教育哲学观形成的重要基础。

教育对象与教师之间存在着很大差异，教学的情境性和随机性需要教师随时进行个性化的处理。康奈利（F. Michael Connely）和克兰蒂宁（D. Jean Clandinin）强调了教师知识的个体性特点，并把教师实践性知识的研究定位于"个人实践性知识"，凸显了教师教学的个性化需要和特性。日本当代著名学者佐藤学更是认为，教师的实践性知识是依存于特定语脉的一种经验性知识，具有个性化的特征，它是以每个教师的个人经验为基础形成的。②

在实践中我们也发现，幼儿教育的个性化需求与特征使得每个教师都可依据自己的认识创造出一种教育路径，这本身就是教育哲学观的一种表现形式。但当下，在很多幼儿园里，幼儿教师的教育教学往往处于一种"被控制"的状态，需要按照统一的标准来进行，教师的个性被压抑，创造性也就无从谈起，难以生成教育哲学观。在机械的统一要求下，他们被深深地控制在预设和固有的教学程序之中，教育教学活动日益变得规范

① 冯建军.当代主体教育论［M］.南京：江苏教育出版社，2001：31.

② 王萍.教学智慧生成研究［D］.山东师范大学博士学位论文，2015.

化和程序化。处于被控制状态中的幼儿教师，其教育哲学观也渐渐地走向了"失语"状态。

但教师的个性一旦被消解，就会过一种缺乏自我的生活。教育中一旦缺乏了教师的真实与真诚，教师的生活也就出现了外在化、形式化、平面化和异己化的倾向。[①] 教育哲学家乔治·奈勒曾描述过这样一幅令人揪心的图景："儿童像羊群一样被赶进教育工厂，在那里他们独特的个性被无视，学校把他们照同一个模式去塑造和加工。教师也是被迫的，或自认为被迫地去按照他人给规定好的路线去施教。这样的教育制度不但使学生异化，而且也使教师异化了。"[②] 这种场景也能让我们想起丰子恺先生的漫画"教育就是在捏泥人"，我们可以想象，在这样的统一规定下，幼儿教师的工作也像捏泥人一样，塑造出的都是一模一样的孩子，更糟糕的是，幼儿教师教育哲学观的生成空间也被挤压得消失殆尽。

二、理性化不足影响了幼儿教师教育哲学观的形成

人类不同于动物的最主要的特性是，人具有高级思维活动。所谓高级思维活动，不仅涵括了个体所进行的概念、判断与推理，也包括了个体所进行的质疑、反驳与辩护的过程。而作为教育最主要的途径之一，"教学在其基本意义上说，就是人与人之间通过知识的传授和理解而进行的一种思想交流和互动，其最终目的就在于促进学习者理性地增长。"[③] 因此，教育哲学观与理性之间存在着一种不可割舍的天然关系。教育哲学观是以理性为前提的，教师教育教学的理性化是教师教育哲学观得以实现的前提条件。

幼儿教育情境往往充满着偶发性和不确定性，反映出了幼儿教育的复杂性，幼儿教师必须对这些无法预测、出乎意料的问题情境保持一种较高的敏感性，同时还需拥有准确、合理、及时、有效处理这些偶发事件的智慧，同时，他们也需拥有把握住这种宝贵的时机的能力，因为它转瞬即无，或稍纵即逝。[④] 而教育理性的存在可以使教育者将各种教学情境转换成一个具有积极教育意义的事件。[⑤]

虽然我们常说，教师的教育思想来自理论与实践的视域融合，但本质上却离不开教师的理性探索。在现实生活中我们发现，很多幼儿教师对自己的教学实践常常缺乏深刻的理性认识，认为自己工作的主要职责是看护儿童。甚至很多管理者也认为，幼儿教师不需要理性思考。这样的认识必然导致了幼儿教师缺乏理性，也难以形成独立思考的能力。

三、技术化追求影响了幼儿教师教育哲学观的形成

受到工具理性的影响，幼儿教师教育哲学观缺乏的另一个原因是，教学技术化的过

① 徐继存.教师教学个性的缺失与培育 [J].教育发展研究，2008（10）：29—30.
② 陈友松.当代西方教育哲学 [M].北京：教育科学出版社，1982：119.
③ 石中英.教育哲学导论 [M].北京：北京师范大学出版社，2004：181—185.
④ 王萍.教学智慧生成研究 [D].山东师范大学博士学位论文，2015.
⑤ ［加］马克斯·范梅南，教育机智——教育智慧的意蕴 [M].李树英，译.北京：教育科学出版社，2001：206.

度。教学技术化是指教学目标操作化、教学过程程式化和教学评价计量化。技术几乎渗透和显现于教育的全过程之中，进而成为教师教学活动赖以开展的根据和标准。①

实践中，很多幼儿教师的教育生活被一日生活要求、制度、规则所裹挟，远离了自主、自由与创造，受到种种规约、重重限定，不是教师主宰教育教学，而是所谓的教育教学支配了教师，幼儿教师不是自己教育教学生活的主人。②在单调、重复、封闭的教学生活中，不是我在"做工作"，而是工作在"做"我。教师常常有一种在工作面前的无力感。单调、重复、封闭、标准化，这些使得教师无法施展自己生命中的激情与创造，个性与自我消失。教育哲学观便失去了赖以生存的空间。

教育既有科学性的一面，也有艺术性的一面，这一点常常被人忽略。教育的科学性保证了教育的价值，而教育的艺术性则使教育中的人有意义感和存在感。总之，教育应该包含艺术性与诗性。我们认为，教育中艺术性的缺失恰是造成教师教育哲学观缺失的一种典型表现。但在幼儿教育领域，这种认识似乎从未被提及过。

教育的艺术性很多时候也是指教师的诗意，教育是集诗意与深刻于一体的师生双边活动。德国诗人荷尔德林（Friedrich Hölderlin）说："人充满劳绩，但还诗意地栖居于大地之上。"这句诗经马丁·海德格尔（Martin Heidegger）在《荷尔德林诗的阐释》中加以解释，几乎成为当代人文主义者默念的信条。积极进取的教育者都是在用心灵呼唤教育的诗意，用探索的行动追寻着教育的深刻。③

幼儿教育原本就应该是诗意的教育。诗意与深刻并存的教育，才是理想的教育。幼儿教育的诗意是指教育是美的、也是善的，在现实中，我们一直秉持这样的追求，当然，我们认为，它也是幼儿教育的另一重境界。

现实的幼儿教育，很多时候是远离诗意的。教育的诗意是教育中的人诗意栖居的产物，意味着教育活动的自然、优雅、浪漫以及教育活动者充沛的、向善的生命力量。因为诗意具有超越性的特征，让教师和幼儿都可以从现实生活中抽身出来，在一个自由的精神世界中享受知识与人性的美感。④

四、文化性缺场影响了幼儿教师教育哲学观的形成

"文化生态"是指文化的生成、传承、存在的生态状况。"生态"即"生命的存在状态"，是事物有机联系所形成的主体生命力的外在表现，凸显的是主体内部以及主体与环境要素之间的联系对于主体生命的意义。文化是具有生态性的，它包括文化生成的生态性、文化传承和传授的生态性以及文化存在的生态性等方面。⑤

教师文化作为园所文化的一个亚文化，是教师在教育教学活动中形成与发展起来的价值观念和行为方式，主要包括职业意识、角色认同、教育理念、价值取向、情绪以及

①② 王萍.教学智慧生成研究［D］.山东师范大学博士学位论文，2015.

③ 刘庆昌.论教的诗意与深刻［J］.当代教育科学，2008（23）：3—7.

④ 刘庆昌.论教学活动艺术化的实质［J］.教育学报，2010，6（04）：43—48.

⑤ 李清臣.教师文化的生态意蕴与使命［J］.河南社会科学，2008（03）：136—138.

行为反应等。具体可分为三个层次，从内向外依次为教师的思想观念、价值体系和行为模式，构成了教师个体文化的风貌。① 我们认为，幼儿教师教育哲学观的缺失也是当下幼儿园文化缺失的一种表现。教师缺乏主体性，不仅导致了个体文化难以形成，也使得教师哲学观失去了赖以生存的土壤。从教师文化的视角分析，教师教育哲学观缺失的主要原因表现在以下三个方面。

（一）自然合作文化被忽视

互动是社会学习的基础。教师的合作文化会促使他们之间相互学习，真诚地分享、交流各自的感受与体会，展开积极互动。这样的分享和交流，会增强教师的自信和创造的勇气，从而达到既能促进教师个人的专业成长，又能够推动课程变革的目的，也使教育场域成为了教师之间相互学习的重要场所，成为教育变革的发源地。

沃伦·本尼斯（Warern Bennis）曾经说过："在人类组织中，愿景是唯一最有力的、最具激励性的因素。它可以把不同的人联结在一起。"② 教育的愿景是一种对未来的思想、景象或意象的描绘。当教师的教育愿景和信念不是空泛的理想，而是可以看见、体会与创造的时候，教育生活就成为了他们的"使命"。

当下，这样的认识无疑是被忽视的。教师之间缺乏有效的互动，不仅意愿缺乏，也缺乏互动的话题与条件。大部分机构没有对教育的愿景目标，即使有，也仅停留在口号阶段，教师个人无法将愿景目标与个人教育生活紧密连接。而在我们的"生活化课程"改革中，教师不仅可以清醒地意识到自己身上肩负的教育"使命"，也因为和儿童的共同生活，他们之间拥有了更多互动的话题与意愿。幼儿园的课程改革如果没有教师之间的合作是难以实现的。

（二）个人文化缺场

个人文化不等同于个人主义文化。我们之所以提出教师个人文化，是由幼儿教师劳动的性质所决定的。幼儿教师专业成长与发展离不开教师个体的努力，幼儿教师的教学过程、教学研究，无不体现着教师个人的教育哲学观。人的生命活动与文化息息相关，人创造了文化，发展了文化，同时又受文化的影响。文化是人本质的反映，也是人存在的基本方式。幼儿教师个人生命的意义就在于自身在教育活动中的文化创造。

我们必须重申一下人的价值，人的价值包含人生价值和人格价值两个方面。前者是指生命的外在价值，后者是指生命的内在价值。人的价值与意义的生成不是语言描述的概念，而是在社会交往中、在群体的实践中所形成的体验。③ 幼儿教师作为教育的主体，只有关注自身的价值体验，才有可能对教育对象产生积极的影响。幼儿教师教育哲学观

---

① 李清臣.教师文化的生态意蕴与使命〔J〕.河南社会科学，2008（03）：136—138.
② 〔美〕戴维·W.约翰逊，罗杰·T.约翰逊.领导合作型学校〔M〕.上海：上海教育出版社，2005：103.
③ 李清臣.教师文化的生态意蕴与使命〔J〕.河南社会科学，2008（03）：136—138.

的建立不是靠外力的驱动而形成的，更多的是要基于教师的自我认识、自我领导与自我管理。

而今天，过于强调幼儿教师的专业技能，等于将他们置于某种标准之下，不仅个人身上的原有文化被轻视，教育活动中教师对文化的理解也不被重视，教师专业发展中对生命意义的体察更是被严重忽视。而恰是教师的个人文化对教育主体的生命产生着重要的影响。

（三）真实的专业学习共同体难以建立

共同体原本是一个社会学概念，最早由德国社会学家斐迪南·滕尼斯（Ferdinand Tönnies）在其 1881 年的著作《共同体与社会》中提出的。"学习共同体"是将"共同体"的概念引入了教育领域。学习共同体指由学习者及其助学者共同构成的团体，他们彼此之间经常在学习过程中进行沟通、交流，分享各种学习资源，共同完成一定的学习任务，因而在成员之间形成了相互影响、相互促进的人际关系。[1]

建立起幼儿园教师专业学习的共同体，意味着教师与共同体成员之间，围绕着共同的主题和内容进行平等的对话与交流，从而走出"自我"的桎梏，打破思维定式，审思自身的教育实践，唤醒专业自觉，激发成长内动力，将个人教育难题转化为公共的话题，再借助集体智慧进行解决，这样的方式加速了教师个体实践智慧的良性循环，有助于教师教育哲学观的形成与提升。[2]

我们注意到，在现实中，幼儿教师之间的学习共同体通常是通过教研活动中对同一个问题的所谓研讨来形成的，这种无法展现个人意志的"虚假"共同体，对教师教育哲学观的形成是不利的。我们认为，幼儿教师教育哲学观生成的重要"场域"是在教育生活之中。只有在充满生命力的真实生活与对话中，幼儿及教师才会获得真实意义上的发展。幼儿教师的教育哲学观必须来自教师真实的生活与感受。

---

[1] 李冰.教师学习共同体与校本培训方式初探［J］.学校管理，2008（03）：38—39.
[2] 张亚妮.论幼儿园教师实践智慧生成——以"学习故事"行动研究为进路［D］.陕西师范大学博士学位论文，2016.

第三章

"庶民教育理论"
对幼儿教师教育哲学观的启示

我觉得老师总能听我说话，还愿意听我解释，可是我的爸爸妈妈很多时候没有耐心听我把事情讲完。（支清宸，男，四岁半）

爸爸妈妈总是会告诉我一些他们认为对的道理，可是老师会让我说一说我的想法，然后我就知道怎么做了。我觉得老师更会教育我们。（李宇森，男，四岁半）

甄珍老师 ◁ 当我开始追问"什么是教育？教育要培养什么样的人？教师需要什么样的教育信仰？"等问题时，我感觉自己离教育家越来越近了。

王海霞老师 ◁ 我们追求教育哲学，其实是对更高层次的生命意义的追问。在这个追求过程中，我们会逐渐清晰自己的教育信念、人生信念。在不断的追问过程中，拥有了更宽广、更高层次的视野，这不仅仅对我们的工作有指导意义，更是让我们的生命充满着力量。

王彩霞老师 ◁ 我感觉，每个人都可以成为教育家。教育就是让我们从最简单、最细小的问题入手，而后进行不断深入和全面的思考。这个思考可以是关于人性、关于人生、关于生命的，更可以关于生活、关于世界的。在我们每个人的灵魂深处，有一个地方充满智慧、力量和爱，我们就是要和孩子们一起发现和激发他们和我们自己的这些美好。

曹云香老师 ◁ 任何一个在一线岗位上的老师，不仅仅是一个实践者，更可以成为一个具有扎根性的教育家！在与儿童生活、探究身边事物的过程中，教师不仅仅是作为一个影响与被影响者，更是一个创造者。教师要扎根实践，在实践的沃土上进行深度思考，不断追问，激发理性的力量，在宽广的河流中寻觅到一个个有活力的生命体。

我们在分析了幼儿教师教育哲学观"失语"的现象及原因之后，需要对幼儿教师教育哲学观进行一次再定义。当下，幼儿教育改革强调回归生活，改革的重点也应转向教师如何理解儿童、理解教育与理解生活等方面。

借鉴布鲁纳"庶民教育理论"的思想，我们将对幼儿教师的教育哲学观进行一次全新阐释。我们认为，幼儿教师教育哲学观的形成是教师对自我与儿童的心灵、自我和知识的叩问过程，是教师对自己与儿童的心灵、自我以及知识和其表现形式进行分析判断，之后，再确定自己将采取何种方式影响儿童的过程。我们将"生命成长"的概念引入幼儿教师教育哲学观的研究范畴。

第一节

布鲁纳的"庶民教育理论"

著名的美国学者布鲁纳，领导了两次认知革命。"第一次认知革命"是20世纪50年代末，布鲁纳将皮亚杰等心理学家倡导的认知结构发展阶段理论引入了教育实践，结合当时流行的计算主义（computationalism）形成了认知心理学派；20世纪80年代，他又掀起了"第二次认知革命"。这一时期，在苏联心理学家维果斯基（Lev Vygotsky）的社会历史心理学（sociohistorical psychology）理论影响下，结合文化主义（culturalism），他创造性地提出了文化心理学的理论框架。[1]

庶民心理学的概念源自20世纪三四十年代的认知人类学研究。在第二次认知革命中，布鲁纳又对庶民心理学给予了特别的关注，他呼吁"我们应该考虑将我所说的'庶民心理学'纳入人类生活的研究中来"。[2]作为这个时代最富影响力的心理学家和教育学家，布鲁纳的"庶民教育理论"对当今的教育产生了重大影响。

---

① 韩雪军.论布鲁纳的民间心理学——基于布鲁纳晚年著述的思考［J］.现代教育科学，2016(07)：28—35.

② 国内学者对 folk psychology 一词有不同的翻译，如常识心理学、民众心理学、民俗心理学、常民心理学、民间心理学、庶民心理学等等。学者们在引介布鲁纳述及的 folk psychology 时，也持有不同的翻译。台湾"清华大学"宋文里教授在翻译《教育的文化》（*The Culture of Education*）中将 folk psychology 译作"庶民心理学"，南京师范大学班华教授、北京师范大学石中英教授和康永久教授等人在引介布鲁纳的思想时，将 folk psychology 译作"民间心理学"，而魏志敏在翻译布鲁纳的《有意义的行为》（*Acts of Meaning*）时将 folk psychology 译作"通俗心理学"。在此，为凸显 folk psychology 的生活性及其与科学心理学之间的关系，笔者将 folk psychology 译为"庶民心理学"。

一、"庶民教育理论"的阐释

将"庶民心理学"运用在教育领域，是"庶民教育理论"思想的重要体现。理解了"庶民心理学"的内涵，就能对"庶民教育理论"的思想有较为明晰的理解。

"庶民心理学"离我们每个人的生活都不遥远。布鲁纳曾指出，人们可能更喜欢将他所倡导的庶民心理学称为"庶民社会心理学"。他强调，"几乎所有的文化中都拥有一门民间心理学作为它们最强大的构成工具"，庶民心理学是"存在于叙述和故事讲述过程中的一种实践，它受到叙述文化庞大结构体系——故事、神话和各种各样的文学形式的有力支撑"。① 如同我们中国人都很喜欢《愚公移山》《孔融让梨》等故事一样。从布鲁纳的论述来看，"庶民心理学"就存在于我们每个个体赖以生存的文化之中。

对这一观点，会有人质疑，既然"庶民心理学"来自文化，那始终徜徉在文化中的我们为何没有发现"庶民心理学"的存在呢？对此，布鲁纳做出了这样的解释。他说："有一种'问题显现'对于我们来说，是永远跑不掉的，那问题是如此广泛存在，如此经常出现，如此和生活交织成一片，以致变成我们的盲点——就像谚语说'鱼总是最后才发现水'。"言外之意，我们对"庶民心理学"过于熟悉，以致完全忽略了它的存在。②

布鲁纳认为，"庶民心理学"也是"对人类的'行动'，我们自身和他人的心灵如何，人们怎样给自己的行动定位以及可能的生活模式，人们怎样选取生活模式等方面有着或多或少相关、规范的表述……它是一个系统，人们要借助这个系统把自己在社会生活中的体验、关于社会生活的知识以及自己与社会生活有关的事务组织起来"。③ 布鲁纳在其著述中曾用形象的实例对具体文化情境中的庶民心理学做出了论述。具体到教育领域，"庶民心理学"就是"若由教师来说，通常就是'我怎样才能和那个孩子接上线？'或对孩子来说，就是'她到底想带我们去哪里？'"④ 对此，布鲁纳在《有意义的行为》一书中提到："任何一位教师的教学行为都受到一套有关'儿童心灵是什么以及如何教他们'的庶民观念所驱使，虽然教师们可能无法言说出那套教育原则。"

因此，真正的教育家只能产生在那些真实的实践场域之中，一个不和教育对象互动的人，其教育哲学观的生成也是没有根基的。从本质上来说，幼儿教师教育哲学观的建立，也是追求"教育智慧"的过程，这和"庶民教育理论"中所描述的教师追求是完全一致的。

幼儿教师的教育哲学观就是基于教育生活与实践而形成的一种具体的、个性化的认识与看法。布鲁纳认为，通过叙事，可以有效地揭示教师的教育行为是如何受有关"儿

---

① Gladwin Thomas. East Is a Big Bird: Navigation and Logicon Puluwat Atoll [M]. Harvard University Press: 2009-06-30.
② 韩雪军. 论布鲁纳的民间心理学——基于布鲁纳晚年著述的思考 [J]. 现代教育科学, 2016 (07): 28—35.
③ [美] 杰罗姆·布鲁纳. 有意义的行为 [M]. 魏志敏, 译. 长春: 吉林人民出版社, 2008: 32, 33, 126.
④ [美] 杰罗姆·布鲁纳. 教育的文化: 文化心理学的观点 [M]. 宋文里, 译. 台北: 台湾远流出版公司, 2001: 91, 99, 161.

童心灵是什么以及如何教他们的"庶民观念所驱使的。① 他认为，叙事是一种复杂的大众艺术，在共同的信仰中进行着相互交流，这些共同信仰是关于人们是怎样的、他们的世界是怎样的。故事专门用于对付在危机中会是怎样的，或是在危机中假定会是怎样的。② 叙事的突破常规化和赋予冲突性的特点，可以帮助建构教师自己的教育观与哲学观。而哲学观的建构过程也是帮助教师实现"意识提升"（consciousness raising）所需的反思的过程，即教师对他们所持有的"庶民教育理论"假定有明确的思考。借鉴布鲁纳的"庶民教育理论"，我们认为，幼儿教师的教育哲学观的发现、培养与研究也可通过生活叙事的方式，探讨与发现教育者自身对教育理想的追求与实践过程。

二、"庶民教育理论"的核心思想

布鲁纳"庶民教育理论"的核心思想主要体现在，教育者关于"心灵"的信念理解、关于"自我"的信念理解和关于"知识"的信念理解三个方面。

（一）对"心灵"的信念理解

无论是古典哲学还是科学心理学，都对"心灵"做过系统的探讨和分析。作为一名长期工作在教育一线的教育家，布鲁纳对学校中学习者的心灵信念做出了系统的分析。这些分析涉及了学习者心灵的运作、学习者如何学习以及我们如何促进学习者心灵的成长等信念上的假定。在布鲁纳看来，庶民心理学"不只对于心灵在现场如何运作有成见，它同时也对于儿童心灵如何学习，以及怎样让它成长等，都备有现成的观念"。③ 庶民心理学在个体"心灵"信念的理解上，主要包含了"心灵如何在具体的文化场景中运作""心灵如何学习"以及"如何促进心灵的成长"等方面的内容。

因此，教师头脑中形成的有关"儿童的心灵如何，以及如何教他们学习"的一套认识，即是"庶民教育理论"（folk pedagory）的核心。在研究中我们亦发现，幼儿教师在有关儿童"心灵为何"的理解上，每个人都有自己的见解。在实践中，他们会发现，儿童不是一个"空坛子"，等着来填装由教师提供的"客观知识"；相反，儿童的文化背景知识是超出教师所能了解的认识范围的。儿童的文化与心灵异常复杂，需要教师对其具有特殊的"敏感性"，并能够赋予"同情性的理解"。

同时，我们也需关注教师的心灵。教育从来都不是中立的力量，同样也不是孤立的。在课程改革成为趋势的今天，疏离于教师心灵能量发挥的教育改革或课程改革是很难成功的。我们需要创造条件让教师在联系性教学活动中彰显自身生命的本质。教师也应勇于面对新的挑战，不论是来自外界的或是自身的，在教育中开放自己的心灵，拥有"在

---

① 〔美〕杰罗姆·布鲁纳.教育的文化：文化心理学的观点〔M〕.宋文里，译.台北：台湾远流出版公司，2001：91，99，161.

② 〔美〕杰罗姆·布鲁纳.故事的形成：法律、文学、生活〔M〕.孙玫璐，译.北京：教育科学出版社，2006：74.

③ 〔美〕杰罗姆·布鲁纳.教育的文化：文化心理学的观点〔M〕.宋文里，译.台北：台湾远流出版公司，2001：91，105.

教育中构建美好新世界"的勇气。

（二）对"自我"的信念理解

在布鲁纳看来，既不存在"现成"的自我，也不会有一成不变的自我。因为"自我必须被当作一个所谓的建构过程来对待，这个过程既可以从外到内又可以从内到外，既可以从文化到心灵又可以从心灵到文化"。① 布鲁纳所说的"建构和再建构"的过程，是个体通过自我叙事来完成的，也可以这样说，个体通过对自己的不断叙说，推动着自我的建构。

自我叙事是"我们通过比较我们关于自己的记述和他人告诉我们的关于他们自己的记述，将我们自己与他人区分开来"。② 自我叙事也是在特定文化模式引领下，通过内力和外力的共同作用来完成的自我建构的过程。

幼儿教师教育哲学观的形成很大程度上是他们不断通过叙事，表达、建构自我概念的过程。不同的个体在记述中，逐渐地将自我与他者区别开来，构建出自我的轮廓。③ 这就要求幼儿教师在实际工作中能够为自己与儿童都提供自我叙事的机会，使儿童与自己都能够清晰地审视自身的实际情况，形成正确的"自我观"，之后，得以在发展的过程中不断完善自我，完成"自然而然"的专业成长。

（三）对"知识"的信念理解

布鲁纳认为，知识是客观世界的真实反映，知识是可以改写的认识，知识是共同体内共享的信念。

第一，知识是客观世界的反映。在布鲁纳看来，某些情境中的知识是既定的，不会改变的，是人们对客观世界真实的反映。这种知识主要包括诸如历史事实、物质、客体等方面的知识。

第二，知识是可以改写的认识。布鲁纳指出，在某些情况下，"'知识'并不是老天给的真理，也不是写在自然之书里不由分说的东西。知识在这种安排之下，总是被推定为可以改写的"。④ 知识在某种程度上不是一成不变的，它会随着时间和空间的变更而不断地被改写。这类知识大多是人类心灵对客观世界认识之后所产生的，比如传说、科学的猜想、歌曲等都可归属此列。

第三，知识是共同体内共享的信念。知识可能来自某个"有知识者"经过证据的支持和理性的辩护为某个共同体所接受，进而成为该共同体共享的信念。真理、宗教信仰

---

① ［美］杰罗姆·布鲁纳.教育的文化：文化心理学的观点［M］.宋文里，译.台北：台湾远流出版公司，2001：91，105.

② ［美］杰罗姆·布鲁纳.故事的形成：法律、文学、生活［M］.孙玫璐，译.北京：教育科学出版社，2006：54.

③ 韩雪军.论布鲁纳的民间心理学——基于布鲁纳晚年著述的思考［J］.现代教育科学，2016（07）：28—35.

④ ［美］杰罗姆·布鲁纳.教育的文化：文化心理学的观点［M］.宋文里，译.台北：台湾远流出版公司，2001：91，102.

都应当归属于这类知识。①

布鲁纳关于知识的论述，打破了传统意义对知识单向度的理解，为我们描述了一个文化与心灵视域下的知识建构路径，这一认识也深深地影响着我们的"生活化课程"对知识的理解与表述。

我们认为，幼儿教师教育哲学观的形成过程是教师对自我与儿童的"心灵""自我""知识"叩问的过程，这本质上也是教师个人与儿童生命成长的过程。幼儿教师在形成教育哲学观的过程中，必然要对自己与儿童的心灵、自我以及知识和其表现形式进行分析判断，然后再确定将采取何种方式影响儿童。这既是他们生命成长的过程，也是一个用生命影响生命的过程。

下面的这篇教师记录，可以帮助我们更好地理解这一问题。

儿童的"自我"深深地影响着我对"自我"的认识

记录者：罗希悦老师

一、"我的优缺点"

这周课程是孩子们"了解自己优缺点"，学习从爸爸妈妈发来的一段视频开始。习习的妈妈说："我觉得，习习没有缺点，这样说不是因为她是一个完美的小孩，而是因为对于5岁的孩子来说，他们一直在学习，他们身上的那些只能说是一些微小的不足。"习习听完后回应道："谢谢妈妈，我觉得你说得很对！"悠悠妈妈说："悠悠的缺点就是有点磨蹭，有时候还很害羞。"悠悠一边捂着耳朵一边说："你说的不对，我不听我不听！"

第二个活动是绘制一棵自己的"优缺点树"。全班有21个小朋友参与了这个活动，有7人的"优缺点树"上全是优点，占$\frac{1}{3}$，剩下的$\frac{2}{3}$小朋友，每个人的缺点最多的也只有2个。可以说，孩子们对自己的认识非常正向了。

二、儿童可以客观地认识自己吗

5岁的孩子，可以客观地认识自己吗？

一鸣：我最大的缺点是容易生气。

澄澄：我最大的缺点是在家里容易对奶奶、妈妈生气。

瀚鸿：我最大的缺点是不爱在大家面前说话。

砚迪：我最大的缺点是抠手指甲。

若溪：我每天都没法做到早睡早起。

沛霖：我不爱好好刷牙。

君恺：我的缺点是容易打人。

---

① 韩雪军.论布鲁纳的民间心理学——基于布鲁纳晚年著述的思考［J］.现代教育科学，2016（07）：28—35.

慕雪：我的缺点是有时候我不洗脚就跑床上去了。

泽菡：我有点害羞。

桥松：我的缺点是不爱运动。

大家说的都没错！孩子们对自己的"缺点"也有比较客观的了解。但似乎对这些小缺点，孩子们并不那么在乎。

悠然：每个人都有缺点，没有人没有缺点。长大了之后就不会再犯小孩子的错误了，比如吃手、尿床。有些缺点是不需要战胜的。

亦奇：缺点改正了就没有了，比如说我前几天喜欢睡懒觉，但是我现在就可以早睡早起来幼儿园做早操了。

一鸣：有一些缺点就像一件事情一样，时间长了就忘记了，然后就没有了。我的缺点就是很淘气，但是我觉得淘气就是我的性格，不算是缺点。

从孩子们的回答中，我似乎了解了他们如此自信的原因，不是因为自己特别优秀，而是因为自己对于缺点的认识比成人更加大度。对孩子们来说，他们的自信更像是一种风度。他们不会在意缺点停留在身上后对自己的坏影响，而是用一种积极的心态等待缺点从自己身上离开的那一刻。对儿童来说，缺点就像自己的一个朋友，在时泰然处之，走时不流连忘返。相比家长，孩子们更能接纳自己的缺点，这应该也是孩子们在听到爸爸妈妈提到自己的缺点时，一脸风平浪静的原因吧！

儿童的自信源于他们天然的生活状态，我们是不是也可以学着像他们那样，恋着自己，也恋着这个世界呢？

虽然幼儿教师对儿童心灵的认识建立在各自经验基础之上，但他们一旦进入这样深度问题的思考，就开始走向"庶民教育家"的行列。如同上述这位教师，对儿童的认识与理解，能够从儿童的言行中寻找自己生命成长的影踪，这样的认识不仅对教育教学活动产生了重大影响，也使其教育境界迈向了更高的层次。

教育改革从来不是只"谈"教育。有一些所谓的"教育家"并不接触教育实践，只是充当了理论的搬运工。要想成为教育的变革者，必须深入教育一线。如同真正的教育家必须来自教育实践的一线一样，幼儿教师的教育哲学也必须产生于他们的日常教育教学生活。

通常，我们会按照社会评价与成就来衡量一个人是否可以被称为"教育家"。而布鲁纳的"庶民教育理论"则拓宽了我们的认识边界。在教育的过程中，每个教师都可以追寻教育目标，向着自己心中理想教育的方向迈进，这本质上也是在向教育家的方向迈进。幼儿教师完全可以在生命信念的关照下，研究身边教育发生的真实问题。当他们开始研究教育的真实问题时，就变成了知识的创造者，践行自己的教育理想。这样的教师在实践中也是教育家，我们可称其为"庶民教育家"。

第二节

善用反思，每个人都有可能成为"教育家"

关于教育每个人都可以有自己的理解，但若想形成自己的教育哲学观，幼儿教师个人对教育、教学以及儿童观等问题的看法与反思及深度分析就显得尤为重要。在实践中，教师的教育哲学观一旦形成、稳定下来，会主动调节自己的教育行为。

在实践中，如果我们仅关注幼儿教师对专业知识的掌握和教学能力的提升，教师会很难有大的成长空间，对教师教育哲学观的建构也是极为不利的。幼儿教师的成长不能仅停留在对教学技巧的关注上，而应该走向对教育问题的哲学追问，实现更高层次的超越。对教育问题的哲学追问，本质上也是对生命意义的追问。在哲学追问的过程中，教师的教育信念逐步形成。而有信念的幼儿教师可以站在更宽广的视野上审视自己的教育行为。这样的教师也会散发出生命的活力，拥有更大的职业幸福感。

特别需要注意的是，当下大部分的专业学习是理性与知识导向的，在实践中，我们越来越清晰地认识到情感导向的重要性，在教师教育哲学观的形成过程中，教师拥有共情能力是很关键的，这一点很容易被忽略，但这恰恰是教师从大脑走向心灵特别重要的一步。

反思能力与教师教育哲学观的形成有密切关系。这里的反思能力并不是指我们惯常使用的那种教师对教育现象的分析与认识能力，而是指心灵参与的一种复杂心理活动。因为"每一个卓有意义的实践几乎都是艰难的，可谓心灵的历练，每一次深度的实践都是一次自我生命的重新发现"。[①]

一、幼儿教师对工作中"两难困境"的反思

美国布朗大学教授霍尼格（Honig）认为，"两难"是这样一种真实情境：两种或多种价值观、责任、义务或承诺相互冲突，但没有一个正确的选择。[②]这种情境之所以被称为"两难"，是因为在大多数情况下，可供选择的两条路径都不理想。所以，"两难"的重要特性在于，那些相互冲突的观念之间并不存在所谓正确的一方，决策者在决策过程中会出现某种困难。简单而言，当一个人处于"两难"时，他们都会感觉遇到了困难。

---

① 刘铁芳. 什么是好的教育——学校教育的哲学阐释［M］. 北京：高等教育出版社，2014：293.

② Honig, B. Difference, dilemmas, and the politics of home［J］.Social Research, 1994, 61（03）：563—597.

当教师面临"两难困境"时，需要不断做出调整与决策，而最终的决策过程也是教师教育智慧形成与完善的过程。但当教师把一个个困境变成为一个个解决了的情境结果后，就直接形成了某种教育智慧。如果我们能够解释"教师是如何应对'两难困境'"这一问题，也就能够发现教师教育哲学观的形成过程。

我们认为，处理"两难困境"，并不是一个简单的选择过程，也不是大脑做出判断的结果，而是教师心灵参与思考，最终能够从当下的认识中完成超越的过程。处于"两难困境"的教师，只有看到自己的真实需要，才能做出正确而有意义的判断。如果教师总是意识不到自己遇到的问题，不被"卡住"，就很难有机会完成自我超越。幼儿教师的教育哲学观就是在"两难困境"中的一次次超越中逐渐清晰起来的。这个过程也是"从无知到知识的转化过程，即从最初困惑、含糊可疑、矛盾失调的情况转到清晰、有条理、安定以及和谐的情况"。①

幼儿教师想要进入真正的反思，一定需要一些问题困境。因为人在一般情况下是不会进行深度思考的，如果没有痛苦，就无法触及事情的根本。当然，一旦他们形成了自己的教育哲学观，也会发现，痛苦里通常藏着欢愉。

二、幼儿教师在"两难空间"中的反思路径

教师在教育教学中遭遇两难、框定情境、反思以及行动的空间，被称为"两难空间"，它为教师建构专业身份认同提供了虚拟空间和关系网络。② 从形式上来看，在这种"两难空间"中，主体和困境共同位于一张复杂的关系网络中；从本质上来看，"两难空间"是各种权利之间通过博弈而形成的一个力量场，在这个力量场中存在着一个真实的两难困境。③

人在遇到问题的时候，总会下意识地追溯根源，对自己的生活以及所处的社会和幼儿园的文化进行分析（溯源）。之后，他们会描述在教育中遇到的困难，思考当时自己是如何思考和行动的（描摹）。然后会对自己思考的问题进行提炼，寻找理论上的支撑和理论进行对话。这个过程中，幼儿教师有可能从"两难困境"中进入到"两难空间"里，拥有了更广阔的思维宽度、深度与广度。就是这个过程，帮助教师逐渐形成了自己教育哲学观的表征与类型（抽象）。之后，教师会对自己的教育哲学观进行进一步的"扩展"，尝试从动态的角度去回答"我的实践性知识如何生成的？它是如何在实践中得以运用的？"并逐渐拥有了教育信念。

我们认为，幼儿教师个人教育哲学观的形成遵循了"溯源—描摹—抽象—扩展"这一路径。这一部分的思考会在之后的章节有较为详细的阐述。

① ［美］杜威.我们怎样思维·经验与教育［M］.姜文闵，译.北京：人民教育出版社，2005：88.
② 张立平.两难空间的教师专业身份建构——中国社会文化视角下的案例分析［J］.教育学术月刊，2016（01）：66—70.
③ 余洪升."两难空间"中的路径探索和实践研究［J］.教育界（基础教育），2019（03）：21—22.

三、幼儿教师的反思需要"共生"空间

"共生"原本是生态学的概念，在生态学的领域体现为"共栖"。提到共生思想，不得不提到已经植根于我们现代人思维方式和生活方式中的"二元论思想"。以契约社会为根本的西方社会，有着是与否、对与错、黑与白等对立的二元论基础的理性主义基础。①

共生思想的精髓在于"中间领域理论"。"共生思想"原本是由20世纪80年代末著名的日本建筑师黑川纪章提出的。这一思想融合了"反观合一""万事皆空"等东方哲理，以及西方哲学家的一些思想。共生，主要指不同文化之间的共生，如人类与自然的共生，人类与科学技术的共生，除此之外，还包括整体与部分、历史与未来、宗教与科学的共生等。黑川纪章一生都致力于追求对生命原理的思考。从生命思考提出的共生思想，使共生思想具有了普适性，覆盖到了社会生活的方方面面，具有很强的包容性，是自由、轻快的一种思想体系。②

在现实生活中，如果幼儿教师没有一个共生空间，真实表达对教育的反思，就无法形成属于自己的教育哲学观。他们需要通过与周围环境和人进行无数次的对话和互动，才有可能形成自己的教育哲学观。这些互动往往是在有意识和无意识中交替完成的。教师只有在有意识和无意识的交织中，才能形成深刻、持久、稳定的教育哲学观。而观察记录、教育笔记的书写、对专业书籍的阅读与思考是将这种无意识转化成有意识状态的最佳方式。

幼儿园教研活动是教师之间对话与互动的最佳场域。幼儿教师是有能动性的人，当他的个人叙事与创造被他人承认的时候，他"创造"的这些信息和资源将得到共享，并逐渐成为所有人的共识，这种共识会对新教师产生"再生产性"的影响。对园所来说，这个过程也是继承性的、动态性的。

老师们对教研活动的意义有自己深切的体会。

吴婷婷老师：有一次，外公生病了，我很着急，在教研会上，我分享了自己的感受，还流了眼泪。后来我又很后悔，觉得自己的状态不好，给大家带来了"负能量"。没想到，大家都用关切的目光注视着我，胡老师说，我们都在陪着你……

田巍老师：幼儿教师的工作中有苦有累，美好的东西要分享，但是也有一些我们受的委屈，也要把它吐露出来。我们定期在教研会上"吐槽"生活中不太愉快的事情，这既是一种宣泄，也是一种治愈。每次"吐槽"后，都酣畅愉悦，也因此拥有了更多的能量。

张焱老师：生活化课程要开展小组教学时，我和大家一样都很困惑，小组教学要怎

①② 刘璇.藏传佛教构建的共生空间——坛城（曼荼罗）艺术的表现形式研究［D］.南昌大学硕士学位论文，2016.

么组织？教师的作用体现在什么地方？怎样回应小组中幼儿的问题……在表达的过程中，我突然意识到，自己太把自己当教师了，放不下那些要求和预设，这样就很难把重点放到倾听孩子身上。当这样的分享结束后，突然感觉内心一阵轻松，也能够意识到，教师最重要的是不执念于技术，当内心充满了真实与接纳的态度的时候，才能够体会到和儿童交流中"在当下"的智慧与美好。每一个人都把真实的自我放在一个情境下的时候，内心不再有缠绕、没有羁绊，也没有那么多的妄想，所有人的能量都会形成一个"气场"，而一切美好也将随之发生……

总之，幼儿教师教育哲学观的最终归宿是实践。幼儿教师教育哲学观起初内隐于教师的日常教育教学工作中，需要在关键事件中觉察和顿悟，才能在已有的经验与知识之间重新进行思考。之后，在深刻的反思中，教师的知识与经验将被重新归类、整理，那些隐性的、模糊的认识将被归纳成为显性的知识系统，以期实现自身知识的增值与经验的扩充。在知识与经验之间游弋的过程中，教师的教育价值观逐渐形成，最终，他们又将其重新投入到实践之中。

如果善于反思，每个人都有可能成为"教育家"。老师们是怎么看待这一观点的？

与教师进行对话

曹云香老师 当我和孩子们在一起，他们有他们想做的事情，我有我想做的事情，我们也有我们共同想做的事情，大自然的一花一木与孩子们一同静静生长……我感觉自己就像教育家一样在思考问题。

王海霞老师 能够看见孩子，倾听他们的心声，呼应他们的需求，不再强调自己的教师身份，孩子们有孩子们成长的方向，我也有自己的成长方向，彼此成全、共同成长，那种美好就是教育家追求的状态吧……

李美杰老师 虽然我离教育家还有很长的一段路要走，但当我身处孩子们中间，融入孩子们的生活，像个孩子一样游戏、充满好奇、认真思考的时候，感觉自己很像一个教育家。

李文老师 当一个别人觉得很难相处的孩子和我产生了情感联结，不用过多引导，但是他愿意为我而发生改变，这份彼此之间的相信和爱的流动让我觉得自己就像是一个有理想、有情怀的教育家。

罗希悦老师 我组织了一次精彩的活动，我帮助一个"问题孩子"解决了行为问题，这会让我觉得自己是不是接近一个"教育家"了？我跟家长完成一次有效沟通，并且看到家长做出的改变之后，会有个声音对我说："你看，你帮助了一个家庭。"

那一刻感觉自己还挺像家长们眼中的小"教育家"的。跟孩子们一起学习时，安静地观察他们，倾听他们分享自己的感受，感觉自己离教育家的路越来越近了。

田巍老师 ◁ 在教育家撰写的书中找到共鸣……
　　　　　　偶然发现某个孩子在我眼里变成星星……
　　　　　　坚持教育信仰，做自己认为对的事情……
　　　　　　耳畔聒噪，满目繁花，心底清明……
　　　　　　我会感觉自己是一个不同凡响的教师。

李洋老师 ◁ 教育家一定是和孩子们一样，拥有一颗透明的心灵。当我们和孩子们一起生活、学习的时候，当我们和他们一起抬头看云、俯身观察自然的时候，当我们在日常生活中反思的时候，当我们用心书写观察笔记与教育笔记的时候，我感觉自己更像是一个有思想的教师。这是不是也是一个教育家成长的必经之路呢？

周冉老师 ◁ 我觉得老师真正走近儿童，就能"看到"、能"听到"、能"回应"、能"欣赏"、能"接纳"、能"共情"、能"抱持"、能"给予"……当我们开始探寻"儿童究竟是什么"的时候，就已经行走在了成为教育家的路上……

张芬老师 ◁ 教育的情怀，生活的智慧，等待的姿态和微笑的样子就是我心目中教育家的样子……

附录

教研现场实录

记录时间：2016 年 6 月 28 日　主持人：胡华　参与人：全体教师

　　每周二中午一点到两点半，是幼儿园固定的教研时间，我们称教研活动为"心田式"教研，因为这样的教研需要在场的人用心灵参与。

1. 教研要研讨真问题，解决老师们的困惑

问题一：

李文老师：关于如何回应儿童，我在教育笔记中做了记录，也有了一些自己的思考。但是在生活中我发现，儿童发生冲突的时候，我们的本能一般都是回应或询问原因，提出建议通常也是相互道歉。但是效果似乎并不是很好，儿童也未必能接受，我们还可以怎么做呢？

胡华园长：教师对问题要有透彻的认识也要有更宽广的视角。我在和孩子们照相的时候，有几个男孩子一直在争执，一会说你挡到我了，一会说你打到我了……我就在旁边说了一句话，"一个男孩子要是总叽叽歪歪的，以后会没有朋友的"。我说完之后，

两个男孩全都愣了，他们觉得我说的很有道理啊。在我看来，儿童总是从别人身上寻求到一份满足和安慰，用来解决自己的问题，依旧不是一个成熟人格的表现形式。作为教师的我们，要给他更宽广的思考问题的角度，才能让他们拥有更健全的人格。

问题二：

唐彬老师：最近，幼儿园早餐给孩子们增加了新鲜的鸡蛋，我发现了班里有个小朋友就有了一些变化，他只选择喝稀的却不吃鸡蛋。老师问他，他说在家里已经吃过了，来幼儿园只喝粥，而在家里却说要到幼儿园吃。和家长了解后才知道真相，他不喜欢吃鸡蛋，所以两头就说吃过了。作为新手教师，我坚持认为孩子的品德教育是最重要的，所以我想指出孩子的错误，然后帮助他改掉这个缺点。但这样做，会伤害孩子吗？

胡华园长：这个孩子的行为有那么严重吗？我们如何定义撒谎行为呢？他只是自己不爱吃鸡蛋而已，当他意识到自己在夹缝中不好解决问题的时候，他用这样的行为来回避问题。如果一个教育工作者轻易地去评判一个人，给儿童贴上一个标签，那么教育工作者的专业性体现在哪里呢？无论如何做，我们都需要对儿童有更深的理解和共情。

唐彬老师：谢谢胡老师的指导。我想我也需要思考，我为什么这么关注孩子的这个行为呢？或许是和我的性格有关？或许也和我的认识有关？这让我体察到了，自己的自我意识在和儿童相处的时候是非常强的，这个事件对我有很深的"触碰"。

问题三：

田巍老师：六月儿童活动月，我们分组讨论了学习的计划和安排，也确定了每周要做的事情，比如，第一周了解花草园，第二周把孩子们的关注的问题找到，第三周通过"项目学习"来进行探索，第四周用艺术化的形式，表现出孩子们心目中的花草园。虽然感觉形式很丰富了，可似乎课程还是无法落地，抓手在哪里？

胡华园长：比如说我们要丈量大树，花草园有多少棵树？孩子们可以用他们的方式去数，也可以给树编树牌，给树起名字……孩子们就是在这样一点一滴的学习实践中建立起学习的概念。花草园还有很多地方值得探寻，有多少鸟窝？鸟平时都在哪里活动？我们可能都要花很长时间来观察它们……在学习中，对生活和生命的挚爱，就是在这样细细的过程中一点一滴、真实地建立起来的。它是一种流动的感觉，孩子们也在运用他们的"工匠精神"，在和事物之间完成着深度连接。

2. 在反思的基础上，教师们要实现课程决策

教师在课程中，必须要有一定的决策权。如果他们不能做决策，仅仅按照他人的意愿和要求来做，总是被动的，就无法感受到工作中的创造与快乐。在我们的教研活动中，我们来共同讨论活动线索，而具体的实施与教学都是要教师们自己去完成的。

张蕾老师：孩子们对小池塘提出了很多疑问，有多少块石头？水是怎么来的？小池塘有多大？为什么鱼和乌龟生活在一起就不打架？……

李文老师：孩子们很关心是谁给小池塘注水？多长时间换一次水，是一个星期还是一个月？谁来给它打扫？

胡华园长：可以借由孩子们的想象，把花草园想象成一个茂密的丛林，他们可以在丛林中探索。为了使丛林探索更有趣，我们可以搭建营地，修建临时的厕所，还可以在户外进餐，要让孩子们的学习保留完整性。教师们要充分地吸纳儿童表达出的信息碎片，然后做出有价值的分类和总结。

田巍老师：我觉得您说的"不打断孩子"特别重要。孩子们的游戏被生活环节一打断，就翻页了，反而影响了他们的学习。当他们不再被"成人的组织"打断的时候，都沉浸在自己的游戏状态中，感觉特别美好……

李文老师：孩子们的视角总是那么细致而独特，珠珠小朋友看着最后完成的花草园手绘图，拉着老师说："你看我们的幼儿园，我看到树屋旁边的一串串葡萄啦！"语气里流露出欣喜和骄傲！

阎玉新老师：六月里，我们对花草园的一草一木产生了深度联结，最后和孩子们一起动手完成花草园的平面图，孩子们画、剪、贴、点树叶、点石头，脸上洋溢着满足的表情，感染了我们在场每位老师，我感觉到我们、孩子们和花草园已经是一个整体。

第四章

对 话

——幼儿教师教育哲学观的形成基础

老师经常和我们"对话",很多时候是我们说,他们听,还会把我们说的话记下来。（张思铭,男,五岁半）

我们会讨论一些特别难的问题,这些问题爸爸妈妈或者是其他人很少问我们的。（陈依蕊,女,五岁半）

郭佳老师 ◁ 在我们的教育生活中,"对话"无处不在,我们对话儿童,对话身边人,对话环境,对话自然……这样的"对话"是我们得以深度思考的契机。

李文老师 ◁ 对话是找到所有问题和现象的源头,更是教育开始的第一步。对话,让"你和我""我和他"建立起深度联结,只有这样,教育才能真实地产生。

周冉老师 ◁ "对话"在彼此平等的敞开场景中会自然而然地发生。当儿童进入自然的状态时,"对话"不是我去讲什么,孩子们会自发讨论、学习。这时候,我们的心灵都是打开的,所有人都会进入一个美好的对话空间。

张芬老师 ◁ 只有在流动的对话中,才能碰撞出智慧的火花。

李洋老师 ◁ 对话很重要,但我想说,和孩子们相处,首先要学会听,才能学会说。

英国思想家戴维·伯姆（David Böhm）说："对话仿佛是一种流淌于人们之间的意义溪流，它使所有对话者都能够参与和分享这一意义之溪，并因此能够在群体中萌生新的理解和共识。"① 从教育主体间关系的角度来看，教育的本质是各种关系的总和，但这种关系的建立主要是基于对话来实现的。幼儿教师的教育哲学观也是在对话中形成的。如何理解对话，实践中以对话为核心的师幼关系背后隐匿的"儿童视角"对幼儿教师教育哲学观有怎样的影响？这是特别需要厘清的问题。

今天，随着教育工具理性的盛行，教育逐渐演变为一种技术活动，即使是在幼儿教育领域，教育中的对话也大多被教师的个人"独白"所湮没。这一现象导致了大部分幼儿教师的教育哲学观缺乏产生与生存的土壤。因此，本章试图通过"对话"理论的介入，重新探寻幼儿教师教育哲学观与对话的本源关系，以便更好地解决当下幼儿教育领域中面临的"意义"危机。

第一节
对"对话"的解读

对话的思想源远流长。在人类发展的历史上，对话是最基本的交往方式。因为人不仅是一种"自然存在物"，也是"社会存在物"。人是在对话中成为人的，作为一种具有社会性的动物，人只能存在于对话与交往之中，也就是说，人存在本身就意味着某种对话性交往的存在。②

自教育产生之日起，对话就与之相伴。对话不仅是人认识世界的方式，更是人存在本身。因此，对话也是教育的言说方式。古希腊的苏格拉底一直践行着从对话中引出"真知"，这一探寻真理的方式至今被世人所推崇。因为教育具有对话性，在一个充满对话感的时代里，教育"对话"的回归已是一种必然。因此，作为教育核心要素的教师，其工作方式与工作意义也主要是通过对话而完成的。

一、对话的词源分析

在现代社会，"对话"的概念遍及社会领域的各个方面。

---

① 戴维·伯姆.论对话［M］.王松涛，译.北京：教育科学出版社，2004：6.
② 冯苗.论教育场域中的对话——基于教师视角的哲学解释学研究［D］.东北师范大学博士学位论文.2008.

从字面意义解释，"对"的本义是"应答""回答"，"两者相对、面对"，"相当、匹配"。"话"作为名词指"言语"，作为动词则指"说、谈""告喻"。根据《现代汉语词典》（商务印书馆 2002 版）的解释，"对话"指"两个或更多人之间的谈话"，或"两方或几方之间接触或谈判"。① 在英文中，"Dialogue"一词源于希腊文"Dialogos"，其含义主要有以下五个方面：第一，指两个或两个以上人物之间的交流、谈话；第二，指两个或两个以上人之间的谈话，也可以指人和事物之间的交流；第三，指不同观点或思想的交流；第四，指不同政党或党派之间的讨论；第五，指文学或戏剧写作中的绘画要素。② 可见，英语中对话的词源学解释与我国《现代汉语词典》的解释是基本一致的。

当代社会，"对话"已经超出了语言学的范畴，进入了人类生活的各个领域。关于对话，我们亦可以从狭义和广义两个方面加以理解。狭义的对话是指人们之间一种特定的交流和沟通方式，这种沟通方式突出的是沟通双方的平等性。从广义来看，对话则是一个涉及人类存在的基本哲学命题，涉及人类的历史与文明。③ "对话"即是意义在人们之间的穿越和流动，并因此在群体间萌生新的"理解和共识"，生成某种"共享的意义"。对话者以一种"共享思维"的方式去克服"分裂性思维"和"思维假定"的不足，进而得到整体的"共享的意义"。在分享与参与的对话中，人类能拓展自身生存和发展的空间。④

二、巴赫金"对话理论"的相关阐释

对话一直是西方哲学关注的重要问题。20 世纪的西方哲学经历了所谓的"语言学转向"，不同流派的哲学家都阐发了对话这一问题的重要性，在此，我们选取了巴赫金（M. M. Bakhtin）的对话理论进行梳理，以便在此基础上确定本研究中关于对话的定义。

巴赫金是苏联著名的文学理论家，也是 20 世纪一位极具影响力的思想家，其学术研究涉及哲学、神学、语言学、心理学、社会学、诗学等众多领域。对话理论是巴赫金思想的核心，并贯穿于其学术思想的始终。巴赫金认为，生活的本质是"对话"，人类最基本的关系也是对话关系。因为个体总是以他人的存在为前提，个体也是通过他人显示自己的，而他者是通过另一个体的关照才得以存在的。⑤ 既然对话是人存在的方式，存在就意味着人总是与世界进行着对话式的交往，对话结束之时，也是一切结束之时。

在巴赫金看来，语言的本质就是对话。不论哪一个领域，无不渗透着对话关系。如果说生存充满着对话，那么对话就是生存中最基本的东西。巴赫金认为，存在不仅意味着对话式的交往，也体现了人类思维和意识的对话本质。也就是说，自我只有在与他人

---

① 中国社会科学院语言研究所词典编辑室 . 现代汉语词典（2002 年增补本）〔Z〕. 北京：商务印书馆，2002：318.

② 沈晓敏 . 对话教学的意义和策略——公民教育的新视点〔D〕. 华东师范大学博士学位论文，2005.

③ 〔英〕戴维·伯姆 . 论对话〔M〕. 王松涛，译 . 北京：教育科学出版社，2004：总序 8.

④ 蒋平 . 论对话的内涵、特征及原则——基于几种经典对话理论的解读〔J〕. 经济与社会发展，2014（02）：117—120.

⑤ 胡生泳 . 追寻与重构教师话语——评《教育场域的教师话语批判与重构》〔J〕. 教育理论与实践 2014，34（08）：63.

的关系中才能显示出来，巴赫金这样说："一切都是手段，对话才是目的。单一的声音，什么也结束不了，什么也解决不了。两个声音才是生命的最低条件，生存的最低条件。"①

三、幼儿教师教育哲学观中对"对话"的定位与认识

借鉴巴赫金的对话理论，本书所指的对话，不局限于语言领域，而力图将其描述为一个具有"隐喻"的哲学概念。在哲学的解释中，对话不仅意味着人的一种存在方式，更是一种自我进行的更新，是走出原来的"旧我"，成为和过去完全不一样的扩大了的自我的过程，甚至成为一个"他者"的过程。②

要改变幼儿教师教育哲学观难以形成的现状，我们必须重新思考自我的地位以及自我与他者之间的关系形态，也就是对话的意义。事实上，任何个体想要成为主体，都必须以他者现实的或可能的在场为前提。当然，我们认为，对话中自我与他者的交往关系也应当是一种自主的、平等的、合理的互惠关系。③

教育是一个充满意义的世界，教育意义的实现是在复杂多变的教育实践情景中完成的，教师的使命，就是使教育的意义得以实现。而教师承载着教育的根本意义和价值，也是教育改革和发展实践的主体。在教育实践中，我们经常使用哲学式追问方式探讨教育的本质问题，这种对话也被我们称为"哲学式对话"。恰恰是在这样的对话过程中，我们对"对话"的概念有了更为清晰的认识。

我们认为，"哲学式对话"应当具有以下三个方面的特征。

（一）平等是对话的基础

让-雅克·卢梭（Jean-Jacques Rousseau）在《社会契约论》中提到"幸福的基础是自由，自由的基础是平等"，用这句话做一个引申，对话中，最重要的也是对话者之间的平等。

平等使对话得以展开。众多对话理论大师，如保罗·弗莱雷（Paulo Freire）、马丁·布伯（Martin Buber）和巴赫金，都在他们论及对话的著述中谈到了平等这一前提。弗莱雷正是不满于传统灌输式教育对人的压迫性和非人性化，才强烈呼吁要通过对话实现师生交流。他认为，只有通过交流，人的生活才具有意义。只有通过学生思考的真实性，才能证实教师思考的真实性。④按马丁·布伯的说法是，对话双方要相互信任，要建立人与人之间有意义的、健康的"我—你"关系，基本的前提就是信任，他提出："信任、信任世界，因为人类存在着——这是教育中关系最内在的成就。"⑤

对话是不同人之间因交流而产生的，只有双方平等，才能有效。一旦双方地位不平

① ［俄］巴赫金·陀思妥耶夫斯基.诗学问题［M］.白春仁，顾亚玲译.北京：生活·读书·新知三联书店，1992：62.
② 冯茁.论教育场域中的对话——基于教师视角的哲学解释学研究［D］.东北师范大学博士学位论文，2008.
③ 冯茁，陈瑞武.对话：教育理论主体与实践主体的交往路径［J］.高等教育研究，2011，32（01）：19—24.
④ ［巴西］保罗·弗莱雷.被压迫者教育学［M］.顾建新，等译.上海：华东师范大学出版社，2001：28.
⑤ ［奥地利］马丁·布伯.人与人［M］.韦海英，译.北京：作家出版社，1992：155.

等，就容易造成言不由衷，或者出现一方屈从于另一方的状态，直接影响对话的效果。只有对话者之间感觉平等的时候，"对话"才能流动出最真实的信息。如果在"对话"中感受到不平等，会让彼此的心灵产生距离，没办法感受心灵深处想要表达的东西。

通过对话，人们的深层意识也得以暴露，在对话的过程中能够不断发现自己与他人更多的潜能与创造力。这样的对话是意义共同体的建构，当各种不同的意见能够相互流动的时候，由此会产生出一些新的视角。

在幼儿园里，"平等"的对话通常具有以下两个特征：教师把儿童当作是与成人具有平等话语权的人。儿童在意识上也感觉到教师不是"神"，而是和他们一样平等的人。这样，教师与儿童在关系中才彰显出平等的特征。另外，教师要具有某种"宽容的敏感性"。只有当教师足够敏感，且能够容忍他人观点与自己的不同时，才能实现平等的对话，在对话的过程中，也重新创造了自己。

本节的"对话"着重强调在"师幼关系"平等的情况下实现的一种讨论、激励、了解、鼓舞的相互关系。在这样的对话氛围中，对话将成为媒介，不仅实现了师幼的共同发展，也成为了教师建构哲学观的前提条件。

（二）对话的实质是实现沟通者思想、精神和情感上的联结

真正的对话是"每一位参与者都真正心怀对方或他人当下和特殊的存在，并带着在他自己与他们之间建立一种活生生的相互关系的动机而转向他们"。① 因此，对话的基本运动是转向他人。

如果把对话的形式当作了对话本身，那么充其量只能停留于"技术性对话"的层面，这就等于是为对话而对话，对话降格为手段。如果我们视教育过程中的对话为目的，就要实现对话者思想、精神和情感上的连接。当然，这一过程本身，也是一个文化的创造过程，是现实的交互主体性关系的创造过程。② 同时在这个过程中，实现了人与人之间的理解、信任和爱。

当对话者开始在交流、互动与分享中让思想、精神和情感不断碰撞、汇聚、融合的时候，一个共享性的对话空间就开始出现，它打破了思维的边界、情感的边界，使有限成为无限……

对话的发生过程也是对话双方充分意识到自身的独特性、尊重他人的过程。用心灵完成的对话需要对话者从各自固守的"领地"中跳脱出来，在边缘地带先尝试完成一次交融，之后，将这一领域不断扩大。在这一过程中，渐渐使自己走近他人，再用他人的目光反观自己，从对话中实现新的思想、精神和情感的联结。对话的过程成为心灵同频共振的过程。

可以说，具有联结感的对话才是真正意义上的对话。对教师而言，具有共情能力就

---

① ［奥地利］马丁·布伯.人与人［M］.韦海英，译.北京：作家出版社，1992：30.
② 杨小微.在对话中达于理解——关于中学对话教育的理论反思与实践重建［J］.课程·教材·教法，2007（10）：19—24.

显得尤为重要。只有共情，才能在面对儿童的时候，听到他们内心的声音，实现心灵层面的交流，完成心灵对话。在这样的对话中，教师也会通过孩子富有哲思的话语解开心中的疑惑。对话，让教师发现人存在的意义，感受人性的丰富和深刻，也开始领悟对话中蕴含的深刻与哲理。

（三）教育中的对话是一种生成性对话

教育是一种意义生成的活动。教育中发生的不仅仅是知识的转移，还应该有一种超越于知识之上的意义生成。换言之，教育对话的过程是教育者与被教育者共同完成的意义分享与创生新意的过程，其结果不是要消除差异性，而是双方在经验共享中完成一种相互影响和相互成全。这一认识也意味着，传统的知识传授观应该走向对话与合作之中的全新的知识建构与生成。① 我们认为，对话中的创生精神是对话的灵魂所在。

克林柏格（L. Klinsbers)提出，"教学原本就是形形色色的对话，拥有对话的性格"。教育活动本身是一个动态的、发展的、变幻莫测的活动，所以，在这个场域中发生的一切对话都不是既定好的台本。因为教育对象不同，所产生的对话也不尽相同。

在《学会生存——教育世界的今天和明天》一书中，我们看到"教师的职责现在已经越来越少地传递知识，而越来越多地激励思考；除了他的正式职能以外，他将越来越成为一位顾问，一位交换意见的参加者，一位帮助发现矛盾焦点而不是给出现成真理的人。他必须集中更多的时间和精力去从事那些有效果的有创造性的活动。"② 教育中的对话本质上是一种创造行为，它的生成是具有激励思考作用和意义感的。由于教师和儿童同在的教育场景是鲜活灵动的，每个相处的瞬间都是流动的，很多时候我们甚至无法预测教育中的对话的走向，其深度也是跟对话双方自身原有的观点以及碰撞出的思想息息相关。

"对话"不仅需要"慢下来"，更要能"深下去"。在实践中，我们发现"深对话"需要具备以下四个特性：丰富性、完整性、深刻性和整体性。开放性话题是开展深对话的依据和核心。在对话过程中，通常会衍生出一些新"问题"，这时，需要教师适时地展开再追问、再争辩、再阐述，让不明朗的逐渐清晰、不准确的逐渐准确、不全面的逐渐完善。之后，还需要适时"打结"，将逐渐明朗的脉络进行梳理。

教师手记｜大班孩子总在"聊天"，有没有什么好办法？

教师手记｜孩子们叫老师的名字是不礼貌的行为吗？

教师手记｜我们班只有三张带轮子的床，谁来睡？

---

① 冯苗，曲铁华.教育对话的本体论解读——哲学解释学的视角〔J〕.教育科学，2008（01）：1—5.
② 联合国教科文组织国际教育发展委员会.学会生存：教育世界的今天和明天〔M〕.华东师范大学比较教育研究所，译.北京：教育科学出版社，1996：79—83.

第二节

幼儿教育场域中的对话类型

从幼儿教师的视角研究教育场域中的对话，可以从以下维度展开：发生在教育主体之间的对话，关注理解和意义生成的对话与强调反省和自我提升的对话。我们将其分别表述为：主体性对话、阐释性对话与反思性对话。本节，我们将聚焦主体性对话中的师幼对话，阐释性对话中教师与课程之间的对话，反思性对话中教师与自我的对话来论述。

一、主体性对话：师幼对话

对话的先决条件是"我"与"你"的主体间交往关系，即只有"我"与"你"发生真正的交往关系，才能对话。[①] 在幼儿园中，主要表现为教师与幼儿之间的交往关系。

师幼交往的本质就是通过交互性对话共同步入教育领域的过程。师幼关系本质上是一场美妙的"相遇"。这种"相遇"是指具有完整人格的教师与具有丰沛精神的儿童的相遇，"相遇"的主题不仅是以"知识"为目的的，更在于情感、思想、智慧的碰撞和精神世界的交互成长。教师与儿童在共同的生活中，幼儿深深地进入了教师的精神世界，教师也在幼儿开放的接纳中走进他们的精神世界之中。两者精神相遇的地方，教育的意义悄然而生。[②]

师幼对话是教育中最为关键的要素，一切教育活动皆以此展开与扩散。因为幼儿园的课程是生成性的，所以师幼对话不仅决定着幼儿园课程的走向，也影响着教育的质量。

师幼对话的形式是多种多样的，它的目的是通过交互性对话，师幼共同步入教育领域。我们希望教师和儿童在活动中相互吸引、共同参与，在对话中，双方是敞开与接纳的，且在平等的关系中，能完成精神上的相互承领。

师幼对话不仅仅是指教师要与儿童有认知上的交流，更重要的是要有情感和心灵上的互动。儿童的每一个动作、每一个表情都诉说着自己的想法、愿望和态度。教师要真诚地去理解他们，洞悉他们的一言一行，尊重他们的想法，让每一次互动都成为实现彼

---

① 蒋平.论对话的内涵、特征及原则——基于几种经典对话理论的解读〔J〕.经济与社会发展，2014（02）：117—120.

② 冯茁.论教育场域中的对话——基于教师视角的哲学解释学研究〔D〕.东北师范大学博士学位论文，2008.

此思想、精神、心灵共同成长的机会。在这个过程中，对话也转化成为了一种生命的能量，以更有觉察力、更富创造力的方式，与他人、与世界互动。

二、阐释性对话：教师与课程

对话的过程中，"对话者"接收到信息之后，不是被动地接受对方的观点，而是从自己的人生体验与生活经验出发对所接收到的信息进行分析、加工和价值取舍，以自己的模式进行阐释，然后才形成有意义的观念和想法。① 幼儿园里，这样的阐释性对话经常发生在教师与课程之间。

课程有自己独特的话语体系与叙述方式。当我们把课程当作"文本"，教师与课程才能共同临场。伽达默尔（Hans-Georg Gadamer）认为，对于文本而言，当我们不去理解它的时候，它只是作为一个纯粹的客体存在于那里。而一旦我们去理解它，我们就同它建立起了一种对话的关系。

文本的丰富性也为教师与课程对话提供了自由的空间。在"文本"的视域中，课程不再仅仅是物化的教学材料与呆板的教学程序，也包括教师、儿童对文本的理解以及教师与儿童之间的交往。课程的中心成为了师幼对于课程文本的解释以及意义的创生，意义被重新建构的过程是一种生成性和创造性的行为。正是由于这种阐释过程，使得课程具有开放性和无限可能性。这是一个不断创生过程，也是其中的一个个"人"的生成过程。②

幼儿园课程本质上是儿童与教师共同创造的，它也是儿童与教师生活的一种生动再现。当教师被赋予解释这种规定性文本的权利时，对课程的阐释不可避免地携带着自身的经验和理解方式。而儿童在这个过程中，对课程也有自己的理解，他们也会按照自己的方式建构课程，这时候，教师能否鼓励儿童表达自己就显得尤为重要。这也是教师与课程重要的对话方式之一。

当课程与教师的生活、思想、情感融为一体时，教师与课程之间能够自然产生一种深度联系，而在此关系状态里的儿童也会在教师的影响下与课程之间产生自然而然的对话、交流与思考。在对话中他们会产生更多的共鸣，获得积极的情感体验，合作、专注等学习品质也不断建立，这将成为儿童终身受益的学习品质。

幼儿园课程作为教师和儿童之间交流的一种媒介，它有自己的既定范式，但同时也有自己生动的内在。作为教师，要想和儿童在课程中实现共同成长的目标，就要完成和课程之间的阐释性对话。在生活化课程中，教师与儿童对话的同时，借由他们的视角，可以完成课程与自己心灵的对话。只有这样，才能和儿童一起，在课程中共同成长，完成超越，获得内心的安心与富足，感受心灵互动的美好。对教师而言，对话本身就是一种成长。

---

① 蒋平.论对话的内涵、特征及原则——基于几种经典对话理论的解读〔J〕.经济与社会发展，2014（02）：117—120.
② 冯茁.论教育场域中的对话——基于教师视角的哲学解释学研究〔D〕.东北师范大学博士学位论文，2008.

三、反思性对话：教师与自我

我们讨论了反思如何帮助幼儿教师走进自己的教育哲学观。我们认为，反思能力也是幼儿教师对自己的教育生涯以及由此所产生的结果进行审视和分析的过程。

反思性对话包含两个相互关联的结构模式：第一个模式体现在对话者"我"与"我"之外的世界的对话过程中，第二个模式体现在对话者的不同人格意识部分的对话中。当对话者对自身之外的世界进行反思的时候，既是在理解世界，又是在理解自身；"我"只有认识自己、了解自己的时候，才能去认识和理解世界。[①]在反思中，对话者与自我对话，理解自我，并在自我的理解中解释了世界。

幼儿教师的专业发展带有明显的个人特征，因此，幼儿教师的教育哲学观在形成过程中与自我的对话是如何开启的，又是如何进行的，对这一问题的回答将直接关系幼儿教师教育哲学观形成中最关键的部分。

与教师进行对话

阎玉新老师 ◁ 当我在教育过程中遇到问题时，会先和自己对话，会想为什么是这样，这样容易陷入情绪的漩涡里……之后，我开始向外寻求"对话"，可能会从孩子们的讨论中找到答案，也会在同伴身上或者借由书籍找到更多的方向，我确定，这是一个心灵打开的过程。

曹云香老师 ◁ 我是一个工作不到一年的新教师。对话充满了我的教育生活，但最难忘的依然是和自然的对话。在童年的记忆中，自然给予我的感情是最丰沛的。自然哺育了我，玉米、稻谷、山上的杨梅、菌子；自然又包容了我，难过的时候一个人坐在路边，清风、绿树、蓝天、白云，似乎一切的一切都是小事。最难对话的是自己，总是充满了矛盾……

田巍老师 ◁ 我喜欢对话，特别是和儿童对话，可以借由这个过程完成见他人、见众生、见自己……

张蕾老师 ◁ 对话可以产生更深层次的联结，在不同的关系中认识自己工作的意义和价值，也对自己有更多新的认识。重要的是要和自己对话，摆脱局限，客观地看待自己所做的事情。

李美杰老师 ◁ 我们可以通过与不同的人对话，看到自己、反思自己、提升自己、成就自己。和儿童对话，可以了解他们千奇百怪的想法，听取他们的建议；和家长

---

① 蒋平.论对话的内涵、特征及原则——基于几种经典对话理论的解读 [J].经济与社会发展，2014（02）：117—120.

对话，解决家长的困惑，提供一些自己的见解；和同伴对话，互相分享自己遇到的困难和问题；和家人对话，分享工作中的事情，获得情感上的支持；和自己对话，多问自己一些问题，寻找自己的感受。

李洋老师 ◁　和孩子的"对话"，直击心灵；
　　　　　　和老师们"对话"，同频共振；
　　　　　　和自己的"对话"，慎思清朗。

我们是如何将生活转化成
"生活化课程"的

第三节

师幼关系中的儿童视角对"对话"的影响

一、何为儿童视角

目前，对"儿童视角"的定义并不多见，已有的定义也大致相同。"儿童视角"即通过儿童的眼睛和心灵去观察、叙述人世百态，从而去了解儿童的世界。将儿童视角的概念引入教育领域的是英国牛津大学凯茜·席尔瓦（Kathy Sylva）教授，她把儿童视角划分为两种，即"Child perspectives"和"Children's perspectives"，[①] 前者的主体是作为成人的教育者，教育者能够在教育实践中主动自觉地关注儿童、理解儿童，能站在儿童的立场上设身处地地感儿童之所感。而后者的主体则是作为有独立人格的儿童，是儿童自己感受、体验、观察周围世界的角度和立场。相比而言，前者表征的是教育者"自外而内"探寻和理解儿童内在体验的自觉意识。后者表征的是儿童自己"由内而外"地认识和体验外部世界的主观能动性。[②]

对儿童视角的理解也可以从教育者和儿童自身两个维度进行。一方面，教育者可以秉承解释学路径，借助观察、对话、倾听、移情体验等方式，对儿童在教育实践活动中的外部言行进行意义的阐释，从而获得对儿童感知、经验和行动的深层理解；另一方面，儿童可以尽情表达自己的想法，这种表达既可以是儿童在"动手做"的操作过程中对自己的意向、想法、思考方式的自然显现，也可以是儿童在游戏结束后分享所做的有意识的反思性自我表达和相互交流。[③]

二、儿童视角下的师幼关系

在本书中，所谓的儿童视角并不是借助"儿童"的眼光或者叙述口吻去看成人的教育理念，而是要让儿童说出自己眼中的现象，表达出他们自己对教育的理解和看法。"儿童视角"即教育者能够在教育实践中主动自觉地关注儿童、理解儿童、移情儿童，同时，也能给儿童提供自我表达、自我探索、自我体验与自我创造的机会。儿童视角下的师幼关系建立，即教育者在师幼关系中既能积极主动地关注儿童的感受，又能倾听儿童对世界的看法。这种儿童视角也是儿童观的集中体现。

---

① Sommer，D.，Smuelesson，I.P.，Hundeide，K. Child perspectives and children's perspectives in theory and practice［M］. New York：Springer Science & Business Media B.V.，2010：Ⅵ，136.
②③ 李召存. 以儿童为本：走向"为了儿童"与"基于儿童"的整合［J］. 学前教育研究，2015（07）：9—13.

我们确信，儿童是天生的哲学家。在实践中我们发现，很多具有教育哲学观的教师在师幼互动过程中，都相信儿童是天生的哲学家，能够从儿童视角出发设计教育活动，并为儿童哲学在幼儿园教育中谋得一席之地。在我们幼儿园，教师每天都会记录儿童的语言，我们称其为"儿童的 100 种语言"。我们认为，这也是师幼关系中儿童视角建立的一种重要方式。在这样的表达记录中，教师需要具备高度的哲学观和开放的儿童视角，才能促使儿童在生活中逐渐明晰自己的哲学观。

关于儿童哲学观的系列问题，我们也做了相应的研究，发现儿童不仅能够自己发起问题讨论，也能按照自己的逻辑陈述和表达自己的观点。而此时，教师若能复述儿童陈述的观点，不仅可以帮助儿童梳理思路，也可以让其他儿童更清楚地了解其观点。教师在和儿童讨论时通常会用到四种提问方式，分别是解释性提问、选择性提问、假设性提问和针对性提问。对抽象的问题，教师经常会用到解释性提问，对问题进行解释。在和幼儿交流的过程中，教师会根据具体情况，使用选择性提问、假设性提问和针对性提问。

三、"与儿童对话"的意义

从某种意义上说，是儿童开启了幼儿教师建构自己教育哲学观的大门。

如果没有对话，教育就失去了意义。对于幼儿教师而言，开启其心灵钥匙的应该是儿童。因为儿童生动、鲜活，又有无限的包容性，总能够触发成人灵魂的开关。幼儿教师对儿童的看法会直接影响其对教育的看法。在教育过程中，如果幼儿教师经常能够听见儿童随口就说出的充满哲思的话语，一方面会让幼儿教师对儿童的认识更加清晰，另一方面，幼儿教师也会通过儿童对某件事物的看法，重新审视自己的哲学观。正如一位老师所言，"恰恰是儿童这种最纯粹、本真的东西，直击我们的心灵，引发我们的思考。"

对话中的幼儿教师儿童视角的建立，使幼儿教师与儿童的对话变得深刻而富有意义，让教师教育哲学观的建立成为可能。我们认为，儿童视角的建立，不仅开启了幼儿教师教育哲学观建立的大门，也成为了幼儿教师教育哲学观的最后归宿。

在谈论何为对话的时候，幼儿教师对于与儿童对话的印象是最为深刻的。在对话中，用心倾听儿童的表达，幼儿教师的心灵也会一次次被"点亮"。

与教师进行对话

甄珍老师◁ 我刚来幼儿园工作的时候，一天户外游戏时，有几个孩子在观察蚂蚁，有个孩子说：蚂蚁是生命。这是我第一次听到一个孩子关于生命的"自言自语"。看见并尊重每一个生命，无论它是庞大还是弱小……这一认识从此直抵心底。

郭佳老师◁ 贺靖茹小朋友蹲在台阶上，手里拿着枯萎的郁金香说："花儿枯了，就不美了。但是，美是不会消失的，永远都会有更美的事物出现。"

王彩霞老师◁ 六月的丛林学习，宋诗芃小朋友说："学习和生活一样，就是在花草园捡各种各样的东西，小花瓣、树叶、蜗牛壳、掉下来的葡萄、奇怪的小石头，然后把它们全部藏到宝贝盒里，想它们的时候就会去看看。"对于孩子们来说，听种子发芽，看一朵花盛开，在与植物的相处中，便可以找到生活的诗意。对于成人来说，我们很难诗意地工作和生活，也许因为缺少了一点点眼光，一种既谦虚又开阔，看待生活、看待万物的眼光。

张蕾老师◁ 让我印象深刻的是王心琢小朋友曾经对我说："我特别喜欢幼儿园，喜欢跟老师聊天，因为在家我爸爸妈妈都不认真听我说话，但是老师会把我说的话都记下来！"这句话让我觉得，我们用心倾听记录孩子的语言，他们能够感受到我们的爱与尊重！

田巍老师◁ 四月的课程，我们和孩子们一起讨论自己身体的变和不变，有人说："我的心就是会变的，有时候喜欢自己，有时候不喜欢自己……"我很惊讶孩子们对自己竟然有这样的认识。于是，我也分享了自己的经历，自己以前恐高不敢上梯子，我说，我很不喜欢当时的自己……这时，王奕苏小朋友对我说："老师，不喜欢自己的时候，心会很难受、不开心，我希望你也能喜欢自己。我就很喜欢我自己，我每天都开开心心的，也希望大家都能开开心心的。"孩子总能在不经意间让我知道，在完成心理自洽的过程中，难免会被孤独感缠绕，会有面对未知的迷茫……但只要和孩子们在一起，就不用害怕。

罗希悦老师◁ 任宛檬小朋友对我说："老师你看，我一直转圈圈转圈圈，当我停下的时候，幼儿园就自己转了起来。"这句话让我一下子想起了自己的童年。

田悦老师◁ 王悦溪小朋友说："闭上眼，这个世界只有我自己。"震撼于孩子语言中的哲理性。窗外无物，他们是与"真我"靠得最近的人。

吴婷婷老师◁ 四年前，我和孩子们谈论生死的话题，谈到人死亡后会去哪里，沈辰宇小朋友说："人死亡后会去天堂，去了天堂就永远都回不了家了，天堂一定是个很漂亮的地方，不然他们为什么不肯回家。"听完他的这句话，我偷偷地落泪了。因为，那时外公离世，而这句话瞬间治愈了我，也让我终于可以正视死亡。这是我听到的关于死亡最好、也是最美的答案。

阎玉新老师◁ 尹昊岩小朋友对我说："我们生活的世界是一个非常有序的世界。我们来这个世界是为了做自己，成为真正的我自己。"就好像我们园训的第一句话："成为我自己。"这也让我重新领略教育的意义所在。

在幼儿园，对话是以不同的方式展开与存在的。有教师每天与儿童的对话，有教研会上教师之间的对话，也有教师书写教育笔记时和自己的心灵对话。就这样，日复一日，一次次高质量的对话，就如同犁地耕田一般，不仅让儿童的心灵变得更加通透，也使教师的心灵变得柔软与潮湿起来。只有这样的土壤，才能播撒下哲学的种子。

"提问与对话"：让儿童的学习深度发生

儿童的一百种语言：杭州野生动物园的三只金钱豹出逃之后

第四节
对师幼关系中"对话"方式的白描

　　我们将对话的理念运用到师幼关系的建立中，也是对传统师幼关系的一种扬弃。对话的本质是实践，它是鲜活的。因此，我们主张，在教育活动中，要让每个具有差异的个人投入对话之中。师幼关系的建立一定程度上也是在相遇的对话空间里不断建构对差异的认同过程。通过沟通，每个人不仅可以完成参与意义的重构，也让每个具有不同文化的个体相遇，在差异中相互学习，完成跨越。

　　教育的历程原本就是人与人之间、文化与文化之间一种互动关系与沟通形式的再造。师幼关系尤为如此。若幼儿教师以敞开和谦逊的心灵与幼儿互动，在肯定自我与幼儿以及不否定自我与幼儿之间，达成某种互动的微妙平衡，才能建构起一种包容开放的新型师幼关系。对于教师而言，借由和孩子们一起生活，不仅完成了和书本对话、和生活对话，还能够和天地万物对话，应该说，没有哪个职业如幼儿教师这个职业高贵、有趣又接地气。

　　以花草园为例，这里的主体性对话不仅仅是师幼之间的活动，也扩大至家长和幼儿、幼儿和幼儿之间，教育之间的各种关系形成了一个巨大的交流能量场。我们认为，这种关系的存在本身，就是一种教育的理想状态。

　　每周，老师们都会撰写观察记录与教育笔记，这也是他们借由当下的教育生活和自己对话的重要方式。

对自己教育行为的几个审辩式思考

记录时间：2019 年 9 月 18 日

记录者：李洋老师

　　爱因斯坦说："物理学的概念基础是人类心智的自由创造，而不是由外部世界唯一决定的，不论看起来它多么像是那样。"

　　胡园长也曾多次对我们说："用能量而不是能力去工作，要用心灵的力量而非大脑的力量去工作。"

　　我们的工作，是教育。在我心中，教育的地位不低于物理在爱因斯坦心中的地位。

教育是从感性到理性的过程

　　周四下午，女孩子去进行体测，我带着男孩子去楼上玩。我们商量好，等女孩子完成体测就和她们汇合，一起去楼下玩大树屋。等我们回到教室，发现女孩们还没回来，于是，我给男孩子讲了些关于新中国成立历史的故事，他们听得很专注。

不一会儿，女孩们回来了，她们很兴奋地打招呼，男孩子也躁动起来，整个教室里很吵闹。面对这种状况，我想让他们能够自觉地意识到，这样的无休止的大声吵闹最终只会浪费掉所有人的时间。所以我就什么也没做，在那儿等着。

很显然，这个等待没有达到我想要的那个结果。于是我决定和孩子们谈谈："其实，每次因为这样或者那样的事情致使你们不能如愿玩耍的时候，我都是很惭愧的。因为我觉得，我自己没有找到一个好的方法引导你们高效地从过渡环节出来，然后去做接下来的事情。"

孩子们听我这么说，似乎有点吃惊。接着，我告诉他们："我有一个很好的提议，就是给你们换一位更加有能力的老师，说不定就能解决掉这个问题。"

他们说："好啊。"孩子们就开始商量换哪位老师，他们有很多提议……

结果是孩子们并没有选出这样一位老师，因为没有一位老师能够做到同时让38个小朋友满意。我也意识到，在和孩子们相处的过程中，我总是会无意识地以一种所谓的理性思维去引导他们，但孩子终究是孩子。虽说出发点是好的，但过程和结果却无法考量。所以，我需要经常对自己的行为进行审辨式的思考。

教育是抓住每一个契机，支持孩子们学习、探索的过程

因为孩子们午睡的时候需要分开在两间教室睡觉，所以很少有机会能够趁中午的时间单独和每一个孩子互动，直到有一天。静泊一直想要一张银色的即时贴，而我答应了他很久却迟迟没有送给他。于是这天中午睡觉的时候，他对我说："既然你那么忙，你要不就趁我中午睡觉的时候，给我一个惊喜吧！"

我答应了他。一旁的洋洋和一鸣听到后，也吵着要一个睡觉惊喜。

于是，我告诉他们："我的睡觉惊喜可不是随便送出去的，我送给那些安静睡觉的小朋友。"

洋洋："那我们睡不着安静躺着呢？"

我点了点头。没想到这两个小家伙，一改平时模样，都静静躺了一中午。我分别放了一个纸飞机和一个纸船在他们的枕头底下，并给他们各自写了一句话：

"洋洋，不睡觉的时候，闭上眼睛休息一小会儿，是不是也会很舒服呢？"

"一鸣，你睡着的时候，我看了你整整一个中午。"

接下来的两天，洋洋开始天天睡觉了。而我，也想借用这样一种方式，和孩子们有了更多的交流。

幼儿教师需要更多的创新能力和教育智慧，自然也需要有更多的自由对话空间。但通过上述记录会发现，就本质而言，所有的对话都是为了能够和自己对话。教育哲学观是教师主观能动性的一种产物，是对外界信息的一种深度加工。所有和外界环境对话，

最终是为了学会与自我对话。那些善于和自己对话的教师，会一次次延展对话的空间，对话的层次也会越来越丰富，形成属于自己的哲学观。这些哲学观又不断地和外界环境相互作用，再次产生新的对话。

当对话开始的时候，教师会和自己的过去、当下与未来相遇；对话也促使幼儿教师走向了自我的解放，开始了自由的思考。精神上的自由恰是幼儿教师教育哲学观的灵魂。

【童年里的哲学】谈论生死，也可以很美好

和儿童谈论哲学，其实一点也不枯燥

第五章

生活化课程
——幼儿教师建构教育哲学观的沃土

像生活一样的游戏，总能有新的玩法。（马韵崎，女，四岁半）

我们做扎染的时候，老师们也说自己不太会，需要学习，他们会看书、看视频，等他们拆开扎染好的布时，会和我们一样，大声地说"哇"。（杜佳珩，男，五岁半）

王海霞老师 ◁ 一个人的哲学观来源于实践，而我的教育哲学观形成得益于我们的"生活化课程"。

张芬老师 ◁ 教师教育哲学观的形成需要有对话的空间，需要有闲暇，也需要惊诧的瞬间，这些宝贵的东西，生活化课程中都有。生活化课程追寻的真善美目标，也是教育哲学追寻的目标。从某种意义上说，我认为生活化课程既是个人教育哲学形成的一种世界观，也是一种方法论。

田巍老师 ◁ 生活化课程和教师教育哲学观都有赖于教师的心灵力量，生活化课程为心灵提供了土壤，只要你的心灵土壤足够肥沃，那些神圣和伟大的种子就始终存在。

罗希悦老师 ◁ 哲学需要理性思考，但绝不是一味地理性思考。教育是人与人之间生命的沟通，生命的碰撞是鲜活且热烈的，需要用情来感受。"超越"本身不是一件一蹴而就的事情，在教育的情境中，在个人成长的经历中，只要真正地看到个体生命的丰富性，看到真实的自己，才能走出"超越"的第一步。不要用看似理性的思考来装饰自己的头脑，而是要用真实的情感来丰富心灵。

《教育——财富蕴藏其中》一书这样论述:"必须给教育确定新的目标,必须改变人们对教育作用的看法。扩大了的教育概念应该使每一个人都能发现、发挥和加强自己的创造潜力,也应有助于挖掘出隐藏在我们每一个人身上的财富……教育应该围绕四种基本的学习加以安排,即学会认知、学会做事、学会共同生活、学会生存。"① 由此可见,课程回归儿童生活,体现出生活性,不仅是教育发展中主体性的需要,也是未来教育的需要。

我们认为,"生活化课程"能够帮助教师将教育的关注点置于教育的现象之上,赋予教育更多的人文关怀,最大限度地彰显教师与儿童的主体性。"生活化课程"实现了教育向儿童生活世界的回归,对提升教育对儿童自身的现实生活和未来生活的作用具有双重意义。

第一节
对幼儿园课程回归生活的阐释

课程是幼儿园教育的核心,前文已提到,它对幼儿教师教育哲学观的形成具有举足轻重的作用。这些年来,幼儿园课程的"生活化"不仅成为一种共识,也成为了实践领域最为关注的热点问题。

2007 年起,我们开始构建"回归与还原儿童本真生活"的课程体系(简称"生活化课程")。在这个过程中,作为课程改革的领导者与推动者,我们一边进行着课程的探索,一边开始了对课程进行行动研究。这套课程探索历经十余年,课程探索秉承了"回归自然、回归传统、回归生活、回归儿童"的理念。正是这些探索,将我们对幼儿教师成长的方向转向了教育哲学观形成路径的思考与研究上。

课程探索的过程也是幼儿教师不断建构自己教育哲学观的过程。生活化课程无论是价值诉求,还是目标与内容无不体现出了一种哲学特性。课程以"儿童发展"为核心,以儿童发展需求为根基,以自然主义为导向,以中华优秀传统文化为线索与主题,强调促进儿童生命的完整成长。课程也赋予了幼儿教师专业发展强大的内在动力。

目前,学界对生活化课程的研究主要集中在特征的研究上,这些研究又主要围绕着

---

① 联合国教科文组织.教育——财富蕴藏其中[M].联合国教科文组织总部中文科,译.北京:教育科学出版社,2014:76.

课程的生态性（也称自然性）、整体性、动态性、主体性四个方面进行论述。

一、生态性

　　对于生活化课程的生态性（自然性）这一特征的认识，幼儿园课程专家虞永平教授是从幼儿园课程的来源上分析的。他认为："生活化的课程是生态的、有机联系的。幼儿园课程并不是封闭的文本，而是一个开放的实践系统。"① 他强调这个实践系统里包含众多的因素，包括课程资源、自然资源、社会资源、园本资源，这些不同的资源都是源于生态、源于自然的。杨洁教授的研究认为，自然性有两层含义，一方面是指幼儿园生活化课程是自然的，是属于幼儿的真实生活；另一方面，自然性也是描述幼儿在生活化课程中呈现出来的一种状态。②

二、整体性

　　对于生活化课程整体性特征的认识，王敏和蔡一娉强调，幼儿对于生活的感知是整体的，生活化课程要以生活化的理念为基础进行开发，课程将五大领域进行梳理和整合，是将儿童作为一个"完整的人"，并且在完整的生活中得到全面发展的课程。③ 谈敦睿则指出，幼儿园生活化课程是整合性的，因为幼儿的生活是整体的，我们不能把生活的环节分门别类进行分割，这样是违背幼儿生活的。④

三、动态性

　　对于生活化课程动态性的认识，不同研究者强调的因素是不同的。虞永平教授强调，这种动态源于生活化课程中幼儿与教师的互动与对话。⑤ 杨洁的研究在此基础上进一步强调了这种动态性是基于生活化课程的现时性来描述的，现时性是指在生活化课程中所有与课程相关的因素，包括教育内容、教育环境、教育素材都不是一成不变的，这些因素都是随着客观环境和幼儿兴趣需求的变化而调整的。⑥ 另外，印小青和李娟的研究，突出强调了这种动态是源于生活化课程的生成性，这种生成性要求教师要在生活化课程中细心观察幼儿的行为动机、探寻幼儿表现出的兴趣点并且挖掘和把握相应的教育契机，要重视生活化课程的生成性。⑦

---

① 虞永平.生活化的幼儿园课程［M］.北京：高等教育出版社，2010：11—12.
② 杨洁.关于幼儿园生活化课程实施的研究［D］.华东师范大学硕士学位论文，2006.
③ 王敏.生活化：幼儿园课程魅力之所在［J］.丝绸之路，2011（12）：126—127.
④ 谈敦睿.幼儿园课程生活化初探［J］.丝绸之路，2011（04）：125—126.
⑤ 虞永平.生活化的幼儿园课程［M］.北京：高等教育出版社，2010.13.
⑥ 杨洁.关于幼儿园生活化课程实施的研究［D］.华东师范大学硕士学位论文，2006.
⑦ 印小青，李娟.幼儿园课程生活化的意蕴、误区与实施策略［J］.学前教育研究，2016（02）：64—66.

四、主体性

关于生活化课程的主体性，众多学者一致认为，在生活化课程中，幼儿是活动的主体，幼儿是积极参与活动的主动者。汪珍和包亚燕在研究中强调生活化课程的开展要以幼儿为本，要兼顾幼儿的身心发展规律和他们表现出来的兴趣点，同时这种主体性还强调生活化课程的趣味性、游戏性。①、②

我们认为，生活化课程是幼儿园课程沿着理想轨道前进的重要方向。我们发现，已有研究和我们在实践探索中获得的认识表现出了高度一致性。但这些研究主要集中在对生活化课程的价值取向与特征描述等方面，关于生活化课程中教师的研究并不多见。

幼儿教师作为课程的建构者在生活化课程中的作用若无法得到关注，对幼儿园课程的改革是极为不利的。为此，我们希望通过这一节关于生活化课程的讨论，探寻幼儿教师利用生活化课程的"土壤"建构自己哲学观的某种可能性。

① 汪珍.幼儿园课程的生活化回归〔J〕.新课程研究：学前教育，2012（01）：127—130.
② 包亚燕.生活融入课程 课程凸显情趣——幼儿园生活化课程模式的建构〔J〕.生活教育，2012（06）：93—95.

第二节
对生活世界的全新认知

万物皆有生命，人区别于动物的是人有思考的能力，能够理解生命的价值与意义。首先提出生命意义的是德国教育家威廉·狄尔泰（Wilhelm Dilthey），他的思想及倡导的文化教育学影响了德国乃至全世界 20 世纪的教育学的发展。他指出，意义是一个生命本身获得的范畴，是生命各部分构成的整体和个别价值的统一。雅斯贝尔斯说："教育活动关注的是，人的潜力如何最大限度地调动起来并加以实现，以及人的内部灵性与可能性如何充分生成，质言之，教育是人的灵魂的教育，而非理智知识和认识的堆集。"①

生活问题本质上也是哲学问题。哲学观的形成是与生活世界紧密相连的，教育哲学具有实践的品格，这种实践品格和教育哲学的理性品格决定了幼儿教师必须对其所处的生活世界有所觉察，对幼儿教师教育哲学观的阐释，也应回到生活这一教育的原初状态中。因为只有对本真教育有所思虑的人，才具备了成为具有教育哲学观教师的某种可能性。

一、生活与生活化

"生活"是平时我们使用频率相当高的一个词语，但如果要给它下一个定义，却不是件容易的事情。对于我们自己一直身在其中，相当熟悉的"生活"，很少有人去反思它到底是什么。《辞海》中对生活的定义是生存，活着。《辞海》提出生活的另一种定义，是人类的各种活动。英国教育学家斯宾塞（Herbert Spencer）虽然没有直接给"生活"下定义，但却根据重要程度的高低，将人的生活依次划分为直接保全自己的活动、间接保全自己的活动、抚养教育子女的活动与维持正常社会政治关系有关的活动，在生活中的闲暇时间满足爱好和感情的活动。② 而美国教育学家杜威则指出，生活是个体的和种族的全部经验。③ 其中，个体的经验是有限的，群体的经验却在不断地延续之中。这是从相对宏观的角度来界定的。而根据经验的不同范畴，杜威认为，生活包括了习惯、制度、信仰、胜利和失败、休闲和工作。④

借鉴上述观点，我们认为，生活是人通过内化外部各种因素的影响而存在、发展

① ［德］卡尔·雅斯贝尔斯. 什么是教育［M］. 邹进，译. 北京：生活·读书·新知三联书店，1991：4.
② ［德］赫·斯宾塞. 斯宾塞教育论著选［M］. 胡毅，王承绪，译. 北京：人民教育出版社，2005：1.
③④ ［美］约翰·杜威. 民主主义与教育［M］. 王承绪，译. 北京：人民教育出版社，2001：7.

并实现价值的能动的过程。如此看来，课程和生活之间有着不容分割的内在关联，生活是课程产生的广阔背景，它为课程提供了丰富的素材，也是课程产生、实施、评价的重要的途径。因此，儿童的课程应该从生活中来，在生活中进行，并帮助儿童将经验应用到生活之中去。当然，对于教育者而言，课程也应当是其个人生活的有机组成部分。人在世界中生活，生活是教育的起点，亦是教育的归宿。教育应以人的生活为立足点，以人与世界关系的改善为指向，建构整合向生活世界回归的教育体系。

"化"是一种后缀，加在名词或者形容词的后面构成了动词，表示转变成某种性质或状态，[①] 但转变并不表示等价。"生活化"的描述一方面表示课程具有生活的特征，而另一方面表明，它又不同于生活。它来源于生活，但又高于生活，最终回到生活之中去，实现经验的实践价值。

二、生活世界与生活教育

人类文明经由混沌走向清晰，由凌乱无序步入井然有序，由单一贫乏走向丰富多彩，但在这一历程中，人类自身却陷入了自己营造的怪圈之中。理性的视角和态度遮蔽了现实世界中许多富有意义和价值的事物。著名哲学家胡塞尔（Edmund Gustav Albrecht Husserl）的"生活世界"理论的提出，对于我们重新认识世界、反思自我有很多启发。

今天的世界，人们信奉理性的科学主义，而胡塞尔则意识到了科学理性至上给人类社会带来的危机，提出了"生活世界"理论。在其理论中，人的生长家园是由生活世界和科学世界这两个有着本质区别的世界所构成的。生活世界是我们人身处其中的"活"的世界，是具体而又生动的，是可以直接为我们所知觉到的；而科学世界则以逻辑为基础，具有严格的客观性，似乎是一种更"冰冷"的存在。胡塞尔指出，两者并非截然对立，而是相互关联、密不可分的。其中，生活世界是科学世界的基础，也是科学世界产生的源泉。

胡塞尔认为，生活世界是建构科学世界的基础，生活世界是一个比科学世界更具有基础性和本源性的世界。在他眼中，生活世界具有四个基本的特征，即非课题性、奠基性、主观相对性和直观性。[②] 与生活世界的四个特征相呼应，教育也应该满足人们在形象中感受生活以及自然地生活的内在需求。生活世界是我们"经验"到的世界，它是我们生活的最初逻辑和本源。因此，生活应是教育的出发点和归宿点，教育与生活之间有着内在的精神契合性，儿童的教育同样需要以"生活"为基点进行审视。这也是"生活化课程"的根本切入点。只有课程的本质、价值诉求和内容均体现出生活化的特征，方能彰显儿童生活的精神性，让教育回归儿童生活的本真。

鉴于此，让教育回归生活世界，本质上也是教育哲学在现代面临问题的一种解决之道。在生活化课程中，幼儿教师教育哲学观的形成恰是通过对教育与生活世界关系的追

---

① 中国社会科学院语言研究所词典编辑室.现代汉语词典［M］.北京：商务印书馆，2005：478.

② ［德］埃德蒙德·胡塞尔.欧洲科学危机和超验现象学［M］.张庆熊，译.上海：上海译文出版社，1988：81.

问开始的。

杜威提出的"教育即生活"的理念开创了一个全新的思想体系。他将教育哲学与生活世界相联系。他说:"教育哲学并非把现成的教育观念从外面应用于起源与目的根本不同的实践体系,教育哲学不过是就当代社会生活的种种困难,明确地表述培养正确的理智的习惯和道德的习惯的问题。所以,我们能给教育哲学下的最深刻的定义就是,哲学就是教育的最一般的理论。"①

幼儿教师专业生活的方方面面都是以其本身的实践逻辑为纽带而连接在一起的,专业生活和非专业生活、感性的生活与理性生活之间蕴涵着一种索引式的、自然有机的连接方式,这才是一种完整的生活。陶行知的"生活即教育"的理念,倡导生活本身即含有教育的意思。

我们认为,幼儿教师在教育生活中的创造性集中表现为其教育哲学观的运用。乌申斯基(Константин Дмитриевич Ушинский)认为,无论一个教育者教育理论的功底如何深厚,如果他没有教育机智,他就不可能成为一个真正的教育实践者。幼儿教师每个教育行为中都包含着个人对事物的认识和判断。教育行为大部分时候都是下意识的行为。幼儿教师如何将感性认识上升到哲学的高度,需要内部完成很多加工,但每个人的加工方式都不太一样,正因为如此,才构成了幼儿教师个人教育哲学形成的复杂性。

回归儿童生活:幼儿园课程建构的本质

---

① 〔美〕约翰·杜威.民主主义与教育〔M〕.王承绪,译.北京:人民教育出版社,2001:350.

第三节
"生活化课程"建立在对生活的哲学追问之上

花草园的"生活化课程"探索大致经历了三个阶段，每一个阶段都建立在对课程哲学式的思考之上。

一、探索起步阶段：生成课程与"畅游日"活动（2007—2012年）

课程改革之初，我们倡导教师倾听儿童的声音、观察儿童的游戏。因为儿童的游戏精神是保持其童年的真正力量。对于儿童来说，游戏是儿童存在的一种形式，也是儿童生存的一种自然状态，更是儿童真实生活的重要组成部分。[①]边霞指出："无论儿童是游戏着，工作着，还是进行着其他活动，往往都会以一种游戏的态度和心境来行事，以游戏的精神来观照外物和自己的活动。"[②]只有在充分观察儿童游戏的基础上，才能够形成真正适合儿童发展的课程。在观察中，我们发现，当儿童拥有自由的心灵时，其思想的疆域非常开阔。我们能做的是静下心来，观察儿童的游戏，记录他们的语言，倾听他们的需要，借此寻找他们学习的兴趣所在。

我们认为，所谓"儿童视角"不仅意味着我们要从现象上了解他们，还要有一种移情式的理解。在这一阶段，我们每天都在倾听孩子们的表达与交谈，教师在一旁记录，我们试图通过儿童表达出的信息生成一些适合他们的主题教育活动。当时的这些做法带给老师和孩子们的冲击都是非常大的。教师们每天的工作都充满了期待与创造，孩子们的生命状态似乎一下子也变得蓬勃起来。当时的每个周五，孩子们都可以在自己选择的主题活动里畅快游戏，这一天也被我们命名为"畅游日"，意思是可以自由自在畅快游戏的日子。"畅游日"的探索给了我们很大的信心。这一探索的形式也构成了我们"生活化课程"初期主题形成的基本思路，即倾听与还原、回应与记录、结构化、提取主题与生成课程。之后，我们试着将这一探索形式扩大至每天的学习活动中，儿童每天的学习主题都是由他们和教师一起建构生成的。

追问和寻找儿童喜欢的事情的意义，能让我们更清楚地发现儿童的现实处境，觉察成年人的权力，并试着探索，如何一点点放松手中的缰绳，给孩子们更大的精神上的自由。我认为，正是这一过程帮助我们认识了儿童是如何开启自主学习大门的。同时，我

[①] 丁海东.论儿童的游戏精神［J］.山东师范大学学院（人文社会科学版），2006（01）：78—81.

[②] 边霞.论儿童文化的基本特征［J］.学前教育研究，2000（01）：14—16.

们也意识到，远离儿童生活的知识很难引发他们的学习，难以帮助他们获得真正意义上的发展。

二、理念形成阶段：回归与还原儿童本真的生活（2013—2015 年）

生成课程和畅游日课程模式的探索，使教师们渐渐熟悉了这样充满创造性的工作方式。之后我们商议，试着将"回归与还原儿童本真的生活"确定为"生活化课程"的基本理念。"回归"意味着我们将课程的关注点放到了儿童身上，而"还原"不仅显现了儿童学习的独特轨迹，也展示出了他们丰富的精神世界。我们发现，"生活化课程"绝不是简单地回归生活，我们需要一个更高阶的文化与哲学体系编织出一条清晰的课程线索，才能将生活、儿童与教育紧密地结合起来。人类必须从自己身后的文化积淀中挑选出最优秀的部分，同时也是与个体早期接受能力相一致的部分构成一个文本，这些蕴含文化底蕴的文本便是我们的课程。[1] 我们也认识到，适合儿童学习的课程一定要有两个维度。一个维度是儿童的视角，这是儿童学习的主题与线索；另一个维度是社会与文化的线索，"生活化课程"要体现出我们民族文化的特性。如果说中国哲学是养育"生活化课程"的地基，那么探究主题的选择就是课程的灵魂。"生活化课程"改变的不仅仅是课程的形态，课程的主题、逻辑和呈现方式都要改变，它应来自儿童的真实生活和我们民族文化的根基。

三、体系形成阶段：回归自然、回归传统、回归生活、回归儿童（2016—2019 年）

我们希望，"生活化课程"是一个儿童与自然、社会、家庭紧密联结的，具有宽阔视角的课程体系。我们力求从个体经验中最朴素的一些好奇开始，用文化作为解读生活与生命的钥匙。我们的课程主题按照四季变化（春生、夏长、秋收、冬藏）、节气与中国农耕文化的脉络来设置，"耕读三月""春日四月""五月，一起去发现""六月，花草园里的探索""憧憬的九月""十月，我生活的地方""十一月，艺术就在身边""十二月，美食月"。可以看出，这些主题线索与中华民族在其悠久的历史中形成的生活轨迹基本一致。我们的祖先在生活中一直保持着与自然同频的节奏，无论是节日还是节气，都和农耕文化有关。在精神追求上，中华民族不仅一直葆有对自然的敬畏，也拥有在任何困境下都对生活充满希望的勇气。

"生活化课程"需要适合儿童探索的自然环境的支撑。这个自然，是真实的自然，也是人文的自然。我们花了十多年的时间为儿童打造了一个适合他们学习与探索的户外自然环境，这个环境不仅体现了自然的本来面目，也有人类早期探索活动的轨迹。"生活化课程"的文化主线基于中国的传统文化，课程主题均是中国传统文化精神的再现，儿童要通过各种方式感受与领略不同的文化习俗，体会中华文化的多样性。课程的内容设置基于儿童当下的生活，这符合他们对世界的好奇，课程因为有很强的操作性，也呼

---

① 虞永平．学前课程价值论 [M]．南京：江苏教育出版社，2002：23—24．

应了孩子探究世界的小步伐生活的特性。"生活化课程"要用儿童的生活构建出一个平台，让儿童在生活化、游戏化的学习过程中，用自己的方式完成学习，建构出属于自己的知识体系，让课程真正回归到儿童。至此，"生活化课程"开始显现出回归自然、回归传统、回归生活、回归儿童的鲜明特性。

生活化课程背后的
哲学思考

"生活化课程"的文本里，
蕴含着创造者生命的光亮

我们认为，每一个儿童既是现实的，也是历史的。所有的学习不仅要连接到他的"过去"里去，还要展望到他的"未来"里去。

第四节

"生活化课程"的哲学特性

  "生活化课程"具有很大的包容性和扩展性，儿童在其中获得发展的同时，教师的创造性也被激发，而创造性是教师教育哲学观形成的关键要素。

  本节将从三个方面论述"生活化课程"的哲学特性。

一、"生活化课程"的"回归"特性

  "回归"希腊文是 nostos，通常是与故乡、故国联系在一起的。教育目的应指向受教育者整全的发展，而这种发展是和生活、生存不可分割的。儿童教育更是如此：任何先进的教育理论如果不回归到本源，就无法显示其应有的生命力。在联合国教科文组织提交的报告《教育——财富蕴藏其中》一文中也指出："教育对个体发展最为关键的意义在于，它应该遵循个体生活的方式，让个体在自由、自律和自我负责的生活过程中逐渐成长，走向未来生活，主体性的存在要求教育'使人成为他自己'。"① 由此可见，学前教育领域课程的回归生活是一种大势所趋。

  花草园的"生活化课程"无论从课程的价值诉求、课程目标以及课程内容方面无不体现出"回归"的特性。"回归自然"是指，课程不仅要考虑在儿童生活的环境中体现出自然的本来面目，而且还要考虑，人类生命的早期是如何和自然相处的。因为对于儿童来说，自然是他们赖以生存与发展的重要环境，也是构成教育的关键元素，更是他们未来获得幸福感的重要源泉。今天，人们的活动空间看似不断拓展，但精神生活的空间却并没有同步拓展，自然作为人的精神生活的构成，陪伴的意义在不断削弱。回归自然是回归的重要开始。"回归传统"是指，"生活化课程"是一个立足于文化传统、"接地气"的课程。对儿童来说，文化既是他们内部先验的构成部分，也是他们精神世界中内在的渴求与需要，因此，回归传统也即课程持有的文化秉性的回归。"回归生活"是指，对于儿童来说，生活原本就是流畅的、自然的，生活本身就应该是教育的构成。儿童要用生活完成"学习"，而不是用"学习"来替代生活。"回归自然""回归传统"和"回归生活"其目的最终指向是儿童，这也表明，"生活化课程"最终的追求是回归儿童，"回归儿童"意味着，我们会将生活中美好的东西一点一滴地渗透给孩子们。通

---

① 联合国教科文组织总部.教育——财富蕴藏其中［M］.联合国教科文组织总部中文科，译.北京：教育科学出版社，2001：59.

过他们的眼，通过他们的手，通过他们的嘴，通过他们的心，帮助他们建构对自然、对生活的全新认识。对于回归儿童的本质是什么，我们将在后续的论述中予以阐述。

"生活化课程"也是一套回归到民族文化支脉的课程体系，课程将生活、儿童和教育有机地结合起来，形成一套具有深厚文化脉络的课程体系。课程的最大功能在于文化的传承与创生，而这套课程不仅兼具这两大特性，同时具有很强的内生力。因为，课程的立意和主题都源自中华民族文化以及人类科学、艺术、哲学等领域最有价值的部分，儿童学习的过程，也是他们运用自己的方式追寻精神家园的过程。

"生活化课程"本质上也是自然主义教育观的再现。自然主义至今依然是儿童教育最伟大的人性论和价值诉求。[1] 卢梭是举起自然主义教育大旗的第一人。卢梭认为，每个人都是由自然的教育、事物的教育、人为的教育三者培养起来的，只有这三种教育有机结合才能达到预期目的。但是自然的教育人力不能控制，所以无法使自然的教育向事物和人为的教育靠拢，只能是后两者向自然的教育趋于一致，才能实现三种教育的良好结合。[2]

杜威对教育目的的探寻很适合教育生活回归的题中之义。杜威的"教育即生活"理论强调，生活、生长和经验的改造是循序渐进的积极过程，教育的目的就在生长的过程中，教育作为一种过程，就要保证持续生长，不断地改造和重组经验。所以，最好的教育来自生活，教育的目的除了生活本身之外再无别的目的。在"生活化课程"的探索和建构中，我们将回归生活作为理解教育和课程的本源，也是教育目的之于生活的核心和关键。

二、"生活化课程"的价值诉求

"生活化课程"赖以生存的土壤是文化。传统文化是"生活化课程"存在与发展的基础，反过来，"生活化课程"对传统文化又具有回归与创生的作用。这种蕴含丰富思想文化资源的课程滋养了儿童的精神世界，也提升了儿童的人格。正如有学者提出："幼儿教育的目的不在于让儿童单纯地获得知识，而是让幼儿在摄取知识之时，获得人生的全面体验，陶冶性情、人格乃至灵魂。"[3]

（一）"生活化课程"以促进儿童的幸福生活为追求

"生活化课程"力求通过三个"联结"来构建儿童的精神世界，提高其生活品质。第一，帮助儿童与自然建立联结。人是"自然之子"，大自然作为人类生活的栖息地，给人类提供了无数美好的遐想，作为自然的孩子，更需要保留那份原有的纯真与美好。儿童只有通过与自然联结，才能用自己的节奏与方式自然地学习，他们内在的生命力才

① 胡华.回归儿童生活：幼儿园课程建构的本质［J］.甘肃社会科学，2019（05）：230—236.

② ［法］卢梭.爱弥儿［M］.李平沤，译.北京：人民教育出版社，1985：133—135.

③ 孙立明.幼儿园课程的适宜性、文化性与生活性［J］.学前教育研究，2015（01）：70—72.

能绽放，这也是儿童获得幸福感的重要条件。第二，帮助儿童建立与家庭的联结，"家"对孩子来说是最安心、最温暖的地方。孩子们对家庭幸福的感受比成年人更敏感，只有家庭成员间心与心的联结与交流才能让孩子们产生幸福感。"生活化课程"中，我们希望父母在孩子成长的过程中，能够耐心倾听、用心陪伴，用生命完成对另一个生命的陪伴。而这种用心陪伴的过程，既是奠定儿童对周围人与事物判断的依据，也是儿童获得幸福的力量与源泉所在。第三，帮助儿童与自己建立联结。儿童只有完全接纳自己，才是获得幸福感的核心。当他们真正学会认同自己、接纳自己，并从中产生满足感时，才能建立起积极的内在真我感受，成为他自己。

（二）"生活化课程"以培育完整儿童为导向

杜威指出，真正的整体发展是一个蕴含在时间性经验过程的整体发展，即"整体"是一个具有时间意义的"连续体"。由此，他认为，教育的目的不是组装一个完整的人，而是促进一个不断生成的人，人的整体性就存在于趋于完满的这个经验过程之中。也就是说，人整体发展不在于将人们认为的孤立的兴趣、经验捆绑起来，形成一个面面俱到的复合体，而关键在于回归到人的生活实践。①"生活化课程"的价值理念便是将儿童看成一个完整的人。因为儿童在"生活化课程"的学习里，和生活非常接近，无时无刻不体现着学习与思考的整体性与完整性。持续性分享思维被视为儿童创造性和批判性思维的重要部分，这是儿童成为完整人格的重要条件。在"生活化课程"里，我们使儿童的思维始终处在一种持续性的分享过程中。孩子们每天都有大量的时间进行讨论，完成解决问题、阐明概念、扩展认识的学习全过程。

众所周知，儿童在学习中，语言是学习的重要手段。我们要求教师经常思考：什么样的问题才能拓宽思想的维度？这些问题是否能激发新的讨论？问题是否能帮助孩子厘清自己的想法与观念？这些问题是否能够帮助孩子们获得积极的情感体验？如果儿童经常被鼓励在头脑中进行多种事物的连接，同时让他们有时间思考，经常感受到思考的氛围，有助于他们进行高水平的学习活动，并将这种能力转化成终身拥有的学习习惯与兴趣。我们也要求教师要将儿童的持续性分享思维的过程记录下来，并能够进行合理整合，使孩子们不仅能体会当下学习的快乐，也能从外部看到自己是怎样学习的。这样的学习过程与整合结果都被陈列在教室的墙壁上供孩子们反复学习，提升元认知能力。

（三）"生活化课程"以促进所有人"共同成长"为愿景

幼儿园课程是幼儿与教师在互动中，通过文化的接触、知识的探索、问题的解决而不断创生的结果。② 在这一过程中，幼儿、教师和家长都能从中得到应有的发展。

对教师而言，"生活化课程"需要他们从原先的那种较为狭窄的视角，变成开放的、

---

① 胡华.回归儿童生活：幼儿园课程建构的本质［J］.甘肃社会科学，2019（05）：230—236.
② 周兢.活动整合课程生成发展的学习观、文化观和教师观［J］.幼儿教育·教师版，2007（01）：12—14.

有成长性的宽泛眼界。教师也应是儿童学习环境中重要的组成部分，她们必须意识到：要尽可能使自己成为环境最好的组成部分，这样的教育系统才是健康、可持续发展和有生命力的。这套课程本质上是一套认知结构与哲学结构的叠加课程，教师也得以与真实的自己对话，他们获得的不仅仅是专业的成长，也对生命有了更深的知觉。成人只有在哲学思考时，似乎才能回到本源，用经验重构对世界的认识，生命的整体感伴随着豁达再次呈现，更有机会重新去审视这份工作的意义和价值，这也是在"生活化课程"中教师很难产生职业倦怠的原因。

对家长而言，"生活化课程"也重视家长的被认同感、被满足感与成就感。"生活化课程"主题的开放性与形式的"空筐结构"决定了任何人在其中都能够获得发展。父母不仅是孩子的养育者，也是课程资源创生最宝贵的财富。每个家庭都带着自己丰富的文化印记。在教师的帮助下，家长也可以运用自身的文化优势参与课程之中。当家长和孩子之间能够建立起真正意义上的连接，对彼此的生命成长都是很有价值的。我们看到，当连接感完成的时候，父母可以真实感觉到孩子作为有灵性的生命存在，他们开始试着反思、调整自己的行为，也在自我完善的道路上迈出了重要的一步。

"生活化课程"就如同一条文化的河流，在其中徜徉的每个人，都会感觉照耀在文化与生命的双重暖意之中，如同经历了一场文化的沐浴，焕然一新。

三、"生活化课程"的目标设定

《幼儿园教育指导纲要（试行）》将"人的发展价值取向"作为核心，强调将幼儿的情感、兴趣、态度、个性的发展与知识、动作技能的掌握进行整合。以此为基础，我们将"生活化课程"的目标最终确定为相互关联的三个维度："感受与情感""知识与认知""动作与技能"，并且将"感受和情感"设定为课程目标的灵魂。我们可以看出，"生活化课程"目标的"三维"层次中已经内含了幼儿教师教育哲学观所需的"养分"。

（一）"生活化课程"对儿童感受与情感的关注

感受是灵魂的语言，情感是学习的开端。一旦儿童开始表达自我感受，学习的广度、深度都会扩展，对自己、对世界也有了更深的觉知。

正如教育家布鲁纳所言："心灵是教育的核心，文化为我们建构心灵提供了一套工具箱，以此来建构我们的世界。"①"生活化课程"始终将儿童的心灵作为核心，课程便是我们提供的建构儿童精神世界的"工具箱"。我们一直坚信：教育如果不涉及人格完整性以及儿童情感的培养，就会使他们的心灵迷失在苍茫的大地上。

传统的教育总是强调知识对儿童的影响，儿童的情感与感受似乎很少被关注。因此，"生活化课程"开始从记录儿童的感受与情感入手，倾听他们对事物的看法与评判。感

---

① 宋文里.当代文化心理学的缘起及其教育意义——美国心理学会前主席布鲁纳《教育的文化》评述〔J〕.民族教育研究，2010，21（06）：23—29.

受不仅是灵魂的语言，更是个体内在对自我的洞察。这些感受与情感的表达也往往意味着一个人灵性的觉醒。儿童对事物、对自己、对他人，都有着很强的敏感度和洞察能力。在"生活化课程"里，我们会经常记录孩子们的感受。当一个人的觉知能力增强的时候，会显现出内在的生命能量，而恰恰是这个能量，使孩子的生活充满直觉、想象与创造，他们主动开始探寻生活的意义和价值。在"生活化课程"里，我们要求教师不加评判地认真倾听儿童。因为一个总是被别人倾听与理解的孩子，他们的思考才会不断地深入。当有心灵力量参与时，儿童不仅和外在有了更深的联结，还能更清晰地觉知到自己和世界的关系，相信自己的价值。

（二）"生活化课程"对知识与认知的理解

"生活化课程"中，知识的学习只是为了帮助儿童觉知到自我的存在与成长，进而完成主动发展的过程。认知也是"生活化课程"的重要部分。儿童通过认知获得的知识在发展中起着重要的介质作用。没有知识，感受无从依托。人类在多年的进化过程中，形成了一套较为完整的知识体系。但是，不管知识体系多么严谨，它也只是一种对客观事物的主观表达。越来越多的研究表明，儿童有自己的知识系统，他们可以按自己的方式，即使不借助符号学习，也能在头脑中获得相应的知识。

在课程的探索中，我们发现，生活化的课程似乎能唤起儿童原有的、内在的经验系统。当然，我们现在还无法确定儿童内在的知识体系是怎样的，但可以确定的是，借助于外在力量，能够唤起他们内在的知识经验。我们能做的除了唤醒，就是帮助他们把零散的经验结构化，形成较为稳固的体系。

随着课程的深入，我们和儿童的交流方式也发生了很大改变。对于儿童而言，知识的获得也不是为了知识本身，而是为了使自己能够获得更大发展。现在，我们理解的儿童发展含义是，儿童通过知识的学习，觉知到自我的存在与成长，进而主动成长的过程。[①]对他们来说，知识只是一把开启发展之门的钥匙。

因此，在"生活化课程"里，我们并不强调用教授的单一方式进行学习，而是在生活化、游戏化的学习过程中，让儿童用自己的方式来完成自我建构。如果我们观察儿童的学习，会发现他们首先通过感官探索外部世界，然后在思维层面自行整合。这个过程中，如果孩子没有和真实的事物接触，没有真实的探索和体验，那么，所谓的感知和学习都会变得毫无意义。获得知识、满足发展的最佳方式就是在生活与游戏中学习。

（三）"生活化课程"对动作与技能的认识

著名心理学家布鲁姆（Benjamin Bloom）对教育目标的分类——认识领域、情感领域和动作技能领域，是对传统教育目标的超越，也更符合教育实践之需。为此，我们认为"生活化课程"中，运用感官和动作学习不仅符合儿童学习的特点，同时，伴随着

---

① 胡华.回归儿童生活：幼儿园课程建构的本质［J］.甘肃社会科学，2019（05）：230—236.

情感形成的"技能"，还会永久保留，成为生命深处的记忆。

技能一般是指通过练习而获得的动作方式和动作系统。技能还有和知识一起内化为个体重要的心理特征的能力。但该技能的定义显然不能满足"生活化课程"的需求。中国道教文化关于"道"的阐述给了我们很大的启发。在传统文化看来，"道"并不是一个空泛的观念，而是在反复的操作实践中获得的一种无法言传的个人体验。"生活化课程"所追求的技能目标并非靠单纯的训练得来，它更接近于中国传统文化中关于"道"的描述。这种"技能"是一个非常个人化的能力，必须靠个人的努力才能完成，这有利于儿童学习品质的形成。当儿童带着意义感进行操作时，会将对知识的记忆、理解、创造，依托在具体的事物上。这样的学习方式能够唤起儿童原有的专注、坚持、不怕困难、不断探索的学习品质。

儿童的学习是一个在教师的引导下对知识形成过程的学习，以这个方向为出发点，上升到情感和人格的高度，学习相关的"技能"，才能得到真正意义上的发展。至此，我们将"感受与情感""知识与认知""动作与技能"作为"生活化课程"的三大"基石"。其中，"知识与认知""动作与技能"是"生活化课程"的两翼，"感受与情感"是"生活化课程"的核心与灵魂。

总之，"生活化课程"对幼儿教师专业发展和教育哲学观形成具有重要的支撑作用。"生活化课程"以"回归自然、回归传统、回归生活和回归儿童"为主要逻辑，课程的价值诉求、课程的目标、课程的实施都体现了以儿童发展为核心的要求。"生活化课程"的开放性与形式的"空筐结构"，具有鲜明的哲学特性。

第五节

"生活化课程"中教师对教育本质的哲学追问

人总是在"存在"当中的，人生在世就是对存在有所领悟、有所作为，或许我们可以用雅斯贝尔斯的说法"对存在的自我意识"来表达，自由总是和超越难舍难分，选择去超越或者不去超越本身就是一种自由。

"生活化课程"是幼儿园中儿童与教师共同生活经验的总和。在课程实施过程中，教师在和儿童一起生活时是有很大的自由度的，其个人经历、知识水准、哲学观等因素，都直接或间接地影响着课程的质量。因此，在对"生活化课程"探索的过程中，无论教师们是否意识得到，都会不自觉地对教育本质进行哲学式追问。

在不同的教育哲学论著中，对教育本质的探寻有很多论述，借鉴雅斯贝尔斯的"生存哲学"教育观，本节阐述对教育本质的理解，选择了个体的"生存""自由"和"超越"三个角度。

一、"生存"与幼儿教师教育哲学观的建构

雅斯贝尔斯认为，人的存在就是一个生成的过程，存在先于本质。作为个人，希望通过自己的探索和实践去认识自己应该是什么和将会是什么，希望在某种理想的形象中确认自己的本质。他认为，形象只是我们存在的一个方面而不是存在本身。理想的人生形象不是我们的目的和休息地，唯有我们意识到自己的可能性，才能扩展空间，提升我们的境界。

"生活化课程"将生活、人生、教育紧密连接，帮助教师与幼儿走入其中，领略一个鲜活而真实的意义世界。其本身便是这种生存论教育本质的体现，因为自我永远在生成当中，那么教师个人的价值也在课程生活中不断建构。应该说，"生活化课程"对教育本质的理解贯穿于课程的整个价值诉求中。课程的价值诉求决定着课程的内容与课程实施的基本特性。①"生活化课程"的核心是通过还原儿童本真的生活，帮助他们能够从不同的层面认识自己，理解他人。在课程实施过程中，儿童的经验、情感、态度、表达都会被尊重。"生活化课程"引导儿童"按照自己的节奏呼吸与思考"，帮助他们建立内在的秩序感，这会给他们的内心带来极大的安全感与满足感。而实现这一切，需要教师对自身、对生命有更多的体察，在课程的生成当中，理想的人生形

---

① 胡华.回归儿童生活：幼儿园课程建构的本质［J］.甘肃社会科学，2019（05）：230—236.

象才能得以扩展，提升生命的境界，个人在教育中的价值以及对儿童的影响才能不断得以彰显。

二、"自由"与幼儿教师教育哲学观的建构

自由是生存的标志，所以雅斯贝尔斯的生存哲学也被叫作"自由哲学"，他的教育哲学被称为自由主义的教育哲学。"自由"是教育的灵魂，也是教育立身之本。[①] 在教育活动中，教师和幼儿是一种主体间性的关系，两者互为主体，没有谁比谁更高明，这种关系的建立在于每个人都被赋予自由。教师的自由在于教育决策的自由和教学自主的自由，而教育的目的就在于培养具有个性色彩的、具有完整人格的人。幼儿教师不仅应该拥有专业知识，还应该作为一个自由、独立的人存在。因为一个内心自由的人才能够循循善诱教育对象，视教育为一种创造，也更具有奉献精神。好的教育是可以通向自由的，一方面是精神的自由和创造的自由，另一方面，在创造中他们同时获得了某种心灵的自由。

"生活化课程"倡导的教育理念在一定程度上也是这种自由教育本质的衍生。在创建幼儿园的时候，我们就将"成为我自己"作为办学的核心理念，现在看来，这正是自由教育题中应有之义。

自然主义教育强调，人要回归到"自然自在"的状态里去，而这里的"自然自在"状态实际上是回归到人内在的精神世界。教育的本质是对个体灵魂的塑造。当下技术理性发展影响下的教育观很大程度上遮蔽了儿童鲜活的精神世界，而"生活化课程"所折射出的核心理念体现了关照儿童精神世界的完整诉求。因为"生活化课程"的初衷是站在儿童视角上的，这必然要关注其精神世界的完整性。我们发现，儿童精神世界展现的那一刹那，也宛如一束光，点亮了和他们一起生活的成年人。

"生活化课程"重视自然对儿童的积极影响，鼓励运用自然、本真的方式引导儿童学习，让幼儿园里的人、事、物都回归到原本就有的自然的样子，形成一个和谐的气场，共同影响儿童发展。[②] 这个认识既与卢梭的自然主义教育观一脉相承，同时也是对传统文化的继承与回归。

中国哲学一直有自己的特色，中华民族一直以农业为生。所以，他们对宇宙的反应，对生活的看法，在本质上就是对"农"的反应和看法。[③] 因此，农耕文化是中国文化的重要表述。中国传统哲学思想亦将"自然"作为一种非常高的个人精神境界，[④]认为只有遵从事物本来的面目，才能达到"天人合一""道法自然"的状态，自然的本质就是让人回归到人的自然自在的状态里去。传统文化中的这一精髓同样应当体现在儿童的教育中。

---

① 封佳成.论雅斯贝尔斯的教育哲学〔D〕.广西大学硕士学位论文，2018.

② 胡华.回归儿童生活：幼儿园课程建构的本质〔J〕.甘肃社会科学，2019（05）：230—236.

③④ 冯友兰.中国哲学简史〔M〕.涂又光，译.北京：北京大学出版社，2012：12.

三、"超越"与幼儿教师教育哲学观的建构

哲学是对于人生的有系统的反思的思想。在思想的时候，人们常常受到生活环境的限制。在特定的环境，他就以特定的方式感受生活，因而他的哲学也就有特定的强调之处和省略之处，这些就构成了这个哲学的特色。[①] 人在什么时候是需要超越的？我认为，是在我们遇到困境的时候的个人判断与选择。教师走向哲学最高的境界在于"超越"，因为没有任何人的发展是一帆风顺的，他们必须从困境中超越，只有这样教师才会在各种教学困境中突围，从"两难困境"走向"两难空间"。幼儿教师，也应该是具有信仰的人。当然这种哲学的信仰和宗教信仰之间是有区别和联系的，但不管怎么说，哲学信仰和宗教信仰都强调的是一种超越的生存状态。

在研究过程中，"两难困境"的现象对我们研究幼儿教师教育哲学观的形成有很大的启示。"两难困境"是我们在这个世界面前无能为力的一种自我觉察与体验，但"两难困境"也会变成一种可能性，那就是人在一切变幻中觉察到真实的存在，用有限的思想把握无限者，穿越被界限的当前事物而走向无限领域，获得自由，这就是超越。[②] 人要体验存在，通达真正的自由，只有依靠超越性的思维。这既是教育的本质，也是幼儿教师走向教育哲学观的通道。

教育中的超越性对于幼儿教师教育哲学观形成的另一重意义在于，点燃教师灵魂深处思想的火花，在科学认识以外，还有另外一片领域，这片领域属于感性与理性综合的领域。在教育中，仅仅进行理性的认知是不够的，对于完整的生命而言困惑和不安随时都在促使人进行现实生活的超越，因为外部的生活和环境不能够使我们感到满足和达到应有的人性深度。哲学之所以有其教育意义，在于它是对于人生命的丰富性的本然关切，在于它在廓清人的真实意图、人生的意义和目的时的价值。[③]

教育更深层的目的在于寻求真正的自我，因此人的内心生活就是极为重要的。同样，教师真正走向哲学，首先也应该真正关注自我。在研究中我们发现，不同的教师对教育的理解不同，但是他们都认同教育中的超越和信仰以及高层次的哲学省思对个人的影响。在讨论"教育是什么"这一核心问题时，他们表达了自己的看法。

与教师进行对话

张芬老师 ◁ 教育是人生存在世界上的一种不可抗拒的力量，也是一种必需品。它引导人向内看见自己，向外看见世界。它不仅仅存在于幼儿园的课堂之中，更多时候存在于生活中每一次互动，每一个获得新知、有新思考的瞬间。

[①] 冯友兰. 中国哲学简史 [M]. 涂又光，译. 北京：北京大学出版社，2012：12.

[②] 张新民. 探寻真实的存在与存在的真实——王阳明心学视域下的静定、立诚与格心 [J]. 贵州大学学报（社会科学版），2003（05）：1—10.

[③] 封佳成. 论雅斯贝尔斯的教育哲学 [D]. 广西大学硕士学位论文，2018.

罗希悦老师 ◁ 教育是什么？以前回答这个问题，脑海中会出现一位老师站在讲台的样子。而此刻，脑海中出现的是一片空旷的大自然。在花草园里，教育早已不是你说我听，而是我们一起的呼吸与思考。现在，最大的感受就是，"我们"的范围扩大了，不只是教师、家长、儿童，还有我们看得见看不见、一直存在，比人类的生命更加久远的一种存在。

王彩霞老师 ◁ 我觉得教育是一种力量，贯穿着人的一生。这种力量有时候是唤醒人性的善良；有时候是鼓励寻找自我；有时候是引导我们将喧嚣纷扰隔去，回归真我。这种力量日复一日、年复一年地坚持，最打动人心！

王海霞老师 ◁ 教育是帮助一个人在未来的生活中，更成功地寻求自己的幸福。教育是为了让我们心里那个最好的自己，走出来。

张蕾老师 ◁ 我觉得教育是一件很美好的事情，在教育的过程中我们能遇见美好、创造美好，也是生命不断勃发的过程。

周冉老师 ◁ 教育是一种神奇的力量，它沉浸于自然及万事万物之中，于是教育便有了属于它的独特使命，召唤心灵，相互呼应，直达真善美。

甄珍老师 ◁ 教育是守护天性的自由，能让我们发现自己、成为自己。

曹云香老师 ◁ 教育是一条河流，在这条河流中教育者和受教育都在感受着自己和万物。教育本身没有时间和空间的限制，无论是通过现代网络，还是通过资料、史实，或者是通过"人"这样的中介，都能够完成一次教育。同时，教育中更加强调受教育者的主动性，没有这种主动性，是不能完成任何一次的教育旅行的。

从教师们对教育的阐释中，我们可以看到教育中的人性光环。何为教育？就是文化和心灵到达的目的彼岸。实现这一切，要求教师在教育生活中要完成不断超越。

我们认为，"生活化课程"并不只是一个课程形态，还是一种课程思想。"生活化课程"更像一种"文本"，当课程作为"文本"时，"我"与"课程"才能共同临场。加达默尔认为，文本是一种语言，它像一个"你"一样说话，它不是一个客观，而更像是对话中的另一个人。文本也是有生命的"你"，理解一个文本，就是通过与文本对话，实现自己视域与文本视域的融合，从而扩大自己的视域，形成新的视域。

"生活化课程"作为文本，其丰富性也在于为我们提供了对话的自由空间，课程不再仅仅是物化的材料，而是包括教师、幼儿对文本的理解以及师幼之间的交往，这是一个不断创生意义的过程，也是教师教育哲学观逐渐生成的过程。在"生活化课程"的对话语境下，儿童获得的也不再只是知识，而是对世界的态度和对真善美的追求，即一种哲学态度。

　　"生活化课程"的实施过程，在一定意义上也建构了教师的哲学认识体系。在课程的实施过程中，幼儿教师势必要对教育的意义进行追问，当他们能够思考什么样的教育对儿童的学习与发展更有意义时，也开始关注内心，学会清晰地体察与认识自己、改变自己、超越自己，这一切无疑是幼儿教师教育哲学观建立的沃土。

要想设计出精彩的课程，
教师的价值观得有高度

第六章

幼儿教师教育哲学观的构成与特点

老师也会开心，也会难过，是跟我们一样会表达自己情绪的人。（邹一骅，男，六岁）

我的老师都是很美的人，她们总是能看到美的我们。（张晗玉，女，五岁）

张蕾老师 ◁ 我认为，幼儿教师的教育哲学观是基于教师个人对世界的认识，在教育实践中对自己的教育行为一次次反思后形成的对儿童、教育和世界的再认识。

王海霞老师 ◁ 幼儿教师的教育哲学观应当包括：1. 充满生命关怀的教育理念；2. 愿意经常思考工作中有待思考的东西；3. 具有强烈的使命感。这些都会成为教师源源不断的内部驱动力。它可以是"从观念到方法"的自上而下的体系，也可以是"从方法到观念"的自下而上的智慧。

李洋老师 ◁ 1. 仁爱：在成为教师之前，首先是成为一个人。对自身、家庭、社会、自然以及生活和工作场域中的一切怀有悦纳的态度和仁爱之心，这是幼儿教师教育哲学观形成的基础。2. 思想：对待生活和教育中的一切，教师必须有敏锐的感知能力和独立思考能力，将生活和教育融会贯通。3. 意志：面对环境的瞬息变化，稳定的教育哲学观可以帮助教师用意志作为一种有力支撑，坚持教育信念。我认为，仁爱是基础，思想是关键，意志是保障。

周冉老师 ◁ 幼儿教师的教育行为很大部分是下意识的行为。如何把下意识的、感性的认识上升到哲学的高度，是我们都应该思考与改变的地方。

　　我们阐述了幼儿教师教育哲学观是在其教育实践中基于自身经验生成的一种教育智慧。幼儿教师的教育哲学观具体展现为，幼儿教师对教育情境中"何为"的价值适切性判断与"应为"的合理性行动融合与统一的一种专业发展境界。①

　　我们认为，幼儿教师教育专业水平形成的重要标志是拥有了自己的教育哲学观。幼儿教师专业化的形成不是一个追求标准化的过程，而是一个建立在基本专业素养之上，彰显个人对教育合理性追求的过程。幼儿教师的教育哲学观主要是以下三个方面构成的：幼儿教师的自我觉醒和身份认同，幼儿教师对教育"真""善""美"的价值追求以及幼儿教师对经验和教育现象的一种超越。

第一节

幼儿教师教育哲学观的构成内核

　　苏格拉底说："未经过思考的人生是不值得过的。"② 大部分教师易将自己的身份定位为知识的执行者，教育观念、教育信念与教育理想常常被冷落和忽视。在这样日复一日的工作中，教师渐渐忘记了对"我是谁？""我从哪里来？""我到哪里去？"等一系列哲学问题的追问思考。长此以往，教师会丧失教育创造的激情，也难以察觉到个人发展中原本就存在的内在驱动力，最终会失去对自我身份的真实认同。拥有教育哲学观的教师必须开启一条自我觉醒和身份认同之路，之后开始以自我独立的方式，感悟生命自身存在的价值与意义。

　　学界普遍认为，教师教育哲学观的形成首先是教师的自我觉醒和身份认同。

一、教师的自我觉醒

　　在文化心理学领域，将"自我"作为研究起点，关注个体是通过何种途径建构自我的，还是要提到美国教育心理学家布鲁纳。他提出了文化心理学里对自我的研究必须按照个人角度和文化角度（他或她参与的文化）对自我进行定义的意义。③ 从个人的角度

---

① 张亚妮.论幼儿园教师实践智慧生成——以"学习故事"行动研究为进路［D］.陕西师范大学博士学位论文，2016.

② 谢延龙.西方教师教育思想：从苏格拉底到杜威［M］.福州：福建教育出版社，2015：3.

③ ［美］杰罗姆·布鲁纳.有意义的行为［M］.魏志敏，译.长春：吉林人民出版社，2008：110，112.

讲，需从历史的角度考虑自我，即"从过去到现在的自我"；从文化角度考虑，不仅要探寻自我的意义，而且要探索该意义在实践中的应用，即"为了得到某个特定的自我，个体必须尝试在各种各样的背景中，特别是在那些代表着特定文化的背景中运用它"。[1]在此基础上，布鲁纳提出了叙事建构自我的独特价值。他指出："叙事既是一种思维模式，也是'一种意义生成的承载工具'，人类只能在叙事的模式中建构认同，并在文化中找到它的位置，因此叙事是一种教化人类错误和探索意料之外事物的途径。"[2]

二、教师的身份认同

国内对身份认同相对一致的界定是：个体对"我是谁？""我将要走向何处？""我为什么属于这个特定群体？"等问题的追问。[3]社会身份理论认为（Jasinskaja-Lahti, et al, 2009；Liebkind, 2006；Verkuyten, 2005b），身份认同主要指向个体为什么和如何认同自己的身份属于某种社会群体，以及为什么和如何在行为上表现为这些群体的一部分。塔杰夫和特纳（Tajfel & Turner, 1986）认为，个体需要归属于某个群体以确保获得坚固的幸福感。

具体到幼儿教师的身份认同，以往有关教师身份认同的研究，大多强调教师对自己角色身份的认同，教师角色强调"教师应当如何"，即教师的行为规范要符合外在的标准性规定，对教师而言，这些外在的标准性规定都是外部赋予的、控制性的"构想"而已。如传统的教师角色习惯于将教师定义为"传道、授业、解惑"的"人师"，将教师比喻为园丁、蜡烛和人类灵魂的工程师。用这些标准对教师职业进行度量忽视了不同文化境遇下教师的身份认同的特殊性，势必引起教师自我身份认同的冲突。

幼儿教师的身份认同有其特殊性和复杂性，对刚入职的新教师来讲，更是如此。我们需要帮助他们从生活与教育的叙事中建构起对自己身份的认同。坚持书写教育笔记、每天记录自己的教育生活，帮助他们在记录和思考的过程中完成必要的思考，对其完成身份认同都有着积极的意义。对幼儿教师教育哲学观构成的研究必须要和教师们的身份认同联系起来。

"真正好的教学来自教师的自身认同与自身完整。优秀的教师需要自我的知识，这是隐藏在朴实见解中的奥秘。"[4]教师的勇气并不是别人赋予的，而是来自自身内在的力量。只有当教师清楚自己是谁，要做什么，为什么要这样去做的时候，行动才会变得有方向，进而可以在行动之上来审视自己的行动。当教师完成了自我觉醒，开始身份认同的时候，会从内部生出一种从内而外的力量感，这有点像是萌芽破土而出的生命成长，这种力量也会帮助教师获得一种心理上的安全感。

鉴于此认识，本书中，我们将幼儿教师的身份认同和教师的自我觉醒看作是教育哲

① ［美］杰罗姆·布鲁纳.有意义的行为［M］.魏志敏，译.长春：吉林人民出版社，2008：110, 112.
② ［美］杰罗姆·布鲁纳.教育的文化：文化心理学的观点［M］.宋文里，译.台北：远流出版公司，2001：158.
③ 李茂森.自我的寻求：课程改革中的教师身份认同研究［D］，华东师范大学博士学位论文，2010.
④ ［美］帕克·帕尔默.教学勇气：漫步教师心灵［M］.吴国珍，等译.上海：华东师范大学出版社，2019：2.

学观的内核，以教师的生活故事和自我叙述作为其教育哲学观生成的主要途径。就如布鲁纳所言："自我，不论采取关于现实的什么样的哲学立场，只能在讲述者和倾听者之间的交流中得到反映。"①

马克斯·范梅南强调："教育是在具体的情境中不断进行实践的情境性活动，对它进行概括式、违背其本性的做法，只有以个人体验为研究起点的、以教育哲学观为内核的个别理论才是真正具有生命力的教育理论。"②身份认同也是幼儿教师走向教育自觉的逻辑起点。

关于幼儿教师是如何完成自我觉醒与身份认同的，在本书最后一章有关研究中的个案教师的教育叙事中，我们会发现，每个人身份认同都是以个人体验为起点的，具有差异性，但同时也具有某种共性。简而言之，自我觉醒是一个动词，而不是一个名词，它不是指一种大彻大悟的状态，而是一种在时间的检验中个人力量被逐渐唤醒的过程。如果教师在实践中总是能够反躬自问，自我觉醒的机会就会增加。当他们对事物有了自己的思考和判断之后，主体意识就会被唤醒，之后，他们的成长不再被人强迫，开始具有了能动性。他们重新审视自己，面对自己，与自己对话，有意识通过一些方式更加深入地了解自己，完成心理上的重生。每个教师一旦走上了这条自我觉醒之路，他们"以教育哲学观为内核的个别理论"就此形成，这是幼儿教师走向卓越的逻辑起点。

---

① ［美］杰罗姆·布鲁纳.有意义的行为［M］.魏志敏，译.长春：吉林人民出版社，2008：115.
② 刘旭东.教育行动的逻辑与教育理论创新：兼论哈耶克的"必然无知"理论［J］.教育研究，2016（10）：11—18.

第二节

幼儿教师教育哲学观的构成要素

科学、艺术、哲学本质上是一体的。当我们开始追求教育的某种境界的时候，必然心中会有一个理想的彼岸，那个彼岸通常被我们称之为教育的艺术。抵达彼岸，每个人需要一艘船，而哲学观通常就充当着船与船桨的功能。幼儿教师教育哲学观的形成过程也是个人追求真善美的过程。

一、拥有向"善"之教育信念

道德也是一种哲学，它是人际关系、社会关系秩序的基础性保障，是文明的产物，对人的言行而言是有规约作用的。师德是指教师的职业道德，是教师在长期的教育教学实践中形成的比较稳定的道德观念、行为规范与道德品质的综合。

教育哲学观的核心是德性，拥有教育哲学观的幼儿教师必定具有良好的师德，有爱心、责任心、耐心，关心爱护每一名幼儿的生命成长。幼儿教师对幼儿深切的爱与关心，以及与幼儿之间良好的互动关系是其教育哲学观生成的基本前提条件。将德性与幼儿教师的教育哲学观相联系，是因为教师对爱的追求会影响教师对智慧的求索。当我们从把握人性开始把握教育时，无论是在认识还是实践，爱与智都必然统一于教育。

雅斯贝尔斯在《什么是教育》一书中这样描述，爱是教育的原动力。教育的基本原则体现着爱和智的精神。具体而言，教育的基本原则，其操作意义，就是爱和智的行为。爱和智同样统一于教育的基本追求中。

马克思主义认为，人是社会的人，社会性是人的本质属性。从现实意义上讲，一个人首先要被社会接纳，他要受人欢迎，被人理解，受人尊爱，爱的素质（爱心和爱力）是不可缺少的。[1] 其次，一个人要成为对社会有益的人，要创造，要建设，这就必须具有创造和建设的智慧，因而，教育要赋予人以智慧，并教给人正确、合理使用智慧的方法。这个方法不是什么别的东西，就是爱。

教师对教育善的追求在实践中也是对被教育者的一种善意的干预，是教育者为成全受教育者而对他们实施的一种干预。

向"善"不仅是做人的基础，也是一种教育的信念与追求，因为善意本质上是教师教育哲学观的价值取向与道德基础。

---

[1] 刘庆昌.初论爱和智在教育中的统一［J］.教育理论与实践，1997（03）：9—12.

二、具有向"真"之教育认知

拥有教育哲学观，教师除了拥有向"善"的教育情怀外，还应有向"真"的教育认知，这也是我们常提到的教师实践性知识。

知识包含哲学的萌芽，而哲学则不能脱离知识经验，论证从知识到哲学是统一于实践基础上的认识。① 一般研究认为，教师存在着两种形态的知识：第一种是以客观性著称的"理论性知识"，常常以共享的知识形态供教师学习使用；另一种是教师本人成长和教学实践中积累的"实践性知识"，常以个人知识的形式存在于教师的日常生活经验中。这种知识具有非系统性、隐蔽性、个体性、缄默性、情境性、整合性、保守性的特征。② 尽管教师实践性知识与教师教育哲学观的内涵和外延都不同，但我们认为，教师的实践性知识是可以转化成为教师的教育哲学观的。幼儿教师的教育哲学观是教师个体在教育实践中形成并体现出的对幼儿园教育"怎么做"的一种综合认识，而实践性知识则是教师从事教育教学实践所必须具备的知识，是幼儿教师教育哲学观形成的认知基础。③

一般的教师的确很难把自己和教育哲学联系起来。因为现实的教育生活烦琐而忙碌，教师容易关注教育的方法和技术，并不太愿意问津其背后思想基础。虽说这是正常的，但却是不理想的。现实中，只有一小部分教师能够在实践性知识的基础上将认识升华成为教育哲学观。实际上，任何领域的高境界的实践者，都不会醉心于纯粹的方法和技术，他们会寻求实践领域中那些灵魂性的东西。把握住了实践的灵魂，人就能够成为实践的主人，否则，就只能是实践的奴隶。④

哲学是人对自身思想和实践的反思，一线的教师身临教育情境，真切地感受着教育生活的细节，而且他们自己就是教育活动的有机组成要素。倘若他们愿意经常性地回顾自己的思想和实践，必然会产生一些深刻的体验。我们认为，恰是这种向"真"之教育的认识与追求，将教师推向了对方法和技术背后的思考理性之中。

在实践中，当幼儿教师能够真实地面对自己，拥有对真理追求的信念，对自己的实践逻辑有深深的认同时，他们就会和儿童一起在探求知识的过程中，回归到真实的教育之中。这种认识一旦成为信念，就会使教师主动超越现实与平庸，开始走向卓越。

三、追求向"美"之教育艺术

对教育艺术或者教育美的追求构成了教师教育哲学观通向诗意的大门。这也是幼儿教师在教育中对诗意教育所追求的一种较高境界。

教育哲学不是使用各种哲学术语说明教育问题的一种表达方式，尽管哲学的确有自己独特的表达方式。但对教育体悟的境界，却是教师自身对教育精神的一种认知和情感

---

① 陈卫平.智慧说和中国传统哲学的智慧：论冯契的中国哲学史研究〔J〕.学术月刊，1996（03）：38—45.
② 陈向明.实践性知识：教师专业发展的知识基础〔J〕.北京大学教育评论，2003（01）：104—112.
③ 张亚妮.论幼儿园教师实践智慧生成——以"学习故事"行动研究为进路〔D〕.陕西师范大学博士学位论文，2016.
④ 常作印.教师需要补点哲学〔J〕.师道，2007（04）：47.

体验。对教育艺术与教育美的追求是幼儿教师通过教育哲学观走向教育诗意的一个全新过程。如果教师能在实践中体验到把教育当作是对教育艺术的追求过程，而不是一种世俗意义的工作，就会逐渐具有教育者的一种诗意境界。另外，教育本身就是一个非常有韵律感的事情，在探索中，教师也会慢慢寻找到教育自身所带的韵律感与美感。

幼儿教师的教育哲学观依赖于某种思维艺术，这一思维的艺术方式能够帮助教师从看似纷繁无序、杂乱无章的教育现象中，寻找出教育的规律并做出科学的判断和推理。教师教育哲学观的形成过程也是个体向"美"的一种教育追求过程。

当教师能够到达一种教育境界的时候，人生境界也得以提升，这一过程不知不觉，却又无法抵挡。

第三节

幼儿教师教育哲学观的形成过程

在实践中，幼儿教师需要通过经常对"习以为常""司空见惯"的日常教育生活进行形而上的审思，才能坚定教育信念，生成个人的教育哲学观。形成自我的教育哲学观，也可以说是教师超越经验的必然要求与归宿。幼儿教师教育哲学观的形成需要经历以下过程。

一、从经验到智慧，需要理论的支撑

在教育过程中，每个教师都积累了一定的经验，但经验如何转化成为教育智慧则是一个需要理论指引的过程。如果我们把教育智慧比作金子，经验就好比是那些原始的金矿石，反思性实践则是提炼纯金的重要过程，哲学之思就好比是其中的催化剂。可以说，教育智慧的生成离不开实践的土壤，离不开经验的积累，但更离不开个人对教育现象与经验的哲学之思。

实践中，我们发现，任何经验要想成为智慧，都离不开理论的支持。因为教育理论是经过实践检验的，是前人智慧的概括与总结。个人成长如果离开了理论的关照，教师的反思就有可能只是对现象的反思，难以到达本质，教育"智慧"也难以生成。具有哲学特性与智慧意蕴的教育反思一定是主动的、深刻的，当然也是系统的，甚至是抽象的。若想形成自己的教育智慧，理论在其中扮演着重要的作用。可以说，不断加强理论学习并能够用理论指导实践的教师才有可能在理论的指导下形成自己的教育哲学观。这一认识也打破了幼儿教师只需要依赖经验，而不需要深度学习与思考的现状，帮助教师们关注在零打碎敲的经验积累之外，还有"另外一种可能"，这种可能就是理论指导下的深度学习与反思。

二、从经验到智慧，需要从量变到质变

教师教育哲学观是教师不断追寻教师智慧的过程，而走向教育智慧，也是教师超越经验的一种必然归宿。教师经验再丰富，但不能完成超越，依旧只能是一个经验型的教师，其专业发展水平就只能在低水平里徘徊。教师要想突破经验的局限，就必须超越经验的"高原"，从经验积累的量变走向智慧生成的质变。

因为教育智慧的形成并不是经验的简单累加。智慧是从经验中抽象出来的对普遍规律的一种自我认识。幼儿教师教育哲学观虽来自实践与自身的教育经验，但却摆脱了经

验的束缚和局限性，达到科学性和创造性的统一。这不仅可以使教师的教育教学行为开始走向科学与智慧的轨道，也帮助教师最终抵达教育幸福的彼岸。

当然，从经验到智慧的过程是非常艰难的，亦无捷径可走，这对教师而言是一种否定之否定的过程，这一过程并不轻松。教师首先需要对自己某些根深蒂固的经验进行反思，若习惯于用经验去理解、阐释和处理教育教学现象，则难逃经验之网。在积累经验的过程中，教师亦需要从经验中抽象出理论，从经验中概括出智慧。因此，从经验走向智慧，不仅需要经验从量变到质变的积累，也需要在反思性的实践中完成转化。但如何能够从量变走向质变，其中也显示出了较大的个人差异。

三、从经验型教师到智慧型教师

从经验型教师走向智慧型教师，教师必须要摆脱对自身经验的依赖。所谓智慧型教师，其核心特质在于教师在知识、技能、理性、实践多个层面上均表现出较高的智慧水平。

"智慧型教师"的提法，不同于以往"研究型教师"与"专家型教师"的提法。"智慧型教师"应是教师专业发展的最高境界。因为这种超越更需自我努力，更加强调内在动力的价值。智慧本身无法靠外力输入，因此，若想成为智慧型教师，特别需要教师自身内在的自我觉醒、自我反思与自我超越。这也是实践中的智慧型教师比较少见的重要原因之一。

教育的本质是教学生如何做人，教师的教育活动必然受其哲学观的支配。为此，教师必须建立起自己的教育哲学观才能实现教育的最终目的。当教师的主体意识被唤醒之后，他们就会不断寻求更大的超越。而教师的教育哲学观一旦形成，这种力量就会转化为一个人生命中自我实现的力量。这种力量最终影响着其教育行为。

第四节
幼儿教师教育哲学观的特点

　　幼儿教师教育哲学观的形成伴随着教师的反思与成长，也呈现出了日益更新与完善的特征。我们通过对教师的叙事资料的整理、分析与研究发现，幼儿教师教育哲学观具有以下六个显著特征：具有与教育目的相联系的教育性，具有与社会环境相联系的文化性，具有与教师自我能力和幼儿教育特点相联系的创造性，具有与个人职业发展性与继承性相关的动态生成性，具有与实践性知识相关的情境性，具有与教育对象与环境的变化性、复杂性和潜隐性相关的缄默性。

一、教育性

　　幼儿教师教育哲学观的形成过程具有一定的复杂性和灵活性。他们主要是通过在教育实践中运用"做"的方式完成思考，在思想性的基础上达成指向教育目标的教育性的。
　　对于教师而言，教育哲学观的形成过程就是教育性和思想性相互统一的过程。幼儿教师教育哲学观的思想性是指教师在符合教育规律的基础上形成自己对教育的独特感受与看法。思想性是教育哲学观的内在属性，而教育性是其外在属性，二者在实践中完成了统一。

二、文化性

　　教育与文化息息相关。何谓文化？不同的研究领域对文化做出了不同的定义。本书选取了符号人类学家克利福德·格尔茨（Clifford Geertz）的观点。他在其名著《文化的解释》一书中给出了这样的文化定义：①

　　　　我主张的文化概念……在本质上是一个符号学概念。马克斯·韦伯（Max Weber）相信，人类是一种悬于自己编制的各种意义之网之上的动物，我本人也持相同的观点。于是，我以为所谓的文化就是这样一些由人自己编制的意义之网。因此，对文化分析不再是一门寻求法则的实践科学，而是探求意义的诠释学。

　　在格尔茨看来，文化是精神性的产品，同时这种精神性的产品还是一种理性的存在。

① ［美］克利福德·格尔茨.文化的解释［M］.韩莉，译.南京：译林出版社，2014：5—6.

在此基础上，我们认为，教育哲学观的文化性就是教师把自己对于教育的思考置入社会学意义的价值背景之中，并形成的一种自我价值感。

我们的田野研究也发现，拥有教育哲学观的幼儿教师能主动将文化与自己的生活、幼儿生活相连接，编制出一张意义之网，形成自己教育哲学观的底色，我们也称其为教育哲学观的内里。

在实践中，我们能感受到幼儿教师教育哲学观特有的文化性表现。它表现为一种状态，当教师们开始走进文化的内里，回到最自然、最朴素的事物之中的时候，就会回归到一种安静的内心状态里，不再焦灼，不再彷徨。因为这张意义之网是他们为自己编织的，这种凝神定气的力量也是文化赋予他们面对现实时的一种勇气。

三、创造性

幼儿教师教育哲学观的创造性，主要是指教师在实际教育教学活动中建构课程与自我的能力。从心理学角度来看，创造性是一种心理过程、状态和能力，是指个体解决问题的方式独特新颖，并产生了有社会价值的新产品。① 美国心理学家洛巴特（T. Lubart）和斯滕伯格（Robert J. Sternberg）共同提出了"创造力多因素理论"，其中心思想是：创造性体现了人的综合素质能力和整体精神品质。创造性实践是教育哲学观生成的核心。实践性智慧在实践中也表现为教育者对教育情境瞬间、直觉的整体感知和把握，表现为一种超越性的、能够迅速认识到现实教育情境的复杂本质，并做出恰到好处的创造性反应的过程。对于幼儿教师来说，没有创造性，就没有实践智慧。②

叶澜教授曾指出，把创造还给教师，让教育成为充满智慧的事业。③ 幼儿教师面对的教育对象是学龄前儿童，儿童比成人而言，更具哲学家的"潜质"，因为他们的头脑中不仅装满了奇思妙想，也常常语出惊人，用哲学的眼光审视着现实生活。在实践中，幼儿教师必须发挥自己的创造性，才能根据幼儿的兴趣、需要及时调整课程和教育策略，并随时对不确定、偶然性和不可预见的突发事件与瞬间做出合适、恰当的决定和对策。应该说，创造性是幼儿教师实践智慧的核心要素。

在幼儿园的教育实践中，每天都有新鲜的事情发生，教师的创造性就发生在那些流动的瞬间。

四、动态生成性

幼儿教师教育哲学观的形成是一个螺旋式上升的过程，其发展的过程也是动态生成的。我们可以认为，幼儿教师教育哲学观的形成是一个发展性与继承性相结合的过

---

① 俞国良. 创造力心理学［M］. 杭州：浙江人民出版社，1996：14.
② 张亚妮. 论幼儿园教师实践智慧生成——以"学习故事"行动研究为进路［D］. 陕西师范大学博士学位论文，2016.
③ 叶澜. 在学校改革实践中造就新型教师［J］. 中国教育学刊，2000（04）：58—62.

程。任何事物的发展都不是凭空产生的，都有其历史渊源。我们这里所指的动态性，一方面是指教师教育哲学观的形成是一个不断学习和继承的过程，每个教师的教育哲学观形成都借鉴了一些身边优秀教师丰富的教育经验，并以此为基础，形成自己的教育哲学观。另一方面，教育哲学观是教师个人在教学实践中不断探究和自主建构的过程。

不同教师拥有不同的教育智慧，可以被借鉴和模仿，也可以给人以启示，但却不可以被复制和重现。一方面，教师个人也不可能机械地沿袭套用自己一贯使用的教育模式。因为教师面对的教育对象是一个个性格迥异、心理特征千差万别的儿童，儿童的成长本身就具有很大的动态性和差异性。另一方面，幼儿教育的实践所面临的问题总是不可重复、变化多端的。

教育哲学观的形成过程处于永不停息的动态整合协调中。随着教育教学活动的变化，新情境不断出现，新问题不断产生，教师的教育系统又会出现某种不协调的状态，随着教育问题的解决，新的智慧又得以生成，如此往复，螺旋上升。

因此，幼儿教师教育哲学观形成的这条道路上永远没有止境，当然，也不可能存在一个所谓的终点。

五、情境性

幼儿教师专业知识最主要的来源途径是实践性知识，而实践性知识大都烙着特定教育情境的印记，具有境遇性。我们反复说明着这样一个发现，教师的实践性知识是特定的教师在特定的环境中，以特定的学习内容、特定的儿童为对象工作时所形成的知识，由于这些特定的教育情境是丰富、鲜活、多样的，因此赋予了教师教育智慧形成的情境性。每位教师并不生活在抽象的教育概念之中，他们生活在特定的"境遇"中，其教育哲学观也只能在特定的教育情境中才能生成。

幼儿教育的理论知识同其他理论知识一样，关心的通常是"是什么"的问题。教育智慧则关注"如何做"的问题，与幼儿教育的活动情境更加贴近，与具体的情境相联系，也融合了个人对教育情境的认识和理解。拥有教育智慧的教师能够从容应对不确定的教育情境，临场发挥，随机应变，以保证幼儿园教育活动的顺利进行和教育目标的达成。对于教师而言，一旦拥有了教育智慧，就能够通过观察幼儿的言行、表情、体态，洞察、理解、识别幼儿在想什么，想要做什么，并及时地给予回应与支持。因此，幼儿教师教育哲学观的生成离不开具体的教育情境。

六、缄默性

教师的教育智慧是具有个人品格的，具有隐性的和不易传递的默会知识。对教师来说，很多时候，他们并未或很少意识到自己这样做的真正原因，也不善于清晰地表达出自己在经验基础上形成的对教育实践的直觉与感悟。这些知识属于默会知识的范畴。在学者看来，默会知识具有不可言传的特性，只可意会，不可清晰地表达，但能灵活地应用。这类知识大量存在于实践工作中，像雾一样弥漫在人的意识活动与潜意识深处，但却是我们人类各个层次的知识得以融会贯通的关键。

教育本身就具有潜隐性的特征。幼儿教育的情境充满变化性、复杂性和不确定性，幼儿教师与中小学教师相比，参与程度高，卷入程度更高，与幼儿的互动更深，面临的教育情境也更加复杂，但因其教育活动的复杂性与多样性，加之幼儿教师工作的时间相较于其他学段的教师更长，难得有充足的思考与整理时间，这使得他们的教育哲学观更加呈现出一种缄默的特性。对于他们来说，所认识的总是多于所能言说的。教育哲学观一旦形成，就会体现在他们的教育实践活动当中，虽无法用言语、文字和符号表明，也很难用概念将其固定下来，但却真切地存在着。这也是我们特别主张幼儿教师要用真诚的方式记录下每个令自己感觉真切的教育瞬间的原因。

幼儿教师是一个实践性很强的职业，必须要在生活和教学实践中形成经验性的教育哲学，才能指导自己的教育实践。对于他们而言，教育融于幼儿的一日生活的各个环节之中，这样的工作方式从某种意义上说，也是他们生活方式的一部分。

在我们对教师的访谈中也发现，拥有教育哲学观的教师不会只将目光停留于幼儿最基本的生活与学习方面，他们能站在价值与意义的角度去审视自己当前的活动对于幼儿的发展意义，也能以更加敏锐的目光发现幼儿身上的差异。就这样，幼儿教师的教育哲学观源于他们的教育实践，又最终回到了教育实践之中。

我们通过对我园教师的研究分析发现，他们的教育哲学观除了具有上述共性特征外，还有以下两个特性：

第一，幼儿教师的教育哲学观的形成存在着个体差异性。幼儿教师个人哲学观的形成是与教师具有的生活经验、社会背景、知识结构、素质能力、性情与兴趣等都密不可分的。在现实生活中，每位教师的经历各有差异，性情各不相同，对教学知识和哲学理论的认识也千差万别，这就造就了教师哲学观形成过程中的差异性。但在实践中我们发现，恰是这种差异性，带来了他们在教育上的丰富性与多样性，这种差异性也增进了幼儿教师之间的互相借鉴与学习，使幼儿教育的理论探讨与实践探索在实践场域愈发显得生动多元。

第二，幼儿教师的教育哲学观需根植于园所文化。只有园所将这种文化视为一种导向，并在管理过程中将这一认识贯穿于管理的各个环节，教师们才能将哲学观的形成和他们的日常生活交织在一起，才不至受到质疑与嘲讽。同时，这一共同的追求也使得他们之间的交流变得更加深刻，幼儿园的文化基因也因此变得更加稳定。

这里选取工作仅一年的曹云香老师和工作长达十四年之久的李文老师的两篇教育笔记。两位老师都在教育笔记中表达出了自己对教育的一种哲思。他们的教育笔记也清晰地体现出了幼儿教师教育哲学观的上述特征。

曹云香老师的教育笔记从教育立场出发，阐发了自己对具体教育情境背后的一种较为概括的认识与深度思考，对一些模糊的认识进行了分析式的描述与提炼，其中的大部分观点均来自自己在实践中对教育智慧的认识和理解；李文老师则从一件偶然发生的"小事"入手，展示了自己对儿童、教育的判断以及对突发教育现场的一种高超而准确的驾驭能力。

曹云香老师的教育笔记：与儿童对话也是与自己对话

李文老师的教育笔记：教师喝水需要排队吗？

第七章

幼儿教师
教育哲学观的生成

老师们一样，也不一样：一样的地方是他们都很漂亮和温柔，不一样的地方就是他们都有不一样的本领。（许子柠，女，四岁）

这里每个老师说话的方式都不同，但是爱我们的心是一样的。（杨又鸣，男，四岁半）

田巍老师 ◁　教育哲学观形成的自发阶段，是最开始工作期间的初步感知期，对工作有一个感性的认识，但存在许多空白。这一阶段更多的是学着班里教师做事情，更多的是观察，发现、记录儿童的美好真实的瞬间。尽管对教育有着自己的理解和信念，但都是模糊的。

曹云香老师 ◁　有的人天生能够与儿童共情，拥有慈悲心，并且拥有一颗宽厚的心；有的人可能遇到的关键事件少，内心缺乏力量，遇到的也同样是缺乏力量的人，所以她的"天赋"还没有被打开。幼儿教师的天赋是爱、是慈悲、是共情、是守护，也需要被等待……

罗希悦老师 ◁　不能言说的时候，就写下来，经过时间的沉淀和实践的积累，回头看，那些当时不好言说的思考和困惑，都会变成闪亮亮的教育智慧。

李洋老师 ◁　世界上唯一不会变化的就是变化本身，活在"果"的同时也要活在"因"里。教师教育哲学观的生成是阶段性的，每一个阶段的"果"可能就是下一阶段的"因"。

　　幼儿教师教育哲学观的生成过程，是一个由知到行再到真知、理论与实践相互碰撞的过程。知是行的前提与基础，行是知的检验与升华。①

　　对幼儿教师教育哲学观生成的阶段研究，借鉴了教师专业发展的阶段理论。福勒（F.Fuller）认为，教师专业成长须经关注自身、关注教学任务，最后是关注到学生的学习以及自身对学生的影响，这样的发展阶段是逐渐递进的；伯顿（Burden）提出，教师专业发展经历了生存阶段、适应阶段、成熟阶段；休伯曼（Huberman，M.）把教师职业生涯过程归纳为入职期（career entry）、稳定期（stabilization phase）、实验和重估期（experimentation and reassessment）、平静和保守期（serenity and conservatism）、退出教职期（disengagement）。② 可以看出，教师的专业成长表现出了阶段性的特征，而作为教师专业成长核心的教师教育哲学观的形成也表现出了特有的阶段样态。

　　幼儿教师教育哲学观的生成从时间上看具有延续性的特征，这一过程也是动态的、螺旋式上升的过程。它经历着产生、发展和成熟三个阶段，这个过程也是教师教育智慧孕育、闪现与生成的过程。在研究中我们发现，幼儿教师教育哲学观形成有一个纵向历程，可依据形成时间将其分为三个阶段：朴素的教育认识的自发阶段，形成结构化的教育观念的自觉阶段，之后是系统化的、个人化的教师教育哲学观的自由阶段。

第一节

幼儿教师哲学观形成的自发阶段——建立朴素的教育认识

　　幼儿教师教育哲学观形成的自发阶段，是一个由不知到知的过程。在这一阶段教师对教育还没有更多的理性认识，教育哲学观尚处于"自发"状态。

　　自发，在《现代汉语词典》中解释是：由自己产生，不受外力影响的；不自觉的。③它是人们未认识、未掌握客观规律时的一种状态。教育哲学观生成的自发状态是指幼儿教师在教育过程中，尚未掌握教育教学的客观规律，但偶尔会有一些教学智慧出现的一种状态。从教育哲学观的形成历程来看，这一阶段可以将其视为教育哲学观生成的起点。它通常带有模糊性、直觉性、现象性的特点。

----

① 赵书琪.教师个人教育哲学的生成研究——基于教师个人生活史的考察［D］.山东师范大学硕士学位论文，2017.
② 刘捷.专业化：挑战21世纪的教师［M］.北京：教育科学出版社，2002：127.
③ 中国社会科学院语言研究所词典编辑室.现代汉语词典［M］.北京：商务印书馆，2005：1806.

即使是刚入职的新教师，没有教育经验积累，也没有更多的实践性知识，但有可能因其自身因素，在教育教学过程中表现出某些"智慧"的行为，取得较好的教育效果。这时的教育智慧是一种偶发行为，但就是这些偶发行为，构成了教师教育哲学观的萌芽状态。这一阶段，往往表现为非理性因素占主导。这一阶段的教育智慧大多出现在刚入职的青年教师身上，表现为教师对职业的理想与热爱、对幼儿的关心和责任、对教育活动的探究和欣赏等方面。

这一阶段，教师的理性、实践智慧虽开始起步，更多依靠的是教师潜在的个人素质，但这些素质却是教师教育智慧生成所必需的。这一素质是否具备也成为他们日后能否拥有自己教育哲学观的一个分水岭。

我们的研究发现，教师的教育智慧与教师的教龄长短没有必然的相关性。一些老教师，即使有多年的教学经历，但若不善于思考，教育哲学观也无从萌发。一位新教师，如果其个人素质中拥有热爱生命、善于反思的特质，就有可能成为一名智慧型教师。这也是在考察与招聘教师时要特别看重的部分。

来花草园的第一年

记录者：李洋老师

喜欢上花草园，是因为这里独具创意且倾听孩子们的声音。走在园子里，扑面而来的都是爱与自由，我感受到每个人都在这里被尊重，每个人都被看见，每颗心都在努力蓬勃地跳动……

面试时遇到了胡老师。当时一圈人各自分享自己的故事，胡老师听完我的故事后，说了句，"我觉得你的气质和我们幼儿园挺符合的"，也是因为这样一句话，当时我收获到的是信心与归属感。我感觉，再坚持一下，就能加入花草园，和胡老师、和大家一起，为花草园付出热血与青春。

我留在了这里，班里的保育员何老师对我很照顾，她就像一位慈爱的长者，用"孩子"的方式照顾着我，她总是笑着，对我们如是，对孩子们更是。她的存在让我觉得，在这里，不只是园长闪闪发光，很多员工同样独具光芒。

想想是第一个走进我内心的孩子。之前，我每周二来这里实习一下午，有时候隔周也来不了，但是想想会表达"我记得你"。那一刻，对孩子没有预设的我，瞬间和孩子之间的那道门就打开了。后来，我也在这里陪伴他毕业了。到现在，我仍旧相信，做得好的地方，孩子们都会记在心里，我们不需要去告诉他们我们为他们做了什么，孩子们的灵魂是自由的，他们可以选择爱己所爱，恶己所恶。

这一年，我去了不同班级，经历了两个小班，一个中班，准确说加上实习，还要多一两次小班的经验。那时候，一切都很新鲜，所有的互动我都视为学习素材，从工作中获得快感，从创意中汲取灵感，从生活中挥洒热情。

当时的自己投身于环境创造中，做出了让自己心仪的绘本主题、班级主题、特色活动主题创设，也把一些小灵思投射于生活化课程中。

那个时候，第一篇关于鸡蛋主题的推送，是玉洁老师帮助我厘清线索。也因为玉洁老师的帮助，我学会了视频的录制与剪辑。在课程探索中，不断磨合精进，越来越相信自己选择了一条与自己性格相符合的人生之"道"。

后来，我和郭佳老师分在了一个班，和她一起，学会了断舍离的思考方式，也渐渐找到了自己工作中的感觉。

这位新教师入职仅一年，尚属于专业发展的萌芽期。但她对幼儿教师这份职业充满信念，遇到问题时，她会向身边有经验的教师学习。这位教师心中一直充满着对职业的诗性感受，这对她日后形成自己的教育哲学观是至关重要的。

在教育哲学观形成的自发阶段，教师的知识素养起着重要的作用。爱思考、关注哲学、喜欢探索都是宝贵的品质，它是教师个人教育哲学生成的根基，构成了教师教育实践的新起点。

在研究中，我们发现，教师教育哲学观的构建通常以他们开始意识到教育是诗性的、浪漫的、美好的、有意义为起点，这也是一个从不确定性中追寻确定性的过程。这一过程，教师大体需要经历三个阶段：关注教育中的诗意，发现教育的美好；对某一问题开始进行深度探寻与反思；逐渐形成自己的价值判断，并运用其指导自己的教育行为。

在教育实践过程中，他们也需要完成几次超越与改变。第一阶段，发现儿童，看到儿童，听到儿童，主动地和他们一起生活与游戏。第二阶段，在和儿童相处的过程中，看到关系中的自己。在关系中，完成内观，将自己、儿童与教育进行联结，完成深度思考。第三阶段，将一些认识内化成思想，将教育的直觉转化成为教育智慧。

这一阶段对幼儿教师成长的重要性不言而喻，幼儿园需要关注的是新教师的心路成长历程，而不是所谓专业技能的快速获取。

我们幼儿园一直鼓励新教师写教育随笔，把教育实践中新的思考随时记录下来。对于新教师而言，记录下自己的点滴思考不仅有利于自己的反思与整理，也能让自己时刻感受到自己那颗宝贵的"教育初心"。

一位新入职教师的教育随笔

第二节

幼儿教师哲学观形成的自觉阶段——形成教育智慧

幼儿教师教育智慧的形成是一个从自发的教育智慧再到自觉的教育智慧的过程。在这一过程中，教师对教育的理性认识通过感性的实践活动得以提升。在这个阶段，教师会努力寻找理论与实践的结合点，与幼儿、同事、课程等教育场域内的各种因素互动，重新理解与解释自己所学的理论，逐步形成结构化的个人教育认识与观念。在实施教育的过程中，教师可以不断修正自己头脑中已有的习惯与预设，使朴素的教育认识与观念实现结构化。

这个过程是幼儿教师不断反思、学习和行动的过程。他们对教育工作中面临的相关问题情境有了自己的理解，也逐步积累了一些处理真实情境的知识，能对不确定的教育境况做出本能与及时的反映，他们以一种非理论的教育方式对教育经验进行同化。这一阶段，教师开始对教育中的一些敏感事件有了自觉行动，能够"见机行事"，教育智慧就是在这样的过程中逐步形成的。

这一阶段通常是通过他们在实践中遇到"两难困境"（dilemma）来实现的。我们认为，就是教师们在对"两难困境"的反思中，才得以形成结构化的、自觉的教育智慧。

一、幼儿教师在"两难困境"中对教育智慧的探索

幼儿教师在日常的教育教学工作中常常会处在"两难困境"中，这需要他们不断作出决策。在这一阶段，教师首先需要从"两难困境"中寻找出自己的"两难空间"，并由此积累自己的实践智慧。

杜威说，知识是通过操作把一个困境改变成为一个解决了的情境的结果。[①]我们认为，实践性知识是教师教育智慧形成的重要基础，因此，如果幼儿教师知道如何在实践中应对两难困境，就能自觉地将实践性知识转化为教育智慧。

但是，实践知识往往表现出缄默性、动态性、情境性的特点，导致教师有时很难觉察自己的实践性知识，也缺乏主动将实践性知识转化为教育智慧的可能性。这就需要管理者能够意识到，教师遇到问题与困难的过程，也是他们成长的机会。如果这一过程中，他们得到了某种支持与帮助，就有机会完成个人专业的跨越式成长。

① ［美］约翰·杜威.确定性的寻求——关于知行关系的研究［M］.傅统先，译.上海：上海人民出版社，2005：188.

在研究中，我们发现，"两难困境"的提法也为我们寻找到了一条通向教师教育实践智慧的大门。"两难困境"视角既可描述幼儿教师实践智慧的外显通道，也可用于描述教师深入反思自己深层次教育行为形成教育智慧的心路历程。

二、"两难困境"中幼儿教师教育智慧形成的实践探析

在面对"两难困境"时，教师通常会经历"溯源—描摹—抽象—扩展"的路径。"两难困境"是指存在于一个真实的困境中的所发生的个人的一种主观感受。"两难困境"对于教师而言，也可以称之为个人职业生涯中的"关键事件"（critical incidents）。

下面，我们将从对这位教师的关键事件的访谈中，了解"两难困境"中的教师是如何反思自己的教育行为的。

在困境中成长

记录人：吴婷婷老师

2017年9月，我担任了小一班的主班教师。第一次尝试这个岗位的工作，第一次与家长建立"关系"，这些"第一次"带给了我许多挫败和困惑。

一次，班里一位男孩的妈妈告诉我，孩子只要一上幼儿园手背和手腕上就会起一些红疹子，医生初步判定是与幼儿园的洗手液有关系，可能是接触性过敏。孩子妈妈提出，能否自己带一块香皂来幼儿园。这和孩子的健康密切相关，我第一时间和保健室老师商量。为了更好地护理孩子，保健室建议家长带孩子去做过敏原测试。可没想到的是，在与孩子妈妈沟通这件事情的时候，对方生气了，质问我说："做测试与不做测试的结果都是放一块香皂在幼儿园，为什么要搞得那么复杂？"

面对家长的质问，我非常慌乱，甚至怀疑自己是否能够胜任这个岗位。胡老师的一句话让我印象特别深刻，她说："当问题出现的时候，要思考家长背后真正的需求是什么。"

反观这件事，孩子妈妈表达了她的诉求，提出了一些请求，但是我却没有敏感地觉察到，这两周孩子因为生病，这位妈妈带着孩子前前后后跑了好几趟医院，已经不想带着孩子再跑医院了。所以当我和孩子妈妈沟通要她带着孩子继续去医院时，这位妈妈有了情绪上的失控。如果当时我能够敏锐地觉察孩子妈妈情绪上的不安，用另一种更柔和的方式先抱持妈妈的情绪，再提出解决的方案，也许会有不一样的结果。

通过这件事，我开始反思"抱持力"的意义，抱持力抱持的不仅是孩子、身边的同事、身边的亲人，还可以是家长。看到现象，更要透过现象看本质。

从上述案例中可以看出，教师在遇到困难时，遵循着一定的步骤，具体而言，就是通过"溯源—描摹—抽象—扩展"四个步骤来思考问题。

三、"两难困境"下幼儿教师教育智慧形成结构化的路径分析

从"两难困境"的视角描述教师教育智慧的形成，应该对教师个人及教师所处的环

境有所了解。教师个人的生活史、职业发展史、幼儿园的文化环境都是我们理解教师面对"两难困境"时的重要背景资料。在上面的案例中，这一背景"溯源"的过程主要表现为其对所处的幼儿园环境和共同体学习文化的追溯。

在"描摹"阶段，主要回答"教师究竟遇到了什么样的两难困境？当时是如何思考和行动的？"这两个问题。在上述案例中，教师呈现了对家园合作的认识，并着重描摹了自己对与家长沟通中"抱持力"的感悟与思考，这为后续的教育哲学观的形成提供了重要的背景意义。

在"抽象"阶段，教师需要对细节进行提炼，并与理论进行对话。这一阶段，教师要从实际教学情境中挖掘出背后的意义与张力，并从思考与行动中提炼出具有结构性与概括性的智慧。在上述案例中，教师从"香皂"事件中，慢慢思考家长的需求，摸索家长工作中的"道"，即看到现象，更要透过现象看到本质，并将这样的智慧指导自己日后的教育行为，体现了其在自觉阶段智慧的形成。

如果我们从"两难空间"的视角出发，就会看出其中的冲突与张力正是构成教师教育智慧生成的动力所在。教师所处的"两难空间"的边界是不断变动的，空间边界的变动往往伴随着教师知识的生成与专业认同的变化。① 在案例中，教师通过和家长、教师学习共同体的对话，形成了他们自己对"家园合作"的个人认知与实践，而这样一种实践性知识正是在社会文化的环境与教师自我的成长动力中生成的。

综上所述，从"两难困境"的视角出发，依循"溯源—描摹—抽象—扩展"的过程，可以帮助我们有效地捕捉到教师教育智慧的生成过程，并对教师教育智慧的表征、类型、生成等一系列问题作出恰当的回答。②

舒尔曼（Shulman）曾经说过，"专业"的关键不是有确定的知识基础，而是具备处理实践场景中不确定性问题的能力。从这个意义上说，教师教育智慧生长在那些充满复杂性和不确定性的"两难困境"之中，并在教师的专业反思、专业行动和专业自我中彰显和确立着教师工作之为"专业"的合法性知识基础。③

在这一阶段，重要他人以其独特的教育风格与教育哲学对教师个体产生影响，继而引发教师主动形成自己朴素的、零散的教育观念。这种途径最主要的方式是通过幼儿园园长的指导和教师学习共同体的营造而形成的。因为园长是一个幼儿园发展的"天花板"，园长的价值观和教育观对幼儿教师的教育哲学观形成有着潜移默化的作用；除此之外，幼儿教师之间形成的专业学习共同体也会对其教育哲学观的形成起到辅助作用。这两种途径都是幼儿教师学习他人经验形成朴素的教育认识的途径。

①② 魏戈，陈向明.如何捕捉教师的实践性知识——"两难空间"中的路径探索与实践论证〔J〕.教育科学研究，2017（02）：82—88.

③ Shulman, L. Where design and surprise collide: signature ped-agogies of the profession〔R〕. Public Presentation on the DaxiaForum. Shanghai: East China Normal University, 2013: 11—13.

第三节
幼儿教师哲学观形成的自由阶段
——生成个性化的教育哲学观

在经历了前两个阶段后，教师在教育实践中积累了丰富的感性认识，重新从教育理论学习中获得新的理性知识，并由此形成了自己对教育中各种范畴的基本看法。教师们开始了"对观念的观念""对认识的认识"再确定的过程。这是一个由行到真知的过程，要求教师以一种冷静客观的旁观者视角审视自身的教育行为。

这一阶段是教师教育智慧生成的自由阶段。自由在《现代汉语大词典》中被解释为，把人认识事物发展的规律性，自觉地运用到实践中去，核心是自主，免于强迫，按照自己的意愿和计划去做事的一种状态。①

教育智慧生成的自由状态是教师在教学中完成了理性因素与非理性因素的有机融合，掌握了教育教学的规律，准确把握了教育智慧及生成特点，开始具有了较强的认知思维能力，形成了自己独特的教育观和教育信仰。每个教师都可以表现出独特的教学风格，构建自己的教学模式，这个阶段，教师具有高水平的教育机智，表现出了个性化的教育智慧。

教育智慧生成的自由状态也是教师不断追求的一种理想生活方式，教师与儿童之间相互融合，互为主体，教师对幼儿教育事业有了坚定的信仰，并且具有了一定的使命感。这种自由状态的教育智慧与其说是一种状态，不如说是一种境界。正如多米尼克·贾尼科（Dominique Janicaud）所说，"仔细思考智慧的内涵，就会发现它是一种让人追求而非拥有的东西"。② 这是一种积极、乐观、向上、创新、幸福、愉悦的生命状态，也是个人追求真善美的至高境界。

十四年，我与花草园共成长

记录人：张焱老师

我今年37岁，这37年的前一半在我的故乡呼和浩特度过，后一半在北京度过。在北京的18年，除了上学，15年都和花草园在一起，可以说，花草园是我不可割舍的情感，从青涩到渐渐成熟，它见证了我的每一步。如今，这个像家一样的地方，她满16岁了，

---

① 中国社会科学院语言研究所词典编辑室.现代汉语词典［M］.北京：商务印书馆，2005：1809.
② ［法］多米尼克·贾尼科.父亲的最后30堂哲学课［M］.张宪润，译.长沙：湖南科学技术出版社，2010：110.

真的像做梦一样，花草园的16年，于我来说，每一年都是重要的，每一年都是不可或缺的。

能来到花草园，也因为机缘巧合。那时候刚刚毕业参加工作，先去了一个幼儿园实习，后来就顺理成章地留下来工作。那里的老师都是工作了几十年的老教师，都有很多年的工作经验。刚去的时候，我的工作热情很高，不管是组织活动还是布置环境，都想要大展身手，可是每次想要尝试的时候，因为我是新手教师，经验不多，班里的老师不是特别地信任我。几次之后，就特别挫败。半年后我当上了班长，赶上园里评级，每天重复着抓常规、做环境的工作，也因此倍感困顿。就是那时候，下定决心要换一个环境。在大学同学周冉的引荐下，毅然决然地辞职，然后回到了母校的附属幼儿园，这一干，就是15年。

这些年在幼儿园经历了很多的第一次。第一次送走从小带大的毕业班的不舍、第一次站在台上当主持人的紧张、第一次经历孩子在园受伤的安全事故的害怕、第一次给家长开"家长学校"讲座的忐忑、第一次出差的兴奋、第一次获奖的激动、第一次接触心灵课程的震撼、第一次看自己的文字被印成铅字的喜悦……太多数不清的第一次，都有花草园的亲眼见证。而我也在不知不觉中，在花草园文化影响下被从里到外地浸染了全部。很多家长都曾经说过，花草园的老师都是有特殊气质的，这份气质并不是一来就有的，而是长期在这里工作，被园所文化、管理制度、人文环境等众多因素逐渐影响的。直到现在，看到幼儿园的后起之秀们，在这里奋斗、在这里蜕变、在这里发现最真实和美好的自己，从她们的身上，我也看到了自己年轻的样子，每次想到这里，嘴角也会不自然地上扬，然后露出一副过来人老姐姐的模样。

现在，花草园已经成为所有人心中最美好的花草园，她被越来越多的人认识，有越来越多的孩子们在这里接受最好的学前教育，有越来越多的伙伴加入到这里的教师行列中，在业内有越来越多的荣誉和影响力。但我始终觉得，这里，一直在变，却也一直未变，在我的心里，还是15年前，我拿着行李刚刚踏进来的样子，阳光温暖、岁月静好，每个人的脸上，都洋溢着爱和自由的样子。

可以看到，教师在经过了第一阶段建立朴素的教育认识和第二阶段形成教育智慧之后，会渐渐形成自己个性化的教育哲学观。

特别值得注意的是，这个过程中，反思作为哲学的重要思维方式发挥着重要的作用，即对已有现象与问题进行"自明性"的诘问，将自己从习惯中剥离出来，将经验视为客观存在加以解剖分析都是教师教育智慧形成的重要方式。成为反思型的实践者，教师们才能对自己已有的观念进行冷静分析，之后完成反思和批判，形成自己的教育哲学观。

总之，幼儿教师教育哲学虽然开始于教育感性活动，但又不停留在教育经验之上。是个人对已有教育观念的反思和重构，也是教师在新的情境中，根据新信息的刺激或教育实践的反馈不断调整已有认知结构的过程。

幼儿教师教育哲学观的研究进路

老师们有很多好"点子"，他们总是在思考……他们的脑袋里好像有一个开关，一碰就有办法出来。（郑恩硕，男，五岁半）

老师会一直学习，园长妈妈还会给他们开会，李文老师还说他们总是会把自己想到的东西写下来，害怕自己忘记了。（魏楚潼，女，六岁）

甄珍老师◁　刚开始工作时想把"理论逻辑"当作钥匙，觉得可以解决实际工作中的所有问题。有的时候的确解决了问题，但也发现当我用理论来解决问题的时候，并没有真正走进孩子的内心。"没有一个方法适合所有孩子"，这个道理也是在实践中才逐渐意识到的……

张蕾老师◁　我觉得构建自己实践经验的关键是"反思"。理论来自书本，唾手可得，但是却不能直接转化为行动力；而实践来自生活，如果不加以思考，就会停留在过去，面对理论知识也如同看天书。每周我们书写的教育笔记，就是将实践通过思考转化为实践逻辑的方式。而事实证明，思考让我们越来越专业，越来越有自信。

李文老师◁　教育情境是鲜活、流动的，任何时候都不要期待用一套设计好的想法去面对孩子们，跟随当下孩子们的状态而动，才会体会到教育的美好瞬间，"实践逻辑"和实践智慧才会慢慢形成。

阎玉新老师◁　在我们的生活化课程中，教师的经验也是课程的组成部分。我们会将个人经历、知识水准、哲学观等，有意或无意地投射在课程活动中。这些感受就是通过教师还原教育场景，在"自传"中通过自我反思，自我认识来表达的。

我们采用了叙事研究的进路，在抽象的理论之外，更加关注幼儿教师日常的教学和生活。以自传和生活史研究为进路，了解幼儿教师教育哲学观的构成、特点以及规律。采用这种研究进路的目的在于，以一种更加直接的、交互的、生活的态度走近教育的核心问题。

在研究中，我们发现，以自传和生活史研究为进路，可以"回到教育本身"，即回到教育发生的现场，以更加直观的方式和真实的态度去"看"、去"听"、去"感受"，这时，教育不再是空洞的理论、抽象的概念，而是实践的、正在发生的、鲜活的、生动的过程。教育哲学观的实践品格和教育哲学观的理性品格共同地决定了幼儿教师必须对他所处的"生活世界"有所察觉，也需要开始重新理解真实教育场域中的各种对话关系。

第一节

幼儿教师"自传"以及生活史的研究启示

这里的自传概念不同于文学概念里的自传体。这里所说的"自传"采用了索伦·克尔凯郭尔（Soren Aabye Kierkegaard）这位现代存在主义哲学的创始人、现代人本心理学先驱的一个观点。他认为，自传是指"自言自语"，是人与自己的对话。人正是在与自己对话的过程中形成了一定的"自我意识"并获得了某种"自信感"。教育的实质是一种影响、引导、支持和激励，并由此而使教育者朝着某种方向发展、成长的活动。自传则可以记载这种展开、成长的具体发生史。我们认为，幼儿教师讲述个人成长故事是其获得教育哲学观的重要方式。

一、幼儿教师"自传"以及生活史的特性

这些故事的讲述通常具有一些特性，比如，作者（自传的主体）在记录的过程中会发现，一些事件事后看具有当时不曾预料到的结果。另一些事件则是作者在写作之际思考它们时，才能显示出意义。一般情况下，自传作者并不打算描写一个自己已经知道的自我，而是想去探索另一个自我。这个自我尽管常常会有所变化，却从一开始就与作者的内在相连，是作者内心等待着的一次次自我发现。这一过程也是将现在的"我"与过去的"我"联系在一起的过程，写作者通过文字与讲述故事将自己对自我的认识汇聚起来，重新形成一个关于自我的认识。

应该说，"自传"的写作过程就是一个自我思考的过程。表面上看，自传不过是"讲述自己的故事"。可是"讲述自己故事"的主要的目的并不在于炫耀自己或给别人留下什么经验教训。幼儿教师在"讲述自己的故事"的当下，就发生着"自我反思"与"自我唤醒"。大部分幼儿教师往往以机械重复的方式展开自己的教育日常生活，对于那些长久地沉沦于日常生活的幼儿教师来说，"说出自己的故事"就有可能激发"自我反思"与"自我唤醒"的教育效应。① 如果幼儿教师的潜意识从未被自己挖掘和看到，也从未有机会进行表达，他就永远不可能形成真正的哲学观。幼儿教师每一次的写作其实都是一次对自己精神世界深度的探寻。

二、幼儿教师"自传"以及生活史的价值

正因为"自传"具有这样的效应，幼儿教师撰写教育自传，也为幼儿教师的"自我反思"和"专业成长"提供了一种启动装置。有不少的研究者也鼓励幼儿教师以"讲述自己的故事"的方式来建构自己个人化教育理论及教育信念。这些年来，我们一直鼓励幼儿教师每天或每周撰写至少一篇教育笔记，这也是一种教育自传形式的随笔，记录的往往是教师个人的教育思考以及现象之后的反思。他们就是在这样的过程中，完成了对自我的认识，实现了某种自我认同。这种"自传"也为我们理解教师教育智慧与教育哲学观提供了第一手材料。

教师书写自传的另一个价值在于，它能使教师的个人化实践知识在个人生活的述说中不知不觉地显现出来。自传的魅力还在于，它帮助教师暂时放弃了一些理性思考，不再拘泥于逻辑推理，而是将自己的经历用更加感性的方式带入个人生活的思考之中，在叙述中领会属于自己的"个人知识"。

"自传"也可帮助教师从容自如地讲述自己的"个人生活史"以及发生在其中的种种事件。教师一旦开启了这一按钮，就无须强迫自己使用公共语言或专业概念强硬地"提升"自己的个人知识，他们将凭借着个人生活故事的展开自由地进入真实的生活世界。这一过程也将成为触动个人反思的重要按钮，教师真实的自我在这一过程中悄然出现。

三、幼儿教师"自传"以及生活史的书写

无论是作为研究者，还是管理者，我们非常珍视幼儿教师个人生活史的价值。我们在选择教师的时候，会特别了解他们的生活经历与求学过程。因为教师所讲述的"个人生活史"也是教师的"个人知识"的背景和边缘。当他们进入工作场域之后，我们则主张他们用教育笔记的方式记录下自己的思考。这些思考也将成为他们个人生活史的重要部分。

---

① 刘良华 . 教师如何做教育叙事研究［J］. 中国教师，2009（17）：13—17.

与教师进行对话

曹云香老师 从来到花草园实习开始，写教育笔记已经成了每周必做的事情。在和孩子们相处的过程中，总会有很多的思考或者暖意流过的美好瞬间，可以通过教育笔记的书写把这些美好都记录下来，而且可以把"缄默知识"变为显性知识，也可以加深思考的深度。如果把每周的教育笔记串联起来，稍加整合，就可以成为一本自己的教育"自传"。

王彩霞老师 写教育笔记的过程是一个整理自我、归纳自我、反思自我、探索另一个自我的过程。教育笔记的书写因为需要文字，更偏向于理性逻辑，这恰好是对感性的整理与提升。

王海霞老师 教育笔记其实就是对教育实践的反思。它是教师还原教育场景后更加理性的思考，还能让教师在回顾和反思中发现更多的细节，捕捉到更多的情感流动，也能让教师从困境中脱离出来，不陷入反复的纠结当中。很多时候，写完一篇高质量的教育笔记，我会有一种神清气爽的感觉。

李美杰老师 教育笔记可以记录孩子灵动、鲜活的瞬间，然后在一次次的记录中加深自己对某种事件的深刻思考和反思。所以，写教育笔记在一定程度上是对自我的某种认同，可以从中获得"自信感"。

田巍老师 对我来说，写教育笔记的过程就是：

1. 适时停下来、等一等、想一想，换一个视角来审视自己的工作，和自己完成一次对话。提醒和帮助自己反观自己的教育实践过程，试着找到一点属于自己的实践性知识，让自己的教育智慧和生活智慧变得可视。

2. 记录那些生活中的美好和值得感恩的事情，是一种回忆，也是一种自我激励。

罗希悦老师 如果我的写作是松弛的，无须为了完成目标或者应付领导而写，而是回归到自己最真实的状态中，情感和困扰都得到最大限度的接纳时，才能借由记录由内而外地完成自己的思考。

加拿大学者康纳利和克兰迪宁则把自传作为教育叙事中撰写现场文本的一个重要方式。他们将个人自传作为探察教师个人实践知识的一个重要途径。当我们将研究的目光转移到教师的"个人知识"的背景和边缘时，教师的"个人知识"就会在教师的"个人生活史"的某些事件中弹跳出来，使那些隐匿在教师内心深处的"个人知识"间接地、曲折地"折射"出来。

在本书的最后一章，我们研究的八位教师对自己的个人生活史进行了描述，我们也可从中看出教师的专业成长是如何通过其个人生活史"弹跳"出来的，上述的诸多思考也来自此处……关于教师教育笔记书写背后的一些思考，可扫码阅读"其实，每个教师都能成为'教育家'"。

其实，每个教师都能成为"教育家"

第二节
幼儿教师实践积累与反思的三个省思

实践是教育的土壤，也是幼儿教师教育智慧产生的活水源泉。智慧源自实践，任何教师的成长都离不开实践的锤炼。范梅南指出："智慧和机智是我们通过教学的实践——不仅仅是教学本身所获得的。通过过去的经验，结合对这些经验的反思，我们得以体现机智。"① 真正的智慧来自实践，真正高水平的理论成果也都来自实践。真正的教育家、教育大师都是从教育实践中成长起来的。真正称得上教育家的，没有哪一个是缺少教育实践的。同样，教师对教育、教学和教育对象的各种看法和主张，教师所接受的各种理论和学说，只有在与实践的结合中，特别是在实践的反思中才能转化为自己的思想。

对幼儿教师实践智慧的省思，首先应明确两个基本问题：第一，幼儿教师实践智慧是先天素质还是后天努力的结果？第二，幼儿教师的实践智慧是否可教可学？

一、幼儿教师实践智慧是先天的还是后天的

教育智慧"只可意会"的特点为其披上了一层神秘外衣。我们不否认天才的存在，不仅在教育领域，每个行业都是如此。有些人似乎就是为从事某种职业而生的，但我们同时也要相信，在每一行业中，所谓的天才毕竟只是少数。我们的教育也不可能只依赖于那些少数的"天才"。陶行知曾指出："好的教师有生成（天生）的，有学成的。生成的好教师如同凤毛麟角，不可多得，恐怕一百万位乡村教师当中，九十九万九千九百位是要用特殊的训练把他们培养成功的。"② 大部分优秀教师之所以优秀，都是后天努力的结果。我们的研究也表明，教师的实践智慧是可以培养的。

当然，我们承认，教育智慧的形成主要依赖于后天的学习，但也不能完全否认先天素质在实践智慧中所起的作用。教师个体所具备的一些先天素质（如智力、敏感性、耐心、能力倾向，等等）是发展教师实践智慧的基础，是教师实践智慧生长的必要条件，离开这些关键的素质，教师实践智慧的生长无从谈起。可以说，教师的先天素质制约着其实践智慧的发展水平和质量。应该说，教师实践智慧是先天素质和后天努力的共同产物。

① ［加］马克斯·范梅南.教学机智——教育智慧的意蕴［M］.李树英，译.北京：教育科学出版社，2001：274.
② 陶行知.陶行知全集（第1卷）：试验乡村师范学校答客问［M］.方明主编.成都：四川教育出版社，2005：104.

二、幼儿教师的实践智慧是否可教可学

亚里士多德把一般的知识称为"episteme"（类似于我们今天所说的科学知识）。通常意义上我们将这种知识称为"理性知识"（rational knowledge 或 conceptual knowledge）。一个优秀的教师必须具备大量的这类知识，这类知识的一个显著特点就是"可以通过言说的方式进行传递"。例如，备课、说课、组织教学等基本技能技巧，通常有基本的操作规范和要求，可以采用具体的、有针对性的策略、手段和方法，甚至是程序，让学习者在短时间内有所提高，直至符合基本的要求。① 换言之，理论知识、技能技巧通常是可教可学的，而且其学习的结果通常也是可观察、可检验、可评判的。

但在实践过程中，教师的实践智慧却是这些规范化、可检验化背后的内里部分的呈现，这些知识不仅难以被告知，更难以进行直接的传授。那么，实践智慧从哪里来？学者们认为，实践智慧只能从个体内心深处生发出来。言下之意，教师实践智慧的生长主要依赖于个体自身的"悟"，但这种"悟"也并不意味着个体的苦思冥想，别人的经验同样可以促进其实践智慧的生长。教师获得实践智慧的最主要的方式就是通过直接经验与反思，所谓"在教学中学会教学"就是这个意思。同时，教师也可以通过阅读文献、听课、拜师、同伴互助等方式获得间接经验，这些间接经验可以给教师的实践提供很大的启发，他们通过实践对这些间接经验进行检验，最终也可以内化为自己的实践智慧。从这个意义上来说，教师实践智慧又是"可教可学"的。②

三、幼儿教师实践逻辑与理论逻辑之间的关系

在研究过程中，我们曾经向教师们提出过这样一个问题：在实施教育的过程中，你更容易相信自己，还是更容易相信权威？这个问题对他们而言似乎并不那么好回答，这也是实践工作者的困境。一方面他们有自己相信的东西，但似乎又不那么确定；另一方面，他们也很容易崇尚理论。因为理论在一定意义上是理性的产物。

崇尚理性，是信奉技术和理性能够带来统一的标准，这本质上是工业化时代的产物。渴望秩序，渴望标准，希望通过理性获得相对的明晰与稳定。当在实践中遇到困难的时候，大部分人难以向内寻求智慧，而是习惯性地依赖现成的技术与理性。但教育过程并不是依照理论而设计的教育场景，它有自己的"实践逻辑"。在这里，我们需要追溯一下实践逻辑的概念以及它对中国教育的影响。1980 年，法国学者皮埃尔·布迪厄（Pierre Bourdien）出版了《实践感》一书，提出了"实践逻辑"概念，2003 年，此书的中译本在中国出版，开始对中国的教育领域产生影响。2006 年，石中英教授受布迪厄观点的启示，较深入地研究与探讨了教育实践中的逻辑，推动了教育领域对教育实践更深入的探讨。

只有探明教育实践的内在逻辑，才算是走进了教育实践的内部。"实践逻辑"是在

①② 赵正新.教师实践智慧的来源与生长探析——基于职前职后一体化的视角［D］.上海师范大学博士学位论文，2015.

情境中发生的逻辑。它随情境自然生长，并以情境本身为发展线索。"实践逻辑"是实践自然的生长。它是教育存在的演绎，人很容易在此存在中领悟活动的意义。① 教育实践是一项复杂的活动，没有人能够保证自己每一步走的路都是笔直的、正确的。生活中，虽然我们没有时刻考虑下一步怎么走，但我们也没有让自己的行走变得漫无目的。② 儿童的学习与游戏更是如此，回想童年，游戏前并没有设想自己应该如何获得发展，但每个人都沉浸其中，乐此不疲，也没有变成毫无规则的胡闹。

我们认为，幼儿教师的"实践逻辑"才是教育智慧的源泉。教师也好，儿童也好，在实践中多数时刻是忘记教育目标的，这是实践的本然。教育实践不可能以教育目标为行动的直接依据：每一步教学行动都可以事先确定或每一步教学行动都想要达到目标，这在自然的教育实践中是不可能发生的。理论逻辑不能代替实践逻辑，否则，我们就会犯"理论谬误"。所以，教育发生不可能完全按照对教育解释、设计的理论逻辑（例如教育目标）去做。③ 如果我们完全按照理论的标准和要求工作，甚至无时无刻不考虑目标，就如同"邯郸学步"，变得不会走路。

在实践中，"实践逻辑"和"理论逻辑"区别还在于"运用"方式的不同。"理论逻辑"通常需要我们不断地叠加，就像穿衣服，需要一件一件地穿上它，越穿越厚，感觉自己拥有了铠甲，但是如果脱离了实践又会变得混沌茫然；而"实践逻辑"则像脱衣服，一层层地剥离，在抽丝剥茧中逐渐接近真相。

"理论逻辑"需要更多地借助大脑的学习，而"实践逻辑"则需要用心灵去探索。"理论逻辑"如果被强制执行，很容易变成一种模仿式的操练或舞台式的表演，参与其中的人很难生发出实践本身所固有的意义。④

一个拥有"实践逻辑"的教师，很多时候是意识不到教育理论的存在的。但教育理论一定在另外的地方，用自己的方式默默地影响着教育的发生……

不要过于迷恋"理论逻辑"，因为教育智慧就藏在你的"实践逻辑"里

①②③④ 王卫华.论教育发生的非对象性〔J〕.湖南师范大学教育科学学报，2019，18（04）：81—87.

第三节

幼儿教师实践智慧的来源

经验积累和实践反思是教师实践智慧的最主要来源。实践的过程是实现知识个性化理解的过程。所谓"纸上得来终觉浅，绝知此事要躬行"。书本的知识（理论）毕竟是抽象的、晦涩的、外在的。只有在实践中，才能深刻体会知识的价值，加深对知识的理解，甚至从自己的角度重新审视知识，实现对知识的个性化理解。实践的过程也是丰富知识、发展能力的过程。在反思性实践中，专业人员在运用专业知识的过程中也丰富和创造了专业知识。①

一、经验的积累和反思

在我们日常语境中，经验有两种理解：一种作名词性理解，强调结果，是指"由实践得来的知识或技能"，如"总结经验""学习经验"；另一种是作动词性理解，关注的是过程，指"经历""体验"。杜威认为："经验包含一个主动的因素和一个被动的因素，这两个因素以特有的形式结合着。只有注意到这一点，才能了解经验的性质。"② 其中，主动方面的经验是"尝试"，被动方面的经验就是"承受的结果"。在《确定性的寻求》一书中，杜威把主动方面的经验称为"实验性的经验"，它涉及的是一种指导和控制下的变化；而把被动方面的经验称为"经验性的经验"，它涉及的是未加控制的变化。③

杜威强调应从这两个方面完整地理解经验。他认为单纯的活动，没有任何生长的积累，并不构成真正的经验。作为尝试的经验必须有变化，而且这种变化是"有意识地和变化所产生的一系列结果联系起来"。④ 他认为，要识别所尝试的事和所发生的结果之间的关系，就要依赖反思。没有反思，就不可能产生有意义的经验。日常语境的理解和杜威的观点既有相似之处，也存在明显的区别。两者的相似之处在于都看到经验的两层含义。区别在于前者把两种"经验"进行区分，突出各自的独立性，而后者则强调经验的整体性，突出它们之间的联系；前者的"经验"既包括直接经验，也包括间接经验，而后者主要关注的是直接经验。⑤这里所指的经验主要是指直接经验。

---

① 〔美〕托马斯·J.萨乔万尼.校长学：一种反思性实践观〔M〕.张虹，译.上海：上海教育出版社，2004：51.
② 〔美〕约翰·杜威.民主主义与教育〔M〕.王承绪，译.北京：人民教育出版社，2001：153.
③ 〔美〕约翰·杜威.确定性的寻求——关于知行关系的研究〔M〕.傅统宪，译.上海：上海人民出版社，2004：78.
④⑤ 赵正新.教师实践智慧的来源与生长探析——基于职前职后一体化的视角〔D〕.上海师范大学博士学位论文，2015.

专业人员的实践也被称为"反思性实践"，优秀的教师总是能够根据具体的情况不断调整自己的行动以实现教育目标。这种反思性实践使他们能把工作完成得越来越好。反思的过程也是理论指导实践的过程，这一过程有助于通过实践完善理论，实现理论和实践相互建构。

二、知识的影响

知识从来不是单一的，我们需要建立起一个更宽泛的对知识的看法。现在，我们太多地依赖于思维和大脑的知识，这种知识经常会让我们陷入到一种自我矛盾与否定之中。因为这类知识的丰富与更新速度实在太快了，心灵的知识是教师应该拥有的重要知识。共情的能力与感知当下的能力会帮助教师获得心灵的知识；实践的知识整合了大脑知识和心灵知识，是当下的一种实践性的判断和认识。因此，实践性知识是影响我们生活质量的最重要的知识。专业化成长就是要找到属于自己的心灵之路，最终呈现出实践性知识。

知识也为实践提供了理论的支持。专业工作者不仅需要经验和技术，更需要理论的支持。专业人员的工作是知识和经验的结合，是对理论的创造性运用和探索。我们的研究也发现，越是优秀的教师，越是注重知识的积累与学习。因为，随着学科知识和理论知识的不断增加，就越能把握事物的本质，也就能更深刻地理解"教什么"是最重要的。

在做新教师访谈的时候，我们发现，他们总感觉所学的理论知识在实践中并没有发挥应有的作用。事实上，任何行业的知识大多不具有"即插即用"的功能，但它们和个体拥有的其他知识一起构成了强大的认知背景。其前提是个体能对这些知识真正地认同、内化，并整合为自己的一部分。此时，这些知识会以一种不为所知的方式渗透于个体的实践之中，对个体的思想和行为产生影响。①

作为一个具有实践智慧的教师，其任何正确之举，都一定是符合教育的基本规律的。而那些无法实现理论知识的个性化的教师，其专业发展也是不顺利的。

总而言之，知识学习对实践主体的素质、品德、价值观等产生的影响是不可替代的。通常情况下，一个人的经验知识或理论知识越丰富，其理解或解释外部事物的能力也就越强，这种解释也越合理，更合乎事物的规律性。② 因此，我们可以说知识具有高于和超越我们所设计的"工具"价值，知识可以作为背景，同时可以作为工具，它的价值可以是解释性的，也可以是工具性的。尽管教师教育的趋势正由传统的"知识学习"为主转向以"经验学习"为主，但知识学习的重要性仍是无法忽视和替代的。

三、反思的作用

教师的反思性对话是个人隐性知识的明朗化过程。应该说，经验积累和知识的获得

---

① 阿吉里斯等人认为，在实践活动中，即便是应用性很强的程序性知识，要有效地作用于实践也需要有内化的过程，程序性知识只有转化为默会知识，我们才能在特定的时间做出适当的反应，而无须考虑程序本身。
② 赵正新.教师实践智慧的来源与生长探析——基于职前职后一体化的视角〔D〕.上海师范大学博士学位论文，2015.

都离不开教师的反思。因为教师的实践性知识很大程度上是不能以语言的方式加以传递和陈述的，它的构成大多是一种"缄默知识"。"缄默知识"的形成有赖于实践情境和个人反思。而只有通过反思，才能让缄默知识转化为显性知识。这一过程，依赖于教师个人的反思，它是使教师行为由经验上升为理论，由自发走向自觉的一条重要途径。

在实践中，我们发现，一个具有哲学思考的教师才能在教学过程中做出很好的反思，而反思是教师课程决策的基础。从这个意义上来讲，教师的哲学观是指导人的改变，而不是物的改变；是创造完整的生命的教育，而不是创造仅作为人的工具的知识、思维和技术。

幼儿教师的反思需要在特定的教育情境中完成。这一教育情境既有历史的脉络，充满着幼儿教师与幼儿过去经验的意义，是他们过去经验史的丰富与延伸，但又要靠教师当下的创造性处理，这一处理不自觉地总是其个人生活经验、生活感觉、价值观的投射。可见，幼儿教师的教育哲学观是决定其反思能力与教育行为的关键因素。

第九章

幼儿教师教育哲学观形成的因素及提升策略

在班级里，老师们也有自己的书架，有很多他们的书。（孟卓辰，男，四岁半）

我觉得老师们的好办法是从"喜欢"中来，因为喜欢小朋友，所以就有好办法。（李尚轩，男，五岁半）

罗希悦老师 ◁　跳出惯性思维的框架，进入反思性思维中，在表达、思考、自我剖析之中，我们是被接纳的、被倾听的、被抱持的，反思的过程本身无关对与错，而是针对问题本质的一场探寻。

赵莉莉老师 ◁　在花草园做老师，不仅仅是一份工作，一个谋生的手段，更是让我产生改变的契机，也是我疗愈自己的场所。在这里学习内观自己，学习直面自己人格的缺陷，学习去疗愈伤疤，学习爱与被爱，学习更加"哲学"地看待这个世界。我不仅仅是被孩子们影响着，更是被这个教育共同体，被身边优秀教师们的教育信念和教育热情感染着。

阎玉新老师 ◁　在生活中，矛盾无处不在，但是怎样解决矛盾，主动权在自己的手中。当外部系统不能更好地支持内部系统的发展，可以叩问自己，自己想要的是什么？想成为什么样的老师……

王彩霞老师 ◁　在教育的世界里，能深深地感觉到，哲学并不只是向外求索，更是向内沉淀。专心沉淀"教育生活的美"，会发现，哲学是追求美的一种姿态，一条通路，它帮助我们心无杂念，唤醒觉知……

李文老师 ◁　哲学思考不一定都有答案，但思考本身就是一种自己和周围世界建立联结的过程。在教育的世界里，我们不断思考，不断和教育建立更广、更深的联结，不断追求着一种教育的佳境。

讨论、分析幼儿教师教育哲学观形成的因素，不仅可以更加深入地了解幼儿教师教育哲学观形成的规律与特点，对提升幼儿教师专业发展水平和职业幸福感也具有重要意义。

幼儿教师的教育哲学观是在复杂性、情境性与变化性的教育实践场域中生成的。因此，幼儿教师教育哲学观的生成也处于一个多层次、多维度的复杂系统之中。我们认为，影响幼儿教师教育哲学观的因素是复杂多样的，且各种因素交互作用。但我们将这些因素分为内部系统与外部系统两大部分，两个系统协同作用，共同影响着教师教育哲学观的形成。

我们的研究表明，影响幼儿教师教育哲学观形成的内部系统主要包括教师的个人素质、生活经历、能力与专业素养等；外部系统则是指其社会支持系统，特别是其工作所在幼儿园的文化引领与互动方式对其哲学观形成有着重要影响。而幼儿园的组织文化与园所环境是幼儿教师教育哲学观形成的最重要的外部影响因素。

第一节
来自内部系统的影响

在幼儿教师教育哲学观的形成过程中，教师个人的主体因素是主要的影响因素。教师的生活史、个人素质以及面临"两难困境"时的反思方式等都是幼儿教师教育哲学观生成中的重要因素，而教育理念、教育实践知识和教育实践能力则是内部系统中的专业品质。这两个方面共同构成了幼儿教师教育哲学观形成的内部要素系统。

一、教师的个人生活史

美国教育学家派纳指出："所有的经验都是世界特征和个人传记的产物，过去与现在交互作用对我们的经验产生影响。"[①] 布迪厄认为，惯习是一个人基于其生活阅历所形成的独特的性情倾向系统，而教师的"惯习"正是伴随着其个人的成长和生活历程潜移默化形成的。

我们的研究也发现，幼儿教师个人教育哲学观的形成与他们的学习经历、教学经历密切相关，也在很大程度上决定了他们对自己所从事的教育活动以及教育本质等问题的

---

① ［美］威廉·F.派纳等.理解课程［M］.张华，译.北京：教育科学出版社，2003：537.

看法和认识。但这些认识却通常以一种无意识的经验形态支配着教师的思想和行为。

对教师个人生活史进行分析，为幼儿教师教育哲学观的研究提供了一种新的方法和视角。教师个人生活史虽是教师个体生活与受教育的历史，但它却不是孤立的、零星的个人记忆，而是在一定的社会、文化和历史情境里，教师对其生活和教育中所发生的事件和经历的一种选择性记忆与认识。对教师个人生活史的研究不仅可以展现与了解教师成长经历中的个人认知，也可以通过个人生活史的分析，了解与捕捉教师专业生活中某些重要的信息。因为教师过去生活中所发生的事情，会发展成为日后支配教师思考与行动的一部"影响史"，它对教师后续的经验选择与重组具有重要作用。基于上述思考，我们对幼儿教师教育哲学观影响的内部因素的讨论是基于幼儿教师个人的成长，从生活史的视角，分析、呈现其教育哲学观生成的基础。

教师个人的生活史处在一定的时间和空间中。个人的生活总是在一定的时间维度之中，是在一定时间内进行的生命活动，因而是可以通过时间来衡量和刻画的。我们对幼儿教师生活史的描述也总是着眼于时间过程中具体的生活事件和生活经历。

在本书的最后一章，我们将用很大的篇幅呈现研究个案中八位教师的个人生活史。从中可以发现，幼儿教师教育哲学观的形成正是伴随着其个人的成长经历与生活历程，在潜移默化中逐步形成的。

二、教师个人情感与教育信念

幼儿教师这个职业需要充沛的感情，这不仅仅是由教育对象的特点所决定的，也因为这个职业教育信念的形成通常和教师个人的情感紧密相连。一位教师曾经这样说："我的工作从来不是我谋生的手段，而是一种喜爱，一种信仰，因为我愿意和孩子一起过上一种创造性的生活。"从我们的研究中也能发现，具有教育哲学观的教师不仅情感丰沛，还具有强烈的个人发展的主动意识和动力。能够抵达远方的，从来不是一个人的能力而是使命感。当教师秉承这样的教育信念：他们不仅为幼儿园工作，也在为自己工作，甚至是为这个伟大的民族工作，他们身上的使命感，会让他们洋溢着蓬勃的创造力和精神力量。

教师教育信念是教师教育哲学领域的永恒主题。感情充沛、兼具理性、人格自由独立、拥有教育智慧的个体是当今时代对幼儿教师的真切呼唤。而哲学的本性，归根到底是关于信念的学说。对于教师来说，只有当哲学成为一种信念的时候，才会产生成熟且有生命力的思想体系。在教育的世界里，哲学不仅仅是一种思想或理论的表达，更是一种个体对理想和信念的追求。

教师的教育信念是在教育实践中形成的。充沛的情感与自我反思是教师教育信念形成和更新的重要途径，当然，如果教师共同体能够进行良好的沟通和对话，教师的教育信念更能够保持较高的一致性，这也有助于教师个体教育信念的形成和发展。

从这个意义上说，若想帮助教师形成自己的教育哲学观，就需要让他们对儿童、工作保持充沛的情感，同时在对教育拥有诗意向往的同时，自觉形成教育信念。教师的教育信念本质上是人文精神和教育理想相互融合的产物，最终指向教师的教育哲学观，这是一种朝着真善美的个人心理倾向。

三、教师面对"两难困境"时的反思方式

在前文中我们已经讨论过教师的"两难困境"问题。关于教师在教育实践中遇到的"两难"问题，欧美学者进行了大量的研究，并由此为切入点探讨教师专业成长问题。从"两难困境"到"两难空间"的突破，幼儿教师不仅可以发现教育教学工作中的冲突，而且也可以帮助他们思考教育的复杂性。

幼儿教师的工作具有一定的特殊性。幼儿教师的专业生活是在特定的社会空间中进行的与专业相关的活动，它要求教师必须时刻与幼儿或幼儿家长以及其他利益主体进行互动，在互动的过程中，教师不免会在当下的情境中进行决策，而这些决策本身就具有教育哲学的意蕴。"两难空间"这一概念既包含了哲学性，也包含了实践性。"两难空间"，能让教师们更清楚地感受到自己教育智慧变化的路径。此时的"两难"在内容上可能涉及教师自我、社会价值、人际互动乃至更宏观的文化结构等问题，而幼儿教师的教育哲学观也恰是在这些力量角逐之下得以显露和发展。①

更直白地说，"两难困境"是让教师的心灵参与思考的过程，而不是依靠大脑做出判断。当教师处于"两难困境"的时候，他能看到真实的自己和自己真实的需要。如果教师总是意识不到自己遇到的问题，不被"卡住"，就很难有机会完成自我超越。

教师专业生活空间不是纯粹自然的空间，也有社会空间，具有一定的社会性。教师的自我是以他人为参照对象和解释源泉的自我，也是与他人交流中形成和发展中的自我。若每个人都能真实地面对自己，并向着新的可能性开放自己，就不会害怕自己所遇到的困难，因为我们会给他们足够的时间和空间去做调整，让每个人能够从内心生出力量来成长。

幼儿教师的教育哲学观就是在对"两难困境"的一次次判断中逐渐清晰起来的。为他们创造这样深刻思考的机会并给予恰当的帮助与支持就显得尤为重要。

以下是一位教师面对"两难困境"时的反思与记录。

原来低谷并没那么糟糕

2016年11月，我所在的班级发生了一次停班事件，这次事件对我来说，过程漫长，在处理这件事情的过程中，我的心情十分低落，但这却是我成长中最宝贵、收获最大的一段经历。

事情的起因是有家长瞒报了家中二宝已确诊为手足口病这一事实，并继续送大宝上

---

① 魏戈，陈向明.如何捕捉教师的实践性知识——"两难空间"中的路径探索与实践论证 [J].教育科学研究，2017（02）：82—88.

幼儿园。此后，班级其他孩子受到传染，也出现了发热症状，幼儿园保健部门第一时间采取了停班隔离措施。事情发生之后，我一直在安抚家长的情绪，和家长说明需要注意哪些事情。但是我打心里难以接受这件事情的发生。收到停班通知的时候，我心里想"怎么又是我们班啊"，因为在这之前班里刚发生了一次外伤事件，所以对待这件事，我自己觉得很有压力，之前的那些放下的、没放下的都再次被捡了起来。

停班事件发生后，我的情绪很糟糕。胡园长建议本着公开透明、对全体幼儿负责的态度，要在公众平台上做一个关于停班事件的推送。推送的那一天，积攒的糟糕情绪崩溃了，我满脑子都是对这件事的抗拒，不愿面对。因为我的原因，推送迟迟没有做好，胡园长一直悉心指导这篇推送到很晚，办公室的莉莉老师挺着孕肚帮我斟词酌句，最后在我控制不了情绪的时候，是张芬老师接过这个工作，继续完成了推送的修改……在这个过程中我却一直没有鼓起勇气去正视、去面对，而带着愧疚感一直沉溺在自己狭隘的消极情绪里，导致大家花了更多不必要的时间和精力。

在之后的教研会上，胡园长带领我们学习了"冰山理论"。冰山理论是萨提亚家庭治疗中的重要理论，"冰山"实际上是一个隐喻，它指一个人的"自我"就像一座冰山一样，我们能看到的只是表面很少的一部分——行为，而更大一部分的内在世界却藏在更深层处，不为人所见，恰如冰山。冰山的下面包括行为、应对方式、感受、观点、期待、渴望、自我7个层次。

以前上大学的时候有一位老师曾经说到过这个理论，但是当时自己没有把亲身经历放入其中好好分析过，所以对我并没有产生很大的触动。这一次当胡老师帮助我分析关于停班这件事情的时候，我看见的事情是这样的：

事件内容——手足口停班隔离两周；

我的应对方式——逃避、抗拒、抵触，不好好做推送，耽误了工作，耗费了大家的时间；

我的感受——内疚、受伤、悲伤、恐惧；

关于感受的感受——感觉自己很无能、无奈；

我的观点——如果我当时再用心做点什么也许会避免这样的事情发生；

我的期待——孩子们赶紧好，希望这件事情赶快结束。

当深入分析时，我看见了童年的自己，觉察到了家庭对我的影响。作为家里的老大，从小到大家里人经常对我说的话就是："你是老大，你要给妹妹树立好榜样。"于是懂事、听话的我总是在按照大人的要求来要求我自己，内心渴望自己做到完美，让大人满意、放心，也害怕自己做得不好给大人添麻烦。我假装自己是刺猬，时刻想要告诉别人我很厉害，尤其是想要让某些家长意识到我也是有原则的，但是效果极不理想。这个时候，胡园长对我说："接受自己在低谷，其实也没那么糟。"这句话让我随时准备迎战的状态松弛了下来，我慢慢开始接受这样不完美的自己。

我渴望找到真正的自己，但是这条寻找自我的路很漫长，除了身边的人及时点醒我以外，更重要的是要自己去领悟。不管是正能量还是负能量，我现在需要做的就是尝试学习接纳自己的情绪，只有接纳了自己，才能打破自己、修复自己，不断成长。

四、教师个人的反思能力

自 20 世纪 80 年代起，美国、加拿大、英国等西方国家的教育界，兴起了一股反思型教师教育的思潮。这一思潮强调教育的反思性质，充分肯定了反思型教师存在的意义。伴随着基础教育改革的深入，这一思潮也影响到了我国。学前教育领域开始逐渐认识到，教师的反思对于专业成长的重要意义。

幼儿教师对自身或者同行的教学活动进行有目的、有意识的反思，是幼儿教师提升与发展教学实践智慧的必然环节。马克斯·范梅南认为教师对自我的反思是其专业实践提升的有力举措，他指出教师的这种反思主要有三个方面，即行动前的反思、行动中的反思和追溯性的反思。①

行动前的反思即在教学活动开始前的反思。教学过程是周期性的，在新的教学过程开展之前，教师已有的职业生涯就是反思的客观对象，此外，传统、习惯、常识以及他人的教学同样可以成为反思的对象。幼儿教师自觉地反思自己的教学中会遇到什么问题，预设如果在教学中遇到问题该怎么解决。这种反思有利于他们设计完成好的教学设计。

行动中的反思即教师对自己的实践行为进行观察与思考。在教育过程中，即兴的反思会自然地、经常地发生。尽管教师已做好充分准备，但实际发生的教育过程还是一个充满着未知和偶然的过程。在教育过程中，每一个方面都可以成为幼儿教师进行及时反思的内容。

追溯性的反思即教育活动后的反思，是幼儿教师生成教育智慧非常有效的形式。追溯性的反思比较容易理解，反思通常被理解为带着批判的、真诚的眼光回顾过去。② 教育活动后的反思可以帮助幼儿教师对自己的实践活动状况进行较为客观的审视、分析和论证。这样，幼儿教师的教育智慧便会慢慢地生成和发展。幼儿教师教育信念的建立来自教师对自己的生活以及教育教学的深刻的、不断的反思。可以说，反思并不是一种技术上艰难的事情，关键是意识和习惯。如果一个教师形成了反思的意识和习惯，反思就不会成为一种心理负担，还会成为一种乐趣。影响幼儿教师哲学观形成的内部系统中的关键因素是教师自我的反思能力。

在实践中，我们发现，形成了自我反思习惯的教师，已经把教育反思变成了一种自觉行为，不是出于无奈，不是迫于任务，也不是来自特定情境，而是时时、处处、事事中的一种自然而然的思考习惯。③ 他们教育生涯里的每一个故事都是对人、事、物的反思。在这个过程中，他们自我诘难、自我剖析，对日常生活中习以为常的行为和思维进行思考，甚至颠覆。反思的信心、勇气与坚定的意志，支撑着他们持续不断地、自觉地、积

① ［加］马克斯·范梅南.教学机智——教育智慧的意蕴［M］.李树英，译.北京：教学科学出版社，2001：131—164.
② 刘庆昌.反思性教学的两个问题链［J］.课程·教材·教法，2006（08）：13—17.
③ 陈敏.幼儿园教师教学反思的现状及促进策略研究［D］.华中师范大学硕士学位论文，2016.

极地对自己的教育行为和教育理念进行深入思考，这种心理品质一旦形成，即使遇到挫折与困惑，他们也会坚持不懈。因为他们深知，这样的内心探索会将他们的职业生涯带入到一个新的境界。

其实这样不断地反思，才能促使他们不满现状，不断学习，在"实践—反思—学习—再实践"的哲学探寻中不断轮回，逐渐形成了坚定的教育信念，形成了自己的教育哲学观。

幼儿教师需要深度思考能力吗？

<h1 style="text-align:center">第二节</h1>
<h1 style="text-align:center">来自外部系统的影响</h1>

每个人都身处生活的世界之中，幼儿教师的专业生长不是在真空中进行的，而是在特定的空间中展开的。空间是审视幼儿教师专业生活的重要维度，也是他们教育哲学观形成的重要场域。幼儿教师的专业生活总是在特定的社会空间进行的与专业相关的活动，即是"在……之中"开展的活动。有学者认为，空间里弥漫着社会关系，它不仅被社会关系支持，也生产社会关系和被社会关系所生产，社会空间总是社会的产物。①如此看来，幼儿教师的生活空间也不能简单地被划归为自然空间或物质空间，而是一个复杂的"文化空间"，它主要通过幼儿园的物质环境、精神环境、园所文化、课程设置、园长领导力等多种因素对教师的专业生活进行"规范"与影响。

我们认为，教师的教育实践共同体、幼儿园文化以及园长的文化领导力是影响幼儿教师教育哲学观形成重要的外部影响因素。

一、教师教育实践共同体

共同体是一个社会学概念，最早是由德国社会学家滕尼斯在其1881年的著作《共同体与社会》中提出的。"学习共同体"是将"共同体"概念引入教育领域。学习共同体，是指由学习者及其助学者共同构成的团体，他们彼此之间经常在学习过程中进行沟通、交流，分享各种学习资源，共同完成一定的学习任务，因而在成员之间形成了相互影响、相互促进的人际关系。②建立幼儿园教师的实践共同体，意味着教师在与共同体成员围绕共同的主题和内容进行平等的对话与交流中，走出"自我"的桎梏，打破思维定式，审思自身教育实践，唤醒专业自觉，激发专业成长内动力的过程，这一过程将个人教育难题转化为公共话题，再借助集体智慧进行解决，加速教师个体及教育智慧的良性循环，有利于促进教师教育智慧的提升。③只有亲身处于共同体之中，我们才能理解现实。在真正的共同体中，犹如真实的生活，没有绝对的权威。

幼儿教师实践能力的成长依赖于其所处的文化环境。因此，开放型、合作型、反思型的教育实践文化环境是教育实践共同体建构的关键。教师教育智慧存在于一定的教师

---

① 包亚明.现代性与空间的生产［M］.上海：上海教育出版社，2003：105.
② 李冰.基于教师学习共同体的校本培训新方式［J］.中国教师，2008（11）：51—52.
③ 张亚妮.论幼儿园教师实践智慧生成——以"学习故事"行动研究为进路［D］.陕西师范大学博士学位论文，2016.

共同体中，其习得途径是参与到教师共同体的文化实践中。[1]舒尔曼认为，行动、反思、合作和支持性文化或共同体是真实的、持续性学习发生的条件。[2]

幼儿教师的个人成长需要依靠这种持续性学习的发生条件，才能激发起个体内在对教育的热情与学习、探索欲望。在教育实践共同体中，教师的问题与困惑可以真实地与他人分享与讨论，表达与理解、支持的过程也使他们与其他教师建立起了一种合作型的同伴关系。

真正的教育实践共同体的建立过程是个体在群体中完成自我"身份认同"的过程。这一过程通常是在一起工作的人们分享、辩论，甚至争论后达成某种一致结论的过程。幼儿教师要建构自己的教育哲学观，必须要有一个真正的专业共同体，在这个共同体中，差异是存在的，教师们在沟通与交流的过程中会产生心理上的安全感与归属感，这恰是他们建立专业信念、形成教育智慧的重要外部条件。

我们实施的生活化课程是一个探索内在生命的课程体系，在实施过程中，因为所有人处于共同的生活空间之中，因此，它如同一张无形的网，将人们连接在了一起。当开放的、民主的、互相合作的、共同学习的、彼此信任的、共同发展的学习共同体文化因为课程内在的生命探索得以建立的时候，真正意义上的教育实践共同体才得以出现。

幼儿园会通过每周面对面的教研，让教师们围绕着生活化课程实施中的感受、儿童的发展、自己遇到的问题、取得的突破、教学策略的运用等专业问题进行深入探讨。共同体中的教师在不断交流研习的过程中，可以不断更新自己的认知，也可以实现在专业上的相互影响。教师可以通过与同伴共同讨论，学习、审察他人的实践活动，之后与自己进行比较，这样，也更加有利于他们对教育形成较为理性的认识与判断。

教研要关注教师的真实情感，关注教育中的真问题，在求真中才能直击本质。

在访谈中，一位教师谈道：

> 园长会带领我们每周做一次教研活动。每次的教研首先是"说你说我"环节，说自己在过去的这一周的发现和感受，或者把你觉得最闪亮和最糟糕的事情说出来，这其实是对上一周工作的总结与回顾。其次，是我们的"问题讨论"环节，大家一起讨论遇到的问题，以及怎样更好地解决问题。老教师可以分享自己的做法，新教师可以学习他人的经验。最后，我们会进入"课程决策"环节。老师们会对自己下一周的教育教学活动有一个设计，并对课程形成自己的认识与看法，这些基于问题或事件的教学思考会帮助我们完善自己的教学经验，这样的反思越多，我们对教育的认识就会越深刻。

---

① 李利.实践共同体与职前教师实践性知识发展——基于教育实习的叙事研究[J].教师教育研究，2014，26（01）：92—96+80.
② ［美］舒尔曼.实践智慧：论教学、学习与学会教学［M］.王艳玲，等译.上海：华东师范大学出版社，2014：47，334.

教研活动需要每个人真诚地表达自己，每个人充分地表达自我，意味着从"孤独世界"进入到"关系世界"之中。教研时，教师们会讨论在工作中遇到的困难，在讨论过程中形成"共同体"，构建更坚固的"心灵港湾"。虽然每个人的问题都是不同的，但都是真实的、开放的。在教研中，讨论的虽是教育的问题，但每一个人都可以获得内心的关照和自我的成长。

如何让教研活动
深度发生

二、幼儿园文化

"文化"是人类学领域的基本概念。美国教育学家布鲁纳更是突破了对文化的理论研究局限，将文化概念直接运用于指导学校教育及课堂实践。我们认为，在幼儿园里，环境、课程、教师与儿童都是文化的具体表征形式。

教育与文化的关系，是教育研究中极具理论价值和现实意义的问题。幼儿园各种关系都是文化的集中体现，文化的碰撞、文化的创新在关系中得以实现。文化是由人创造的，只有回归到人性美好的本质中去，文化才有可能淬炼出美好的品相。

幼儿园文化是幼儿园在长期的实践中积累和创造的，并为其成员认同和遵循的价值观念体系、行为规范准则和物化环境风貌的一种整合和结晶。① 幼儿园文化对幼儿教师教育哲学观的形成与发展具有重要影响。尤其是精神文化，它是幼儿园文化的深层次内核，是幼儿园文化的核心。

在幼儿园的文化构成中，教师是主要的文化载体，他们承载着教育使命，也用自己的文化影响着儿童的发展。制度与规范更多的是通过外力来约束一个人，而文化则能够让自己主动寻求更大的进步与发展。

文化需要依托。幼儿园的物质与精神环境是文化的重要载体。一般而言，幼儿园环境体现出了物质环境与精神环境的高度融合。幼儿园的物质环境的创设灵感大都源于儿童。幼儿园的环境并不都是预先准备好的，而是在和儿童互动的过程中，依靠儿童的想法完成与创造的。在我们幼儿园，每个班级里都有一个专属于儿童的百宝盒，里面可供儿童藏匿自己的秘密。树叶、种子、石头、羽毛、碎纸片、生日卡，每一样东西对儿童来说都具有特殊的意义。当教师在幼儿环境创设中从儿童视角出发，并创造性地工作时，他们会处于一个稳定、和谐的文化环境之中，心态、情感也有了很大的内部调整空间，他们会逐渐地靠近自己认同的文化，这样，"成长"和"改变"就会自然而然地发生。

文化是"生活化课程"
的根

---

① 何叶.幼儿教师教学实践智慧研究［D］.西南大学博士学位论文，2012.

三、园长的文化领导力

园长对幼儿园文化的形成起着举足轻重的作用。园长的文化领导力是幼儿园发展的关键。园长在专业上的判断，对待每个人的态度，在课程建设中所起的作用都间接影响着教师教育哲学观的形成。当文化成为一种决定性力量的时候，教师的改变就会发生。

幼儿教师教育哲学观的系统思考是基于教师的自我认识、自我领导与自我管理而发生的，而园长的文化领导力可以帮助教师实现以上三个层次的超越。

自我认识是指对自我需要、机制、自体表征——个人内心对自己的看法和感受、自体和客体的关系以及自我和他人关系的理解，自我认识是与自我对话逐步展开的过程，其结果是对自我需要的深入理解，对自我发展方向的明确；自我领导指理性确定自我发展方向与目标，根据需要调整具体目标并确立实现目标的原则，不断关注自我情感与理智、身体与心理、各种生活角色间的平衡；自我管理指选择实现目标的正确方法，制订任务完成的计划并进行自我监督与有效调控，为此而有效开发个人资源，合理安排和利用个人精力和时间，加强个人情绪管理等。[①]自我认识、自我领导、自我管理三者相互影响、相互促进，使个体在社会、文化与生活间保持和谐关系，这是教师的个人创造力不断显现的过程，也是教师教育哲学逐渐形成的过程。

在文化领导力中，园长可用外显的教育行动，如阅读教师的教育笔记、对教师教学的指导等方式和内隐的教育意念，如园长如何看待自己与教育中各种要素的关系等对幼儿教师教育哲学观进行引领。在这种理性和感性相结合的文化领导力中，能有效帮助教师走向专业发展的"整全性"。这也是教师走向"庶民教育家"的一个过程。

幼儿教师的专业化？你可能需要一位"真"园长

[①] 杨瑞芬.论幼儿教师实践性知识的文化性格［J］.北京教育学院学报，2019，33（04）：8—13.

第三节

幼儿教师教育哲学观的提升策略

教师教育哲学观的形成，关系着教师的个人成长与幼儿园教育的质量。从内在影响因素看，教师自我角色的愿景和实践追求，要求教师的自我完善。[①]另一方面，教师作为"反思型实践者"，需要进入教育实践的现场，在实践中反思，从经验中学习，建构适合自身的教育哲学观。从外部因素来看，需要管理者创设有利于教师生成实践智慧的"学习型"组织文化环境。[②]

幼儿教师教育哲学观的形成与提升，需要以下策略。

一、教师需要对教育的本源性问题进行思考

（一）对意义的思考是哲学信念不断建立的过程

教育的发生过程本身就是一个意义不断呈现的过程，在这个过程中，需要幼儿教师对"教育是什么，教育如何进行？""幼儿需要这样的教育吗？""这样的教育适合幼儿吗？"等一系列问题进行本质性追问。在幼儿教师对教育意义的不断追问中，"主体意识"被不断唤醒，这一过程也促使他们进入更深层次的"价值之思"之中。[③]

对"意义"的追问使得幼儿教师不再停留在知识的增进、技能的娴熟、常规的有序、集体活动的顺利与否等这些简单问题的"追求"上，而是促使他们穿透问题的表层去做一些更深层次的反思，如"如何理解幼儿的生活、游戏与学习？""活动内容的选择与文化、幼儿发展的适切点在那里？"[④]对这些问题的思考帮助教师进入了真正的哲学之思中，增进了对教育的理解与思考，提升了专业意识，教育信念与哲学信念也在一次次的追问中得以形成。

（二）回到教育的生活世界，教师的教育哲学观才能获得坚实的根基

幼儿教师需要拥有教育哲学观的生活视角。"回到事情本身"，即回到教育本身去

① 张立昌.试论教师的反思及其策略［J］.教育研究，2001（12）：17—21.

② 张亚妮.论幼儿园教师实践智慧生成——以"学习故事"行动研究为进路［D］.陕西师范大学博士学位论文，2016.

③④ 李永涛.论幼儿教师的哲学素养——现象学视角［D］.华中师范大学硕士学位论文，2015.

发现教育的奥秘和价值。追寻教育的本质与意义，需要幼儿教师重返教育的现实世界。现实世界不单单指教师每天经历的简简单单、平平淡淡的那些日常，①更包括背后的反思与看法。

对于幼儿教师而言，每天的繁忙工作让他们很难顾及那些转瞬即逝的教育生活背后的思考，但他们却需要这样一种素养，即让自己能够抽离教育现场，却又能回到事实本身审视自己的教育生活。这一行为，不仅是对自己哲学素养的提升，也是推动专业发展的强大内部动力。

"生活世界"是不同于日常生活的，由文化、社会和个体三者间互动建立起来的世界，我们也可以称其为教育生活世界。我们提倡回到教育现场，就是要让教育摆脱"工具理性"的束缚，实现真正的解放和身份的认同。教师教育哲学要求教师回归教育的生活世界，只有这样，教师教育才能获得坚实的根基。因为教师回归生活世界，才能够作为实践者和行动者，深入儿童的生活世界与精神世界。

二、拥有属于自己的教育信念

在影响教师教育智慧的因素中，我们阐述了教师在教学中遇到的"两难困境"。对幼儿教师而言，他们面临的儿童的文化背景更加多元和复杂，因此这一群体的专业发展相比于其他学段的教师而言也会更加困难。

访谈中的一位幼儿教师说道："拥有自己的教育信念是非常关键的，如果仅仅把这份工作看作是一个谋生的工具，那工作中的我们可能很容易感到厌倦。记得开始工作的那两年，我常常找不到自己的状态，家人也说收入低，不如换一份工作，但是凭着对孩子的喜欢，我坚持了下来。虽然当初的坚持是没有任何长远目标的，但心里始终有一个信念：做幼儿教师是非常有价值的，于人于己都很有价值。有了这个信念，在工作中不断学习、不断反思，也慢慢地找到了自己的节奏，看到了自己的优势。"

正如帕克·帕尔默（Parker J. Palmer）在《教学勇气》中所说的："优秀教学不能被降格为技术，优秀教学源自教师的自身认同和自身完善。"②当教师把自己自身独特的优势整合于教学中，在与自我、幼儿、教育的密切联系中彰显出生命本质时，就能够发挥出惊人的教育力量。从认知心理学的观点来看，教师的教学信念具有重要价值，会影响教师的决定、教学表现及教学成效。相关研究也显示，教师的教育信念能决定其在教育中的角色、教育历程中核心要素的把握。注重幼儿教师教育信念的培养，就是要在教学实践中重视教师知识与经验的准备性，尊重教师个人的教育观念与教育行为，让教师的教学信念与个人的教学实践活动能够和谐共存，并使其整合、融汇和升华为教师的教育实践智慧。

---

① 李永涛.论幼儿教师的哲学素养——现象学视角［D］.华中师范大学硕士学位论文，2015.
② ［美］帕克·帕尔默.教学勇气：漫步教师心灵［M］.吴国珍，等译.上海：华东师范大学出版社，2019：2.

三、重视教师的实践经验与个人风格

每个教师因其不同的个性特点，其教育风格也会有所不同，但是不管怎样的风格，都是其实践经验的总结，是其日常教育经验的升华。我们应当充分尊重教师的实践经验，并将他们的经验和感悟作为一种相互学习的资源，这样就能够带来群体性教育实践智慧的发展。[①]

当下，有自己特色的幼儿教师并不多见，其中一个重要的原因就是我们容易忽视幼儿教师的个体经验，总是强调专业标准，在评价体系中也难以凸显教师自己的教育风格。关注幼儿教师的个体经验，鼓励他们独立思考并在实践活动中发挥自己特有的风格，有利于教师教育实践智慧的生成和发展。因为，教师个人的教育经验才是其教学哲学观形成的天然土壤。

四、鼓励教师进行深度思考

理性，是个体深度思考中的重要维度。这种理性，表现在教师教育哲学观中，就是我们一直强调的教师反思活动。认知心理学家认为，反思是人一种高层次认知心理活动，是形成内省力的有效策略。

反思的过程既是积极的自我认知过程，也是深入的情感体验和感悟过程，又是自我认知与心理的调节过程。[②] 教师需要在反思中达成理性逻辑。没有反思的教师，其理性逻辑也是欠缺的。教师的深度思考一般有三个层次：技术性反思、对话性反思和批判性反思。技术性反思是对问题的直接思考与解决，有立竿见影的效果但却未能触及教师教育智慧中"两难困境"的根源。对话性反思看到了"两难困境"背后的多元主体及其构成的复杂关系，可以在协商中形成解决方案，但却缺少了某种持续性。批判性反思与前两种反思的相同之处在于，它们都是教师对自己的教育观念、教育行为以及由此所产生的教育结果进行的回望与理性分析。但它与前两者最大的不同之处在于，批判性反思会看到"两难困境"背后的自我假设以及某些复杂的隐藏关系，[③] 这种反思最终指向的是教师的自我调整与改变，即教师的自我唤醒、自我生成、自我创造和自我超越，这一过程恰是其教育智慧形成的过程。

在实践中，我们发现，一个具有哲学思考的教师才能在教育过程中做出很好的反思，而反思亦是教师完成课程决策的基础。教师的反思需要在特定的教育情境中完成。这一教育情境既有历史的脉络，充满着教师过去经验的意义，又是对过去经验史的一种丰富与延伸，教师当下的创造性处理自觉或不自觉地与其个人生活经验、生活感觉、价值观

---

① 何叶.幼儿教师教学实践智慧研究［D］.西南大学博士学位论文，2012.

② 康淑敏.基于学科素养培育的深度学习研究［J］.教育研究，2016，37（07）：111—118.

③ 魏戈，王倩.教师专业工作中的两难空间及其突围——以高中语文"专题学习"试验为例［J］.教育学术月刊，2018（10）：64—72.

相连。①

五、重视基于个人生活史的叙事研究

经验本身虽然像是一个丰富的水库，里面的东西良莠不齐，就好像黄河之水一样，看起来浩浩荡荡，事实上挟泥沙以俱下。这时就需要依靠理性来对自己的经验进行一个反省。② 教师个人生活史的叙事是反思与自主发展的重要手段，它集中反映了教师在个人成长、学习、工作过程中的追求、理想和偏好，教师可以利用反思型日记、教学案例研究、成长自传等形式，让自己的经验在研究和交流中升华，从而提炼出自己的教育思想与智慧。

我们认为，对幼儿教师教学实践智慧提升最有价值的方式是对其生活史的叙事以及研究。因为教育叙事原汁原味地呈现了教育事件发生的过程，包括当事人的所言所行。在这些故事里，幼儿教师自己和他者一样都能感受、体验到特定情境下教育的发生、发展过程及教育智慧的表现情形。教育叙事与幼儿教师及其生活具有天然联系，很容易成为幼儿教师在专业成长中经常使用的方法。在撰写和分享教育叙事故事的过程中，幼儿教师会加深对教育理论的理解和建构，促使对个体实践经验的反思和总结，③ 激发其教育哲学观的形成。

最后，我们想表达这样一种认识，幼儿教师教育哲学观的构成里除了有具体、宏大、轮廓性的观念，更多的是要培养教育者情感和信仰的精微。因为这种以精神信念为背景的价值取向与表达对幼儿教师而言才是更有意义的，毕竟，幼儿教师面对的是情感丰富的儿童。教师在教育生活世界里找到一个属于自己的"教育学哲学观"的起点，才是更有价值的一件事。

---

① 朱小蔓.关于教师创造性的再认识〔J〕.中国教育学刊，2001（03）：58—61.

② 傅佩荣.哲学与人生〔M〕.北京：东方出版社，2005：12.

③ 何叶.幼儿教师教学实践智慧研究〔D〕.西南大学博士学位论文，2012.

我想听老师们的故事，我觉得老师的故事是传奇。
（王茜蓓，女，六岁）

我愿意听老师讲他们的故事，有时候老师会讲他小时候的事情，我觉得很有意思。（戴雅涵，女，四岁半）

我喜欢听老师讲他们的故事，这样我就更能了解他们了。（孙一一，女，三岁半）

第十章

幼儿教师的
教育生活叙事

幼儿教师的教育哲学观在教育实践中并不是显而易见的物质性的存在，但这并不意味着它无迹可寻。

在教育过程中，幼儿教师教育需要对教育情境中"应当做什么"做出价值适切性的判断，对"应当如何做"进行合理的解释，并完成与行动的融合与统一。[①] 而这一对教育本质的认识，对教育目的的叩问，对儿童观的重新确认以及对师幼关系的建立，共同构成了幼儿教师的教育哲学观。这一过程是长期积淀的过程，亦是在教育实践的逻辑中生发出来的。

教师个人的生活世界具有丰富的价值，是一个丰富的意义世界。文化人类学家鲁思·本尼迪克特（Ruth Benedict）说："与生活的图景相一致的教育实质上就是自我教育，与学习是一个问题的两个方面。"[②]

本章以八位教师的个人生活史为视角，展示其教育哲学观的形成过程。教师童年生活的经历及始于童年生活的反思是其儿童观、职业观的首要来源，而学校生活所获得的理论知识会经过个人的筛选成为其知识结构的重要组成部分。[③]

本章的生活史以第一人称的形式展开，因为这既是他们教育哲学观形成的生活叙事，也是他们追寻智慧与诗意的教育生活的动人篇章，这份表达理应属于他们。

以下故事以他们姓名中的拼音首字母排序展开。

叙事一

曹云香老师：
新手教师也可以有自己的哲学观

（一）教学生涯

1.新手教师的焦虑和幸福瞬间

2019 年，大学毕业后，我成为了花草园的一位新手教师。

我是一个适应新环境特别慢的人，要经过漫长的时间才能逐渐适应身边人的节奏，明确知道他们的意图，知道如何和他们配合与合作。在与孩子相处的过程中也是这样，我需要经过很长的时间才能够和他们建立起信任。有的时候我会很担心，我是不是进步

---

① 张亚妮.论幼儿园教师实践智慧生成——以"学习故事"行动研究为进路〔D〕.陕西师范大学博士学位论文，2016.

② 〔美〕露丝·本尼迪克特.文化模式〔M〕.张燕，傅铿，译.杭州：浙江人民出版社，1987：42.

③ 杨瑞芬.论幼儿教师实践性知识的文化性格〔J〕.北京教育学院学报，2019，33（04）：8—13.

得太慢了，我是不是不值得被等待。这个过程我总是焦虑的。

但我在这个过程中也是充满幸福的。在花草园里，我能够感觉到我是被孩子们信任着的。我们班有个孩子叫元宝，有一个假期，班上就她留在了园里，我俩常常在一起聊天。她说："香香老师，夏天的时候我们两个人在院子里摘桑葚，你抱着我，然后我就摘到了桑葚，等到葡萄成熟的时候，我也想要和你一起去摘葡萄。"当时我的内心被柔软地挠了一下痒痒，这么一件小事在她的心里居然留下了这么深的印象。

在花草园，我也能感受到我是被老师们保护着的，尤其是制作幼儿园公众号的推送，特别能够感受到那种"我们在一起"的力量。

记得一件发生在 2020 年寒假的事情，我选择了那一周的周三来制作推送，但是推送推迟了一天，刚好和我返京的时间冲突了。当时，我不知道应该怎么办。当我把这个情况告诉张芬老师，她并没有责怪我在买票的时候没有规划好时间，而是告诉我"你放心走吧，推送已经做得很好了，明天我们再帮你改改，就可以发送了"，然后就接过了推送任务，让我能够安心地出发和到达。

在飞机降落的那一刻，打开手机看到推送发出，我快要落泪了。

没有一件事是仅依靠一个人的力量可以完成的，我也在思考自己在工作中是否也在试着托举别人，可以毫无保留地贡献自己的力量。这个能量环，不能在我这里断开……

2. 等一朵花的绽开

从小三班到中三班，我见证了一对双胞胎兄妹的成长过程。小班下学期，大帅、小美常常是9点来，早接走，他们俩不和其他小朋友一起玩，在生活方面也常常需要"搭一把手"，在这个过程中我观察两个孩子，发现他们是很有灵性的。

小班玩"好饿好饿的毛毛虫"的时候，两个小朋友特别享受变蝴蝶的过程，在大滚筒边"飞来飞去"，脸上的笑容、耳边的笑声深深感染了我。大帅在入园初期，便后总是会尿湿裤子，后来我和大帅聊天，大帅也知道了上厕所的时候要把裤子拉高一点，这样就不会尿湿了。慢慢地，不管是游戏、课程、生活，大帅在活动中找到了自己的节奏，和小朋友玩到了一起，脸上绽放的笑容更多了……

孩子的成长不是在一朝一夕之间发生的，而是在一个持续不断的发展过程中，到了某一个瞬间发生了一个质的飞跃。这个时候，他们从外显的行为上发生了变化，这样的变化是前面持续一段时间的集中爆发。因此，我越来越相信等待的力量，相信孩子们总是会不断地给我们带来新的认知。

3. 透过孩子们的哲学思考，开始审视自己的教育哲学观

因为胡华园长的信任，我得以有机会负责整理孩子们关于哲学问题的讨论，并开始整理《幼儿园的孩子如何思考这个世界》书稿。整理的过程中，我看到孩子们关于世界、关于自然、关于生活、关于自我的感受和思考。其中，孩子们对于死亡的讨论最让我震撼。

我想到小时候第一次"遇见"死亡的场景。小学的时候，我有一个特别好的朋友名叫娜，我们俩上学、放学一起玩，会去对方家里吃饭，也认识对方的家人。可是到了二

年级的第二个学期，她就没有来上学了，因为她生病了，糖尿病。我听村里的人说，这个病一旦患上，终身都不会好，只有富贵人家才能一直治疗和照顾这样的病人，所以也称它为"富贵病"。我天真地以为，她只是永远不会好而已。三年级的时候，我听闻她去世了的消息。她死了？我没有办法想象，一个疾病夺去了我身边人的生命。她还那么小，还没有和我一起长大，看一看长大以后自己的样子，还没有拥有属于自己的小孩……是不是某一天我也会像她一样，在经历某一个意外之后，会这样突然地死去。我很害怕，之后的很长一段时间，噩梦总是缠着我……

孩子们对于死亡的看法，则比我通透多了。他们说："死亡是灰尘的样子，死亡也是彩虹的样子。"他们说："死亡不可怕。死亡代表着我们的生命到头了，这是一件很自然的事情。"他们说："人死了就变成鱼，会永远自由地在水里游来游去。"他们说："死亡会带来伤心和孤独，也会带来平静和安静。"他们说："只有勇敢的人才敢面对死亡。"在他们看来，死亡是自然而平静的。

孩子们对于死亡的思考引发了我对于哲学、对教师的教育哲学观的思考。教师应该具备什么样的教育哲学观才能不阻碍儿童的心灵发展？教师应该用什么思想来指导自己的行为，为儿童思考世界提供支架？这些问题的思考会一直陪伴着我的职业生涯……隔着时空，我仿佛看到了小时候的那个需要勇气的自己，看到了孩子们轻轻地拉住了小时候的我，慢慢地往前走。我感觉到了内心之中某些东西正在逐渐膨胀、成型……

（二）我的教育哲学观

1. 孩子的灵魂力不比大人差

我小的时候，常常会感觉到自己是不受尊重的。比如，没有人会问我愿不愿意请假，就把我带到了祖祖家；比如，大人会在我面前谈论我眼中可亲可敬的亲人的是非。这两件事都是我极其不喜欢的，他们让我感觉，世界其实并不是单纯和美好的。甚至，我会担心自己长大以后也会成为他们那样的人，会不会成为他们口中的那个人。这些我都很害怕。直到长大，我才发现，我不会成为任何人，最终我所成为的人，就是我自己。

大人口中的孩子什么都不懂，这样的话自始至终我都是不相信的，那些纯真的、美好的、不沾染任何尘土的孩子，也应该在美好中成长。他们并不是不明白这个世界中的道理，而是没有办法用人类复杂的语言将内心的话语表达出来，他们的灵魂力一点都不比大人差，甚至他们对于周围世界的感知比大人要强许多。他们能够感受到环境中的"场"，当这个"场"是积极正面、稳定和谐的时候，他们内心的感官就会被打开，灵魂力就会开始运作。

图 10-1　一起下"叶子雨"
和孩子们在一起的每一天都是新的

2. 教师用自身所带的文化和道德密码影响孩子

我一直在思考，作为一名教育工作者，教育在我心中是怎样的？儿童在我心中是怎样的？教师所扮演的角色背后的意义是什么？是韩愈口中的传道、授业、解惑吗？教师德高望重，在某一个方面是有较高造诣的人吗？我觉得都不是。教师身上所携带的文化种子，是一个民族和整个文化的投影。教师行为背后，是一个人对于生活、对于世界的理解，也是对人类追求的美好品德的理解。教师应该从所谓的教育教学技法背后，看到人类的精神文明，并在日常生活中，用这种内在气质影响身边的孩子。

扫描二维码，了解曹云香老师的生活经历与求学故事

叙事二

罗希悦老师：
七年之后，我知道了什么是精神的力量

（一）求学经历——两次实习，让我坚定了自己想去什么样的幼儿园工作

学前教育专业是一个需要不断在实践中积累经验的专业，在大学的学习生活中，我们都会有充足的实习机会。印象非常深刻的是其中的两次实习，这两次实习具有很强烈的反差，也正是因为这样的反差，让我坚定了自己想在什么样的幼儿园工作。

我实习的第一个幼儿园是一个幼教集团的分园，我所在的班级是一个寄宿制的京剧特色班。当我第一天进班，主班老师并没有向孩子们介绍我，而是把扫帚和拖把递给我，让我去做卫生，有一些孩子很好奇地走向我，问我是谁，老师会喝令那几个孩子去练功。寄宿的孩子们床单已经很脏了，但是老师不会给孩子们洗；孩子吃不完饭，老师就会当着孩子的面把饭倒掉……印象中有一位很活泼好动的男孩子，有一次吃饭的时候不小心把饭碗打翻在地，保育老师一个箭步冲上去就打了他的手，小男孩没有哭，而是低着头一脸的委屈。后来我从别的小朋友那里听说，这个孩子的爸爸妈妈非常忙，别的孩子每周至少可以回家一次，而他是全班唯一一个整个月都住在幼儿园的孩子，爸爸妈妈很少管他。但是，老师难道不应该给予这样的孩子更多的关爱吗？

之后的实习时间里，我对他的关注越来越多，我知道他的爸爸妈妈在做生意，每个月会接他回去一次；他爷爷奶奶身体不好，住在老家的养老院；他不喜欢学京剧，但是

只有这个班可以寄宿，所以他就在这个班；他其实最喜欢的是趁小朋友睡着的时候在他们的脸上画画来搞恶作剧……短短的一个月里，我似乎对这个淘气的小男孩有了新的认识，他的淘气并不是因为故意使坏，他只是期望着有更多的人关注他、陪伴他。但很显然，那里的老师并没有看到这些，或者看到了，也没有满足他。

在那里实习了一个月后，我坚定了一个信念：我以后一定不要成为这样的老师，我要做孩子们在幼儿园里最坚强的后盾，看到他们，倾听他们，陪伴他们一起成长。

后来我来到了花草园实习。第一次走进花草园，被大厅里的三句话深深吸引："成为我自己，我们在一起，按自己的节奏呼吸与思考。"是什么样的幼儿园会鼓励孩子们成为他自己？

跟上一次实习很不同的是，带教老师会倾听我们的实习意愿来帮我们安排相应的年龄班。我的班长老师是一位眼睛很大、性格爽朗的老师，这里人都叫她大眼睛老师。她跟孩子们在一起，无论是说话、做游戏、解决问题，永远都是跟孩子的视线平行，像朋友一样互动；她也非常耐心地帮我备课，告诉我班里每一个孩子的性格特点。

在这里实习的四周时间里，我感觉花草园像一个幼儿园，又不像一个幼儿园。像幼儿园，是因为它所有的环境都是以孩子为中心的，生活和课程都是围绕着孩子开展；不像幼儿园，是因为在这里工作会让你有一种继续在大学里学习的感觉，一些经验更丰富的老师就是我们的学姐，我们就像是跟孩子们一起通过陪伴和生活来学习与游戏，一起做一件喜爱的事情。幼儿园的氛围很开放，而且最重要的是，在这里，不论是指导我的班长老师还是胡华园长，都会尊重和倾听老师们的想法，给老师很多的空间去发挥，朝着自己擅长的方向去发展。

在大学图书馆里看到《窗边的小豆豆》，我花了一个下午的时间一口气读完这本书。第

图 10-2　玩完雨后，摆放整齐的雨靴和雨衣
（摄于 2013 年）

图 10-3　实习的那个"六一"儿童节，食堂师傅们专门为孩子们雕刻了米老鼠，和孩子们一起过节（摄于 2013 年）

一感觉是："怎么会有巴学园这样一所幼儿园，好神奇！"而当我来到花草园，看见这里的孩子们一整天都可以做自己喜欢的事情，在自己不小心打翻餐盘的时候老师会蹲在地上说"没关系，没关系"，我似乎看到了书本里的那所"巴学园"。在我的心里，花草园就是一所真实存在的"巴学园"。每一个孩子在这里都被给予了极大的尊重，不仅尊重孩子们的兴趣爱好，

而且更加尊重孩子们的灵性。

在花草园的实习经历让我坚定了自己未来的职业选择，因为只有在这里，我才能成为一名自己心目中理想的教师。

（二）教学生涯

从 2013 年 2 月开始在花草园进行毕业实习一直到现在，不知不觉在花草园已经度过了七年三个月的时光。回望这七年，我的职业生涯也经历了四个阶段。

1. 第一阶段：没有经验，只有热情

刚从大学毕业，从象牙塔走出的我只有满脑子的理论，除了实习期间的经验外，我对于未来如何在幼儿园跟孩子们相处，如何做一名幼儿园教师，并没有非常清晰的认识。没有经验，但对这份职业和对孩子们的热爱让我在工作之初充满了热情。我很喜欢幼儿园的工作，更喜欢和孩子们在一起的状态。

刚开始带新小班的时候，班里很多孩子都喜欢当我的"小尾巴"，他们对我的信任就像是对待一个好朋友，让没有教学经验的我又感动又温暖。那个时候的我每天都会记录"教育随笔"，将每天在幼儿园发生的事情像写日记一样记录下来。我常常一边记录一边思考：教学经验对教师来说意味着什么？没有教学经验的我，究竟是什么地方让孩子们信任的呢？孩子们也让我看到，评价自己的方式绝不只是所谓的教学技能，孩子们喜欢的，应该就是我身上那股新鲜又热情的力量吧！而这股力量，不就是每个孩子们身上最原始最纯粹的那种状态吗？

2. 第二阶段：跟着"生活化课程"节奏一起成长

2013 年的 7 月，我有幸跟着胡老师和几位班长老师一起，在怀柔山里进行了为期 3 天的教研，这三天里，"生活化课程"的框架雏形基本确定。

老师们的讨论让我心潮澎湃，我从来没有想象过教育原来可以是这个样子，我对接下来的工作充满了期待。从那一天起，我就跟随着"生活化课程"的节奏一起成长，随着课程的日渐丰满，我也逐渐开始找寻到自己的教学节奏和风格。

"生活化课程"在探索的初期，是一套没有固定教案的课程，老师们可以先"上课"，后写教案，这给予我很大的空间和开放度来进行课程。因为没有框架，所以我们可以在主题之下任意创造，只有你想不到，没有"生活化课程"做不到。我们身边的任何事物和现象都可以成为课程学习的内容，当我尝试像孩子们一样打开心灵和眼界，身边的万事万物都成为了我们研究的对象。

在这三年的时间里，我跟着课程一起不断拓宽自己对自然、对生活和对儿童的认识，就在我与外界产生了丰富联结的同时，我也逐渐开始认识我自己。"生活化课程"来源于生活的点滴细节，具有开放度的提问和独特的"空筐"结构，不仅帮助孩子们在生活中建立元认知的学习能力，也让我体会到，任何一种教育都不是凭空想象，教育即生活，我们需要做的就是跟孩子们一起生活。

我再一次思考那个问题：教师究竟在孩子的成长中扮演着怎样的角色？在"生活化课程"的课程体系中，教师是陪伴孩子学习的伙伴，是记录孩子学习痕迹的倾听者和记录者，是孩子们发现问题时的引导者和观察者，是非必要不出现的"隐形人"，是跟他们一起学习和生活的人……

3. 第三阶段：新生命出现，新的转折

当我知道自己的身体里孕育着新生命的时候，我第一次在工作中出现了疲惫感和内疚感，似乎体内的这个新生命一下子将我的力量抽离。这是一种很奇怪的感觉，我本应因为新生命的到来而倍感高兴，可是相反地，我一点儿也高兴不起来。原本制订好的计划被新生命的到来而打断，这一切都发生得太突然，竟让我一时无法接受。很长一段时间里，我需要一边适应自己的变化，一边尝试找到新的出口。

有一次放学送孩子们离开后，胡老师来到我们班，她拉着我的手问我，最近累不累，一下子我的眼泪夺眶而出。胡老师说："每一个孩子的到来都是冥冥之中的缘分，是一件非常美好的事情。有一些美好不会提前预报就到来，这就是惊喜。接受它，这是一个女人一生中非常宝贵的时刻。要试着每天跟他说话，他都能感受到。"胡老师的这番话给当时紧绷的我注入了很多舒缓的力量。我开始内省，作为一名幼儿教育工作者，有自己的孩子应该是一件更幸福的事情，但为什么一开始我会如此排斥新生命的到来？我不接受孩子的降临，其实是不接受当下的自己。

图10-4　教师节收到孩子们大大的拥抱
（摄于2019年）

随着胎动逐渐强烈，肚子里的宝宝开始用他的方式告诉我，此刻的我是多么的幸福。每天我会跟他对话、听音乐，生活的节奏逐渐放慢，我也开始感受着并享受着属于我跟新生命的共有时光。产假结束后，我来到办公室专门负责名师工作室的工作，也逐渐从松散的节奏中一点点回归正常的工作节奏。

其实，我身边的一切都没有变，变化的只是我自己的心境。我想教育也是这样，我们也许无法始终按照既定的轨道行走，但每一次转折都会有新的遇见。

4. 第四阶段：又一个三年，新的轮回

重新回到教学岗位，从小班开始带新班，我竟然多了几个身份：有经验但很久没实践的"老教师"、新手妈妈。这一次的出发，更像是收拾起很久没有用过的行囊，再一次出发。

图10-5　和孩子们一起参加新年大庙会
（摄于2019年）

这一次重新出发，我背起的行囊里装着的，也只是一些过时的装备，它们已经不再适合现在的我。当下，不如忘掉之前所有的经验，重新跟着"生活化课程"一起再来一遍。我们一起尝试小组学习，一起进行"丛林学习"，一起做花草纸和扎染……能够让一个人有"焕然一新"感觉的东西，除了空气，就是教育。

（三）关键事件

1.一个像天使一样的孩子

刚来幼儿园实习的时候，我们班的保育老师生病了，于是我跟着隔壁班的保育老师一起学习保育工作一日常规。从早上来园开窗通风，到班级玩教具的消毒清洁。保育工作我完全不了解，所有工作都是从头开始学，我心情很沮丧，很焦虑，还生病了。

有一天我晕乎乎地下楼去扔垃圾，在一层的第一间教室门口，我遇到了一个小孩，她扶着班级门口的门向外看着我，然后突然走出来，一边看着我一边微笑，然后突然说："老师，祝你身体健康！"那一瞬间，我仿佛看到了一位天使！她并不认识我，我也不认识她，但是她似乎能够透过眼睛看到我身体里面的感受。因为她的这个微笑和这句话，我永远都会记得她。她的那句话就像一剂良药，我的身体很快就恢复了，精神也越来越好。我开始逐渐摸索保育工作的门道，从拖地板开始、从整理每一个书架开始……慢慢地我发现，其实所有的工作都有着它的节律和诀窍，如果我们能够把日常琐碎的保育工作当作生活那样来过，把打扫班级卫生当作整理收纳自己的家，不仅我们的工作会更加得心应手，孩子们也能在幼儿园的教育环境中感受到家的气息和生活的味道。

直到现在，每当我在工作中有些许迷茫的时候，我都会想到那个像天使一样突然出现在我生命里的小女孩。这个世界上真的有天使，就是孩子们。他们不仅是我们教育服务的对象，更是我们教育的灵感和力量的来源。

2.全新的尝试

2014年上半年，我还是一个新手教师，在小班做配班工作。那时候我每天都会用"教育随笔"的方式记录自己每天的工作思考。胡老师读完我的教育随笔，竟然邀请我参与"中国著名幼儿园"系列丛书《回归与还原儿童本真生活》的编辑工作。这一份工作的邀请，对我来说不仅是莫大的鼓励，也是一次全新的尝试，我从来没有架构过书稿，对文字逻辑之间的把握也只是凭着自己以前积累的阅读经验在修改。胡老师告诉我："按照你对文章结构的理解来整理就可以，相信你的感觉。"胡老师的话给了我莫大的鼓励和信心。是呀，从来没有尝试过的事情，为什么要担心做错呢？胡老师不仅鼓励我用自己的开放度来感受文字背后的情感，也帮我看到了自己身上一个从未被发现的闪光点。

这一次书稿的编写让我对自己在文字编辑方面的能力更加有信心了，但最让我感动的是胡老师愿意把机会给一个没有任何经验的我，并且不断鼓励我去发掘自己身上的闪光点。胡老师就像我的伯乐，也因为她的"看见"，让我更加坚信"一颗开放的心"对一个人的影响力。她对我说的话也一直影响着我在教育的场域里跟孩子们的相处方式。

当我们和孩子们能够彼此"看见"时，我们的情感才会发生真实的流动。

每一次"看见"都是所有联结发生的第一步，也正因为看到彼此，我们之间的联结变得更有力量。记得以前在《国家地理》杂志上看到过一位5岁小朋友的个人摄影作品，心想："5岁的孩子已经拍照为《国家地理》杂志投稿了？那我们是不是也可以试试呢？"十一月我们迎来了艺术月，中班有一个活动"记录身边美好的事物"，便想不如我们也请孩子们用拍照的方式来记录身边美好的事物吧！没想到这个想法得到了家长的一致认可，甚至还有家长给孩子准备了单反相机。孩子们以前都没有使用过相机，他们一边捧着相机，一边笨拙地寻找着相机的快门按键，眼神里流露出对镜头背后事物的那份欣赏，让我无比感动。

活动结束后我们把孩子们自己拍的照片分享到群里，所有的家长都在自我反思："我们以前为什么没有给孩子一些空间，我们凭什么觉得孩子们不会？他们的视角太独特了！这才是孩子们的视角！"那次活动也彻底改变了我对儿童的认识。

就像胡老师"看见"我的能力，我们也要不断"看见"孩子们的能力，相信他们，与他们一起尝试新的事物，一起把"不可能"变成"可能"。在这样的教育情境中，我们不仅是在用五官完成联结，更是完成了一次"心与心"的对话。

图10-6　那次的畅游中，孩子们用相机记录下当天过生日的园长妈妈（摄于2015年）

3.教学智慧的闪现

我们班有一个孩子叫安安，他特别喜欢玩建筑区三角形的玩具。我收拾玩具的时候，总发现少两块玩具，又不记得少了什么。有一次区域活动结束准备吃午饭，我对孩子们说："孩子们，收拾玩具，准备吃饭啦。"话音刚落，我发现安安一个人悄悄地去了睡眠室，我很好奇，就偷偷跟了过去，看到他把两个三角形玩具藏在另一间睡眠室的床下面。我很震惊，开始想：我应该怎样和他聊这个问题？

第二天下午，他又做了同样的事情，我假装找玩具，一边找一边问："咦？我们班的这两个三角形玩具为什么不见了？"安安默默地看着我，我对他说："安安，你能帮我找一下吗，保育老师一会要给所有的玩具消毒，如果这两个玩具找不到的话，它们就没办法消毒了。如果你能帮我找到的话，那就帮了我一个大忙了。"听完后，安安立马就跑过去帮我"找"了出来。

放学前，我单独找安安聊天："安安，其实小悦老师看到你把玩具藏在床下了，你可以告诉我为什么要那样做吗？"安安说："我太喜欢这个玩具了，别人玩了我就不能玩了。"我就沉默了一会，他就问我："小悦老师，我这样是不是很自私？"我说："你不是自私，你就是太喜欢这个玩具，我能理解，但是你想玩的时候，别人也可能想玩，能不能给别人同样的机会呢？"

当安安问我"我这样是不是很自私？"的时候，我的心被戳了一下。是不是因为在他很小的时候，有人给他贴过这样的标签？听完我说的话，安安拥抱了我一下。我很庆幸自己没有很生气地和他聊这件事，没有去指责他为什么把玩具藏起来，不然的话，我可能会摧毁这个孩子敏感的心，让他在成长的过程中一直觉得自己是一个自私的人。

图10-7　我和安安
从那天起，我跟安安变成了无话不说的好朋友，他会经常跟我分享"秘密"（摄于2016年）

在这些事情发生的时候，我们可能需要找到一个契机，既能顾及孩子的自尊心，又能够帮助他们解决当下的问题。我时刻告诉自己，不要对孩子妄加成人的判断和评价，教育的智慧一定就藏在孩子行为的背后，需要我耐心等待。

我无法确定这是否是教育智慧出现的时刻，但我能确定的是那一刻，决定我跟孩子关系的，不是经验，而是爱。

4. 正面的交锋

和孩子们一起生活时，遇到的任何困难都是可以一起协商解决的。在工作中，我最大的挫败是来自家长的质疑。

在"三色幼儿园"虐童事件爆发后，我收到了一位家长发来的微信，她发了一张孩子腿上结痂的伤口照片，问我这是不是在幼儿园弄伤的。在整个教育行业因为"三色幼儿园"虐童事件而如履薄冰的时候，我心里的气愤和委屈一下子涌上心头。我告诉这位家长，如果不信任老师、不信任幼儿园，可以去查监控。我的话瞬间激化了我们之间的矛盾，她执意要求看监控，而我也对自己的工作和幼儿教师这份职业产生了深深的质疑。

在教育的环境中，我们与孩子们的信任是那么简单，那么自然。孩子们会选择无条件地信任老师，我们也会选择无条件地帮助他们。可是这样的信任似乎无法在成人与成人之间建立，家长会因为某所幼儿园的不当行为而怀疑整个幼儿教育行业，我们跟孩子们朝夕相处的情感可能会因为一件事而彻底崩塌……如果这样，我们的教育还有什么意义？我一边怀疑自己所热爱的这份职业，一边陷入了深深的自我否定。

胡老师告诉我："在当下，不管是家长还是幼儿教育工作者，情绪都非常敏感。家长有质疑是正常现象，没有家长不关心孩子的身心健康；我们也会有情绪，因为我们一直守护的职业操守可能因为这次事件而受到深深的打击。此刻，我们最应该做的是去抱持家长的这份担心，给他们足够的理解。因为我们都非常期望着孩子的未来可以更加美好，当我们都能够站在对方的角度来思考，其实发现，我们有着同一个目的地。"

跟那位家长重新沟通后，我们拥抱了彼此。而这一次"正面的交锋"，也让我重新审视被家长"激怒"的原因究竟在哪里。正是因为家长工作方面的短板，反而让我太想得到家长的认可，我做得越多，就越期待被家长看到，而当家长看到的都是那些不美好的事情时，我会立刻指责他们为什么不肯定我们的付出。在整个过程中，我都只是在以我自己的视角沟通，而忽略了家长们真正的需要。

教育就像一条河流，只有当我们每个人都从这条河流中趟水而过，才能真正感受水的温度。教育不是教师单方面的教育，我们要看到儿童的需要，看到家庭的需要，更要理解和接纳他们的需要。能够将儿童、家庭和幼儿园联结在一起的，除了共同的教育信念，还有对彼此的理解和尊重。

5.胡老师，是始终给予我思想指引和信念加持的人

在七年的职业生涯中，对我影响最大的那个重要他人就是胡老师。胡老师会在很多关键时刻给予我思想的指引和信念的加持。

印象很深刻的是 2017 年上半年，我协助胡老师制作名师工作室的推送。那时候每周都会借助推送的思路跟胡老师聊很多推送背后的想法，也更加理解胡老师对教育的追求和情怀。胡老师给予了我很多信任，编辑名师推送的那半年，也是我第一次在非教师的岗位上思考幼儿教师的职业深度。

有一次在编辑名师推送的时候，做一篇关于大班毕业前在幼儿园"难忘一夜"活动的纪实推送，胡老师那周身体不适，就把推送全权交给了我负责。当我按照当天晚上的活动线索把推送的初稿发给胡老师时，本以为胡老师会很满意，没想到胡老师只回复了四个字"单摆浮搁"。我开始向胡老师解释推送背后的思路，胡老师说："你所能想到的别人也可以想到，而你作为事件的亲历者和活动的发出者，要看到更深、更远的东西。那些东西可以是情感的，也可以是理性的。"一股巨大的失落瞬间笼罩着我，我突然明白，只有打破自己很多固有的想法，才有可能让更多的光照进来。之后，胡老师一直带病耐心给我指导新的推送思路。

胡老师就是这样不需要用很多的力量，就可以直指心中的问题，然后又耐心地帮助你梳理新的思路，寻找破解法门的那个人。那一晚的名师推送，是我跟胡老师隔着电脑屏幕在探讨活动背后的教育意义，寻找一名教育工作者真正的初心；也似乎隔着电脑屏幕，胡老师接纳了不完美的我，我接纳了不完美的自己，然后我们一起寻找一个美好的出口。隔着电脑屏幕，我们拥抱了彼此……

这件事过后，胡老师的那几句话一直激励着我：作为教育工作者，我们要不断思考教育的深度，或是来自理性的专业，或是来自情感的软性支撑。

（四）我的教育哲学观

1.看清自己与他人的关系

在教育中，最重要的就是人与人之间的关系。关系需要被看到、被听到、被理解。作为幼儿教师，我们要能感受到孩子的情绪和需要，也要为他们提供必要的支持，但提供支持的方式其实本质上也反映着我们与孩子们之间的关系。

在教育中的这段关系包含着教师与自己的关系、与孩子的关系、与家长的关系。能

在三种关系中达到自洽非常不易。但想要维持这些关系的平衡其实并不难：教师要能看到孩子、有教育智慧、脑和心都应该是清晰和干净的。因为心干净的人才会和孩子去沟通，脑干净的人才能在杂乱的事物中理出条理。

2. 不会沾染尘埃的儿童

我对儿童的看法也是随着教学实践的积累而发生变化的。以前，我总觉得孩子是一张白纸，需要我们通过教育给他们一些东西，这也是我最早的儿童观。来到花草园之后，我总是惊叹孩子们的创造力和他们对世界的认识。孩子真的是一无所知吗？完全不是，那孩子到底是什么样的？我一直在思考这个问题。在教师读书会上，我们在胡老师的引领下一起阅读《中国哲学简史》，我记得有一句话：我们每个人身上都是有尘埃的，教育就是不断地帮他们擦去尘埃。在教育中，我发现孩子的身上没有"尘埃"，只有"光亮"，要用眼睛、用心灵才能看到他们身上的光。

扫描二维码，了解罗希悦老师的生活经历与求学故事

叙事三

李洋老师：
温柔与敏感成为了我的职业优势

（一）教学生涯

1. 相遇——那一瞬间的美好值得我此生铭记

我之所以能够来到花草园工作，与一个人密不可分，这个人就是我们的园长。

第一次见她的时候，她还不是我的领导，而是我的本科毕业论文指导教师。当时，手里拿着一份很不完美的论文初稿，自以为已经写得很好。殊不知，这距离她心中的及格标准都差了一大截。云里雾里听完她的指导，开始了一次艰难的修改。等我再次见到她，却失去了给她看论文的勇气。所幸，她看完以后向我投来些许笑容。暗自松了一口气，也清楚地记住了她说的那句话："大多数时候，当我们觉得自己还不错的时候，实际上差了很多。反而当我们觉得没那么好的时候，我们可能做得差不多了。"论文定稿的时候，她问我要不要加入花草园。我答应了，心里充满了不安与担心：从校园走向社会的忧虑，对自己能力的担忧……她的一句话打消了我的顾虑："我们前行的路上，有

时候会偏离轨道，但是没有关系，你把它扳回来就好了。"

心被触动的时刻，总是在一个不经意的瞬间。那一天的场景就如同雕刻在了我的脑海里一般：四月中旬，微风拂过，胡老师微笑着对我说过的这两句话，就仿佛一束光一样，给了当时踟蹰不前的我向前走的力量。

而我和花草园之间，从这里开始，渐渐变成一段段故事。

图 10-8　和胡老师一起的新年合影（摄于 2019 年）
感恩和胡老师的相遇，开启了我在花草园的美妙旅途

2. 初入职场——在观察中找到自己的方向

初入职场的我，有些找不到方向。刚入职的时候，在小班担任教师助理职位。彼时的我，总有一种虽然每天都在工作，但是实际上又仿佛什么都没做的感觉。还有很多时候，不知道自己该在教室里做点什么，心里总会涌上一股莫名的压力。

一次教研会上，胡老师和我们几个新入职的教师说："刚开始工作的时候，如果你不知道该做点什么，就去和孩子们在一起，带着一双眼睛，发现身边老师们的闪光点。"从那天以后，我给自己定了两个小目标：每天观察一个班级老师们工作中的闪光点；每天和每一个孩子聊聊天。带着这样的目标，我的工作有了抓手：用日记记录下来每天和孩子们的相处瞬间，观察班里老师怎么跟孩子相处，保育老师怎么做保育。

这一年，虽然看似平淡，自己也没有完成创造性的工作，却为我日后自己带班打下了结实的基础。

3. 担任配班教师的第一年——生活化课程让我放下了焦虑和担忧

来到幼儿园的第二年，我成为大二班的配班教师。听到这个消息的时候，我很焦虑：没有带班经验的我一下子就要带大班，我能做好吗？这些孩子我一个都不认识，怎么才能和他们快速"破冰"呢？

开学以后，见到孩子们的第一刻，我就"崩溃"了，站在他们面前，我的两只手无处安放；看着不停地聊天的他们，不知道该说点什么，情急之下还说过："你们能不能先听我说完再说。"（没有记错的话，说这句话的时候我的眼泪都快出来了）总之，在这个初次见面的月份里，我们并没有太多的联结：每每带着他们出去玩，他们看到之前的老师都会很热情地打招呼，去和她们拥抱；回到教室里，他们也会接着聊遇到之前的老师们以后说了什么。每每这种时刻，我的心里都会涌出一种莫名的酸楚，我羡慕他们和孩子们有很多共同的记忆和美好，羡慕孩子们愿意对他们敞开心扉，羡慕孩子们见到他们时的兴奋状态。但我也深深地明白，这一切需要时间！

幸运的是接下来，我们有很长一段时间去了解彼此。在接下来的几个月里：我们一起讨论规则，制定新的班级公约；一起在金秋十月研究我们共同生活的北京，一起研究和我们每一个人都有着深深联结的地方，这或许是我们这些从不同地方汇聚于此的人们最有效的沟通方式吧。我们一起追溯我们的根，我们的故乡和我们的姓名。当我们建立起共同的联结以后，去了解彼此心底里最深的地方会让我们更加为对方着迷：一起在艺术月里走到大自然中去，收集大自然的味道，用花草纸和扎染留存大自然的气息，成为大自然的孩子；一起在美食月里学习祖先们冬藏食物的方法，在家里做泡菜，在幼儿园里晾晒各种食物，我们还一起在幼儿园里挖了一个"地窖"冬藏食物；一起制作手工酸奶、馒头；一起推磨点卤水煮一锅热气腾腾的豆腐……

冬去春来，我们迎来了新学期：三月，我们一起品读经典《西游记》，研究唐僧师徒四人的取经路线，一起穿越到"西游记"里变成孙悟空、唐僧、观音菩萨以及众仙女……四月，我们从一个生命的诞生开始研究小宝宝是怎么出生的、人类是怎么出现的，找寻自己身上的家庭遗传密码，准备自我介绍参加"花草小学"面试；五月，如果说之前的几个月，我们是在学习、在游戏，那么这个月里，我们更多的是在对"学习"本身进行学习和探究；六月，毕业倒计时牌上的日期像沙漏一样慢慢滑过，记录了我们在一起的最后一段时光。我们用脚步去测量花草园的每一个角落，绘制一幅独一无二的花草园地图；在"花草电车"上画下美好的花草园生活和属于自己的星空，把它作为礼物送给弟弟妹妹们；准备一场盛大的毕业典礼，用"绽放"向花草园告别！

就这样，我们在一起生活中历经寒暑，从陌生到熟悉，再到舍不得分别。无疑，生活化课程成为我们共同的记忆，也正是因为课程的生活化，我们把平常的每一天都过得如此不同。

（a）

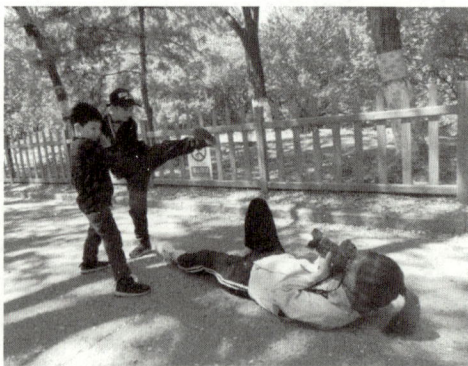
（b）

图10-9　担任配班的第一年，我总是想记录下孩子们的每时每刻

4. 在实践中，我开始对教育进行反思

（1）在教学中反思

一直以来，我都觉得组织教学是自己的短板。刚来幼儿园工作时，我就害怕组织活动，到现在仍然比较担心。今年，我们班级的容量较之前大了很多，这为我们的小组带来了很大的困难，有限的时间里，我失去了小组教学的先天性优势，甚至在集体活动中，

也会因为人太多，而有是否能够顾得过来的担忧。

十月，我们的课程有一部分是关于北京的学习，当时我们学习了北京的中轴线。我自己当时看了很多纪录片，并做了记录，想把它分享给我们班孩子，却苦于不知道在什么时间进行分享。我想，何不趁着眼前的困难，更加大胆一些去突破时间和空间的限制。于是，我们开始采取碎片化的时间和聚集性的空间结合的"游击战术"——只要是孩子们能够聚集在一起的地方和时间，我们随时开展课程：散步的时候、睡前、孩子们从户外回到教室的时候……都成为我们共同的学习时间。

生活化课程中，适度模糊的时间和空间尺度，给了我很多教学上的勇气去尝试更多可能。

（2）对"我想成为什么样教师"的思考

我想成为什么样的教师？温柔、博学、耐心、有创新力、游戏力……细细想来，即使这些美好的词语全都用上，可能我都会觉得还是差点什么，更别提对于现在的我来说，本身就有很多值得进取的地方。

不妨换个角度来思考问题，或许，当我们使用排除法，排除掉最差的那个情境，就能够收到心中的答案：不要去做一位伤害孩子的老师，无论心灵或者身体，课程中还是生活里。

孩子们就像一面镜子，照射着我的内心。记忆中高裳小朋友曾对我说："你怎么对待世界，世界就会怎么对待你。"也正是她的这句话，一直提醒着我要和孩子们在一起，倾听他们的声音，和他们对话。

我只想成为一名和孩子们在一起的教师！

5. 同行者——和大家在一起，才能成长得更快

来到花草园之前，我觉得自己做得好，是单纯地觉得自己做得好。来到花草园以后，觉得自己做得好，是因为我跟很多优秀的人在一起。

在花草园时间越来越久，和园里的很多老师之间都有了更多深入沟通的机会。和不同的老师在一起的时候，不论是一起教研、备课还是平常的聊天，都能在他们身上看到自己的无数种可能。我也有一种强烈的学习愿望，想把他们的闪光点融合在自己的身上。

所以，跟更多优秀的人在一起的时候会看到更多的点。也正因为这样，我认识到自己进步的空间还很大很大。

我们的日常工作，从来不是一个人的"孤军奋战"，而是一个班级、一个年级组甚至整个幼儿园所有同伴们的齐心协力。我们在一起，有陪伴，有榜样，有相互成全的力量。也正因为是在生活的场域里，大家之间没有谁比谁更高明，我们是在互相帮助中寻求自身的突破。

图 10-10　2019 年 10 月，花草园迎来了 15 岁生日　我们在这里，和它共同成长

6.园长的引领，让我看到了方向

刚刚成为一名幼儿教师的时候，我觉得这就是一份很普通的工作，我就是千万幼儿园老师中很普通的一员。在花草园工作的两年时间，我彻底改变了这种想法。在幼儿园文化的浸润下，我意识到自己从事的并不仅仅是一份幼儿园老师的工作，而是有民族使命感的工作，特别是听到我们园长说"幼教人，作为这个民族的护根者，一定要为我们的民族护好根"时，这种使命感更是强烈，我也为自己所从事的职业感到自豪。

在参加过一个关于传统文化教育的培训之后，我内心的这种感触更加深刻。当下，正值大力弘扬中华传统文化教育的时期，但是一讲到传统文化，就是讲传统手艺，特别流于形式，很难涉及传统文化的精髓——中国人的文化精神和生活智慧。作为教师的我们，如果单单接受这种培训，而不深究其背后的深意，是无法真正与传统对话的。

在花草园，胡老师带着我们思考传统文化时，特别注重把传统文化中的精神内核开拓出来，把中国人身上那种气节精神和生活智慧传递给下一代。传统文化是我们这个民族特别宝贵的东西，我们有责任，也有义务让祖国的未来体会到这些文化真正的生命力所在，这也是做好护根者的职责。

（二）我的教育哲学观

1.教育是和孩子们同频共振的过程

教育是和谐情境下如水流一般的良好互动，也是冲突情境下有意识的良好互动。

作为两个独立个体，在教育的过程中，我们和孩子们在不断的彼此回应之间建立连接。

在这样一个心与心、能量与能量交换的过程中，我们逐渐感受到彼此的善意，找到我们之间相处的最佳模式。当然，这样心与心之间传递能量的过程并不总是风平浪静、一团和气的，有时候，也伴随着哭声和碰撞。

当碰撞来临，我们和孩子们，都多多少少会对彼此产生情绪。作为教师，作为成人，我们应该做到的一点是有意识地把自己从情绪中剥离出来。当我们积极地去和孩子们建立连接，积极地去破除我们之间的壁垒的时候，教育，才逐渐开始。

2.教育是抓住日常中的每一个契机，支持孩子们学习、探索的过程

教育不一定非得是在特定情境下的特定行为方式，它无处不在，存在于日常生活中的随机片段中：孩子们的游戏、学习、生活、自然中的探索……都藏着教育。很多时候，我们要做的不是非要去凭空创设一个情境，然后借助这个情境把我们所认为的知识传递给孩子们，而是去观察孩子们，去和孩子们一起游戏，然后在他们需要的时候给予帮助。

3.教育是一段旅程，我们和孩子们相互点亮

在教育的这段旅程中，我们和孩子们都是旅人，我们相互扶持、共同修行，都在寻找着更好的自己。我们把从社会生活中习得的规则、知识传递给孩子们，帮助他们更好

地成长为"社会人";孩子们则用他们的一颗赤子之心感染着我们,带领着我们找到最真实的自己。

(三)花草园带给了我什么

我常常会思考,花草园带给我的究竟是什么呢?我会在这条路上走多久呢?

在这里,我遇到了我的童年和童年的自己,带着童年的小女孩和现在的自己一起前行;在这里,我遇到了尊敬的师长,她的一言一行都给了我前行的力量;在这里,我遇到了很多和我一样的同行者,我们各自都不完美,但在一起,就所向披靡;在这里,我更是遇到了心灵的滋养——孩子们,他们至纯至善,是这个世界的一片净土,我想好好守护他们;在这里,彼此心爱的我们,把每一天的生活都过得有声有色,用平凡生活营造出一个接一个的美好场域。

我想,如果可以的话,我会一直在这条道路上前行!

扫描二维码,了解李洋老师的生活经历与求学故事

叙事四

田巍老师:
这十几年来,我感觉自己一直在精进

(一)教学生涯

转眼我在花草园已经工作16年了,花草园的生活总是让人忘记时间,一不小心就活成了"不知有汉,无论魏晋"的古人。回看自己的一些变化,我想谈谈我对教师角色认识的几个阶段,谈谈共同生活的儿童、同行者和一位对我影响最深远的重要他人。

1. 从"成为一个孩子们喜欢的老师"到成为"无形"之师

在花草园的实践探索中,我对教师角色的认识经历了三个阶段。

第一个阶段,成为孩子们喜欢的老师。

刚成为老师,眼里总是被那些喜欢恶作剧的孩子牵绊着……让我体会到总是在寻求关注的孩子破坏力是超乎想象的,每天要同时面对几个同一时期的孩子,真的比较牵扯精力。身体里总是有个声音说:"管一管吧……现在都敢这样,长大了可不是了不得了……"这时,我看到了这样一句话:"缺乏与他人强烈的情感联结,孩子就找不到自己控制冲动的积极动机。"这句话一下子打动了我,孩子们在寻求关注的同时也是在表

达渴望与他人建立连接，很惭愧，以前的我只想到了制止，却忽略了他们的需要。

"亲其师，信其道"，首先必是与师亲，被孩子喜欢的老师，对孩子的影响力才会越大，良好的依恋关系能帮助孩子们找到控制冲动的积极动机，这点太重要，却又最让人容易忽视。一瞬间我感觉自己找到了一个教育"魔法"秘方，那就是要成为有影响力的老师，首先要成为孩子们喜爱的老师，成为孩子们真心依恋的人，成为孩子们争先效仿的人。

第二阶段，成为"有形"之师。

这个阶段，我想找到自己的风格，做孩子们的支持者、陪伴者、记录者、参与者……随着经验越来越丰富，我越来越感觉到自己能做的很多，开始信任儿童、信任经验，并找到了属于自己的教学风格，慢慢固定下来。这个过程中，我学着把孩子放在心里，体会着教师的影响力。

第三阶段，成为"无形"之师。

当教师的角色被定义的时候，每个教师有了目标的同时也仿佛有了限制，借助课程，我发现自己的角色从来都没有被定义过，只是不断地寻找着成为各种角色的可能，我们从来没人满足于一个角色，总是喜欢尝试不同角色，挑战各种看似的不可能……"无形"之师是什么都不是，什么也都可以是的人。

花草园里的教师角色不是被外界、被他人赋予的，而是自己赋予的，我们的宗旨只有一个，就是让我们的工作无愧于儿童。我们为了这个目标可以什么都"不是"，因为这是我们唯一的目标，为了它，我们不在乎自己是什么角色、什么样子，为了孩子们我们可以什么都试试。

图10-11　在春游的大巴车上（摄于 2008 年）

图10-12　和孩子们一起排练儿童话剧（摄于 2017 年）

图10-13　和孩子们沉浸在游戏的情境里时，
我常常忘了"我是谁"（摄于 2018 年）

这也让我想到帕尔默在《教学勇气》序言里的最后一段话："我们所有关心教育的人需要一起努力，来帮助人们认识到，教和学是人类所有追求中最崇高、最迫切需要的！"世界的未来依赖于这样的教师和学习者——他们愿意向我们周围的世界和我们的内心世界敞开心扉，向着每一个人与生俱来的宝贵潜能，向着日常生活的潜在价值，向着我们多灾多难的世界所固有的美好未来，敞开心扉。教育是最复杂的人心灵与心灵之间的交流，迫切需要教师找回真心与真我，孩子迫切需要沐浴教师心灵的阳光，教师也迫切需要透过学生的生命完满自我，重振敞开心灵的教学勇气。

2. 儿童绚烂的精神世界

"有两样东西，人们越是经常地对之凝神思索，它们越是使内心充满常新而日增的惊奇和敬畏：我头上的星空和我心中的道德律。"这是德国哲学家康德的名言，是对敬畏这个词语的最好注解。相比不可知的存在，常让我抱有敬畏之心的却是儿童。

作为教师，我通常更关注孩子们的思想而非行为。只有关照到思想的流动，才能倾听孩子的想法，与孩子的精神世界完成高度的契合。也因为这份对儿童心灵的关照，我时常被孩子们的精神世界抚慰。每次看到天上的星星，我总是想起我已经去世的姥爷。生命之所以可贵，是因为它只有一次。唯有经历过生死，才会对生命产生敬畏。当时正值清明前后，我们和孩子们一起讨论"死亡"，这是我内心有一些恐惧但却不得不面对的话题。

孩子们对生死的看法，编汇成了一首小诗：

死亡也是美好的

等我老了也会死去，
这是一件很自然的事情。

我会去以前的世界里，
去一个有光亮照出的地方。
我会变成鱼，自由自在地游泳，
也会变成星星，每晚都冲你们眨眼睛。
我会去天堂，那里一定是个很美丽的地方，
我会去另一个世界里，好好地活着。

不要觉得伤心、难过，
死亡并不是一场灾难。
也许我会变成肥料，让花花草草长得很好。

我希望死亡是美美的、安静的，

就像《活了100万次的猫》一样，
能够经历更多的生活。
就像做鬼脸一样，笑呵呵的，
像彩虹一样，五彩缤纷，
像活着的时候一样，是快乐的。

如果有长生不老的本事也挺好，
爸爸妈妈就可以永远看到我，
我也会有越来越多的小伙伴，
我会去慢慢地周游世界，
去看我没有见过的风景。
不过就算死了也没关系，
我就能去感受另一个世界的乐趣。

生和死只是时间的关系，
我会勇敢地活着，再快乐地死去。

每当我听到孩子们表达对生命的认识时，都会赞叹他们精神世界的丰富与饱满。对比自己对生命的认识，孩子们的理解更开阔、更诗意、更具启发性。在他们的带领下，我开始渐渐放下忧思，认识到生命原本是一个无所谓开始更无所谓结束的圆圈。

有人问我："和儿童交谈时，你们有什么原则吗？原则是什么？"我想，原则就是那颗心。"应无所住，而生其心"，孩子们教会我，要听懂他们的话，需要我们用一颗特别纯粹而明亮的心去呼应他们，这样才能听到他们的哲思哲意。

图10-14　随时记录下"儿童的一百种语言"
倾听儿童时，我常被他们的妙语所触碰，他们是我的"老师"

很庆幸我选择的职业，因为我能从孩子们身上感觉到哲思的存在。在这个见证生命成长的过程里，我感到了前所未有的满足。回望自己的成长，才发现原来很多时候，人的思考与判断就是一念间的事。所谓成长就是适时停靠，及时远行，逐渐形成一个关于自我的故事。

3. 与同行者同行，与"哲学"同行

2016年，在胡老师的带领下，我们开始共读《中国哲学简史》，读书会成为花草

园的传统。发展到现在，每个年龄班都有自己的读书会。读的书不限范围，有的时候是童趣的绘本，有的时候是接文化气的《中国文化精神》；有宏观视角的《人类简史》，也有细腻的《窗边的小豆豆》……而读这些书的过程，对我的儿童观、哲学观、文化观的塑造贯穿始终，我也渐渐形成了一些属于自己的"智慧"。

儿童的哲思往往是在自由、放松的情况下产生的。亚里士多德曾指出"闲暇"是哲学产生的一个重要条件。这提示我们，当儿童的精神越放松，儿童的自由度越高时，他们的哲学思考越容易萌芽。

美国实用主义哲学家皮尔士认为，哲学探究可以通过团体对话的方式完成，探究就是"由怀疑到确信的过程"，整个过程经历"不安""怀疑""寻求答案""形成假设""对照经验""消除怀疑""获得安定"等环节，进而又产生新的"不安"，如此循环往复，信念渐趋坚定。这恰恰是我们一直在做的"集体讨论"活动，当我们愿意倾听儿童时，儿童的观点总是犀利得让我们惊艳。特别是当孩子们已经习惯于这样的学习方式后，他们的交流更是随处发生着。

借助儿童哲学思想的绘本，能帮助孩子更直接地体会哲学的多样性与趣味性。例如：舒比格的《当世界年纪还小的时候》、拉贝和毕奇的《写给孩子的哲学启蒙书》、柏尼菲等编著的《儿童哲学智慧书》、乔斯坦·贾德的《苏菲的世界》等。孩子们的哲学思考常常是在遵循科学理性的同时，充满诗意而且通达人生智慧的。这些书对儿童和成人同样有启示作用，因为好书是不分年龄的，只有有哲思的老师才能发现有哲思的儿童，因此，成人也有必要读、写关于哲学的绘本，以便更好地呼应儿童。

哲思的形成过程往往需要一个"让孩子们产生认知焦虑的当口"。当他们发现自己与已知世界有矛盾的地方时，正是他们思维发展的最佳时机。当一个话题有冲突出现，孩子们在表明观点后，总有一个瞬间会产生激烈的矛盾冲突，这宝贵的时间就是孩子们在思考、修正、更新自己观点的时间。所谓真理越辩越明……

如果说之前的教育行为更多是依靠直觉，是感性的、零散的、随机的；我们在共读这些书的过程中，借由哲学，多了更多理性的、系统的、深刻的、透过教育现象对教育本质的思考。而这一过程，让我对自己所从事的这份工作更坚定。

4. 影响我成长的重要他人

对我的教育观影响最大、最深远的人是胡老师。在我心中，她是生活家里最有艺术特质的教育家，是最会做饭、最懂生活的人。她用自己的行动解读了女性"内心坚定，宛若天真"的状态，示范了拥有开放的心灵、保持恭敬心的真实形态。她让我觉得，教育从来都不是塑造，而是吸引与影响，是心灵与心灵的对话。她总说："当你能体会'无用之美'的时候，当你忘掉了自己的时候，当你心里有光、眼里有爱的时候……就是教育开始有作用的时刻。"

在"生活化课程"刚开始探索的一两年里，还没有固定的节奏和样态。胡老师除了每周亲自组织教研，和老师们共同讨论探索中遇到的问题外，还想通过一对一对谈的方式了解一位一线教师在实施课程过程中的所思所想。当时，很多老师都想获得这个宝贵的机会，最后我成为这位幸运儿。每天晚上，我都会和胡老师用微信语音的方式聊几分钟，一起讨论当下对课程的想法。

比如，印象特别深刻的是十二月"美食月"关于鸡蛋的学习。在同年龄组备课的时候，我们都有一个直觉，就是希望课程中可以体现时间的线索，比如"有什么东西，经过了时间会变成另一种味道"。当时只有一个大概的方向，但是没有想到具体落地的抓手。

那天晚上，我突然想到了可以和孩子们一起腌制咸鸡蛋，当时查阅了很多资料，了解咸鸡蛋的做法，还查到了中国人最早记载做咸鸡蛋的书——《齐民要术》。晚上和胡老师的"每天一刻"时间，我跟胡老师说了一下这个想法。胡老师听到后特别惊讶和开心，然后说起：咸鸡蛋的历史是古代劳动人民的发明；到爷爷奶奶辈生活的时代，衣食短缺，他们很珍惜食物，就会把鸡蛋腌了，存起来，过年吃，或者把它当礼物送给别人吃；再到现代，咸鸡蛋成为很多爸爸妈妈儿时的回忆，一颗咸鸡蛋，背后有着很强的传承性。

听了胡老师的讲解，我顿时觉得一个普通的咸鸡蛋变得不普通了起来。胡老师赋予了它回忆的温度和文化的质感。这就是胡老师，每当我们课程遇到困难的时候，她总是那个帮我们整合经验，让课程更流畅、完整，有温度、有文化质感的那个人。

而且，胡老师从来不把自己当成领导、和老师们分开，她始终和我们在一起。当我们遇到了困难，她会告诉我们"别着急，再想一想"，给予我们无条件的信任，然后在合适的时候，放下一把"梯子"，让我们顺着这把"文化的梯子""心灵的梯子"踩着困难往上爬，帮助我们借由"生活化课程"完成了在个人经历、情感和历史文化的再度内化，让课程和我们个人都拥有了更多的可能性。

胡老师对待我们的方式，让我想到了《麦田里的守望者》中的一个经典启示：在教和不教之间还有一个守望。

16年来，这里见证了我从"初出茅庐"的新兵到身经百战的老将的变化与成长，见证了彼此艰难与高光的时刻……不知从何起，我们已经荣辱与共，成为血肉相连的一体，作为花草园的工作者和孩子们的守护者，我始终在路上，不断实践并传承着心中的花草园精神！

图 10-15　摄于 2007 年，幼儿园春游登蟒山

图 10-16　摄于 2021 年
在花草园 16 年，胡老师是影响我成长的重要他人

（二）我的教育哲学观

1.教师不要总是思考"课程中教师应该是什么样"，而是应该多思考"此时此地如何做"

美国著名的建构主义教育家德弗里斯说过："教师有时应该教，有时不应该教；有时应该强化，有时应该诱导；有时应该强制命令，有时应该耐心等待……"懂得什么时候教、教什么和为什么要教，要比单纯地主张去教或主张建构困难得多；懂得在必须强制时如何做出决定，在不破坏自主性发展的前提下如何坚持服从，要比只是顾及强制或合作要困难得多。

从德弗里斯的启发中，我想作为教师，我们不能只是极端地去关注这样一些问题：教师到底应该对幼儿传递知识和技能，还是应该注重幼儿自身的发展；到底应该由教师发布指令，还是应该注重幼儿主动的学习……在教育、教学的应然与实然之间是存在距离的，那些所谓普遍适用的、正确的理念在教育实践中不一定就是行得通的"让教师的教学有意义"，这一命题的根本含义就在于，教师不要过多地去思考"教学应该是什么样"，而是要经常去反思"此时此地如何做"，即变"确定"为"不确定"，变"唯一"为"多元"。而把握"此时此地如何做"，要比知道"教学应该是什么样"重要得多，也困难得多。

在"生活化课程"中，我希望自己可以成为一个有教育智慧的人。这种智慧是来自在特定教育情境中对教育的思考，所得的不只是一些"放之四海而皆准"的教育策略和方法，而是对属于自己的实践性知识的建构。

2.教育其实就是艺术

我心中理想教育的样子当如诗人顾城描绘的那样："草在结它的种子，风在摇它的叶子，我们站着，不说话，就十分美好。"

教育其实就像是艺术，没有对错、好坏，没有唯一，不早不晚、不急不躁，只是把心里的花来浇灌、来分享……只是追求美。任何事物都可以说是美的，只因审美的人不同，美的显现也就不同。

教师就像个艺术家，和孩子相处的每一个瞬间都是在创作，在和孩子共同漫步的那三年时光里，一同创作出了无数个"艺术作品"。我爱生命里出现的每一件"艺术品"，也爱这些"艺术品"成就的自己。在教育的河流里，我们和孩子们彼此陪伴，生命因此有了更多的意义和价值。

扫描二维码，了解田巍老师的生活经历与求学故事

叙事五

王彩霞老师：
在这里，有个性是一件很值得庆幸的事

（一）教学生涯

1. 初到花草园

真正的幼儿园是什么样子？和小朋友在一起怎么相处？和他们在一起是什么样的感觉？自己会变成什么样的老师？带着大大的疑惑、小小的兴奋，我来到花草园实习了，那个时候花草园还不叫花草园，我们叫它"附属园"。当踏进幼儿园的那一瞬间，这里的一草一木、一花一叶，孩子们的一静一动、一颦一笑、一举一动，到处弥漫与成人世界不同的味道，那么清新、透彻。

新的环境、新的角色，一切都是那么新鲜，怀揣着很多美好的愿望，我开始了自己的教师之旅。成为教师的那一刻，自己就像小孩一样对身边的一事一物充满了好奇，想到处去看看、到处去摸摸，心情总是会时不时地就激动起来，每天都觉得自己浑身都是满满的能量，怎么用都用不完……

2. 我的教学生涯由此开始

记得刚做配班老师时是和微微老师一个班，有一次她外出学习，我自己一个人带班，当时觉得：哇，自己一个人带这么多的孩子去游戏，带这么多的孩子去完成一天的生活，也是一件很开心的事情。

图 10-17　第一次以教师的身份陪伴着
刚入园的孩子们（摄于 2007 年）

一上午的活动都在自己的预料之中，和孩子们愉快地游戏，陪孩子们安静地吃午饭。可就当要带孩子们户外活动时，意外发生了。从教室中间往楼道里走的时候，一个小朋友不小心摔了一跤，嘴磕破了皮。意外发生，我第一反应就是带孩子去医务室检查，当保健医告知要去医院缝针时，我一下子六神无主起来。在我看来"缝针"意味着事情很严重，这好像是最坏的事情了吧，家长的责备、园领导的质问这些应该都会不少吧……当时就想"我的教师之旅"是不是就这样结束了。

陪着孩子去完医院，回到园内说明了意外当时的情况之后，出乎我意料的，没有人指责，没有人过多地询问，而是告诉我"事情解决了，不要有压力，如

果有困难，我们还有好多人在你身边呢"。简单的"没事的"三个字，让我的心踏实了下来。除了新鲜、好奇、激动，我的教师生涯有了更多、更完整的情绪体验。原来成长的路上不是孤零零的一个人，身边总有很多、很多温暖你的人！

现在想想，这应该就是花草园的文化吧，有温度、有温情。

3. 我的小挑战

工作的第三年，自己独立承担了班长的工作。还记得一开始接受这个新岗位时，既忐忑又有一点点的小兴奋。忐忑的是自己从来没有承担过这么大的"任务"，工作状态要从以前的协助别人完成工作转换成自己独立承担责任；而小小的兴奋也是来自这样的角色变化，能有机会看到、感受到不一样的自己，感受来自工作的"新"激情。

还记得第一次的半日开放、第一次家长学校、第一次的家长会。组织这些活动的时候，时不时都能感觉到自己的极度紧张：手放在胸口就能摸得到心脏的加速跳动；手放到脸上就能感觉脸像一个火炉一样；连说话的声音都是微微发颤的，总之就是一种大脑缺氧的感觉。自然，这些活动也只能用"一团糟"来形容了。

还好，每当这些"自我否定"出现之时，总有人会不断地鼓励你：慢慢来，放轻松。就这样，在陪伴孩子的同时好像自己重新回归了童年。

4. 享受和孩子在一起的时光

一开始我还会困惑和孩子们在一起要怎样游戏，要做什么才能让他们感到开心、愉悦。

一次下雨时，我和孩子们来到了玻璃房自由活动，雨越下越大，玻璃上的雾气也越来越大，孩子们不由自主地用手指在上面涂鸦起来，一玩就是很久。哈哈，这不就是孩子们喜欢的吗？孩子们远比我们大人会玩，他们的能量超乎我们的想象。在那之后每当下雨时，我们会快快地拿起雨伞、换上水鞋、穿上雨衣，去雨中的院子里寻找快乐。孩子们或者将小小的身子藏在雨伞里，或者是用脚踢打水花、发现蜗牛、看看雨中的小池塘、坐在雨中的葡萄架下……晴天时他们会观察小蚂蚁、各种奇怪的小虫子、漂亮的花朵，把奇奇怪怪的小石头、美丽的花瓣收集在漂亮的瓶子中，将捡来的花瓣、树叶制作成美味的"佳肴"。

而这一切，在花草园是被允许，是被支持和鼓励的。

5. 再次夯实自己——可以释放自己的"儿童月"和"艺术月"

转年，再次担任小班教师，没有了第一次的紧张、彷徨、困惑；更多的是安心、期待、期盼。因为有了之前的经验，再次"出征"时能投入更多的激情和情感，也能运用更多灵活的方式来解决工作中遇到的问题。

在六月"儿童月"的活动中，我们以"自然物"作为活动的载体。活动中，孩子们一起尽情与颜料、泥巴、沙子等这些自然材料亲密接触、游戏。这些游戏因为没有显性的教育要求，所以每次孩子们都玩得特别的"肆无忌惮"、特别愉快！而作为教师的我，也会慢慢地和孩子们一起游戏，寻找自己童年的影子。

"艺术月"的活动很丰富，每周都有一个不一样的主题，需要家长和孩子们一起收

图10-18　第一次经历"艺术月"的我，和孩子们
一起主持艺术月的开幕仪式（摄于 2008 年）

集材料、制作。一开始我们只是将活动的主题和内容告知家长，孩子只有在活动开始时才知道自己要做什么。后来一想，为什么不将这些有趣的活动也提前告诉孩子们呢？如果提前知道这些不同的、有趣的活动，孩子们一定兴奋极了，能早早期待这些惊喜的到来。于是"预约惊喜"就这样的"诞生"了。每个大型活动开始之前我们都会提前告诉孩子们，比如：种植日、太阳日、庙会这样的"大日子"到来之前我都会和孩子们做简短的聊天，让孩子将美好的期待一直延续到活动开始。

在花草园里，创新是一件随心的事情。

6. 遭遇新课程

2013 年是幼儿园开展"新课程"（生活化课程）的第一年，那也是我参加工作的第八个年头。"新课程"与以往传统意义上的课程有着本质的区别，需要教师展现出更大的心理能量，需要打破对原有自我的认识、对原有课程模式的坚持，还需要厘清课程和自我的关系。而这些恰恰让我觉得很困难，一时间困惑、抵触、徘徊、顾虑、不安这些状态全都围绕在我身边。如果仍坚持原有的习惯，站在原有的角度继续，状态还会是一样，为什么不让自己换个角度看待新课程、看待孩子、看待这份工作呢？于是，这一年我选择重新担任配班老师的工作。

还记得刚来园时担任"配班教师"工作的情景，从什么都不知道的懵懂状态开始了自己的教师之旅；工作 8 年的我，如今也希望自己仍然像新人一样重新开始学习、重新调整、认识自己。于是我就像是刚入园的孩子一样，解除自己的焦虑，寻找自己进入课程的方式。

就这样，寻找了好几年。很幸运，在花草园，有人允许你按照自己的节奏来调整。

7. 从倾听和观察孩子们开始吧

（1）听听孩子们怎么说

记得胡老师在一次教研会中说过：如果没办法走到课程中来，那就先从倾听孩子开始。于是，那一年，和孩子们的"聊天""谈心"多了起来。这样看似平淡无奇的对话让我对孩子们有了深度的了解。孩子在聊天中的表达，让我觉得十分有画面感，在感受"丰富""有趣"的同时我更能感受到每个孩子的不同和他们鲜活的生命状态。

有一次，我和孩子们一起交流关于"男生、女生"的话题，这样的话题很贴近孩子们的生活，所以讨论时孩子们的表达很丰富也很有差异，让我们听起来觉得趣味十足。佑佑说："公主就是优雅的，你第一眼看到她的时候觉得心里很温暖。"小象说："公主就是美女，而喜欢吃醋的就是美女。"八顿说："我觉得妈妈像公主一样，我像王子。我一天到晚都会找她，我很爱她。我觉得爸爸像奥特曼里的大怪兽，他们都是男的，而且他总喜欢打我的屁股，不总和我玩。"

基于这样的活动经验，我们又开展了"男生、女生辩论会——你欣赏男生还是欣赏女生"，孩子们在轻松的辩论赛气氛中开始从兴趣、个性、品质上发现自己与他人的不同。最后孩子们的回答诠释了什么是"平衡"、什么是"缺一不可"、什么是"无可替代"！孩子们的思考让我们深深地感受到孩子们天生就是哲学家！这是我第一次承认儿童远比成人深刻，我开始"仰望"孩子们了。

（2）看看孩子们怎么玩

印象深刻的是一个叫作左左的小男生。在睡不着的时候，床便是左左唯一可以进行游戏的"道具"。左左会把自己的床想象成是一个"宇宙飞船"，而自己就是一个宇航员，用被子围出一个驾驶舱，枕头是他的驾驶仪器，连下床小便的时间也会被他想象成是暂时离开"驾驶室"去舱外维修飞船。"打开舱门、关闭舱门，检查仪表盘、坐稳、前进、拐弯、到达目的地"是左左在驾驶过程中常用的术语。每当左左这样游戏时，我总是会想起《不睡觉世界冠军》这本故事里的黛拉，为了让他的同伴快快入睡，黛拉有很多的奇思妙想，而此时的左左也在让这些奇妙的想象走近自己的梦中。

在游戏中孩子们的思考是开放式的，自由自在，天马行空，任何一样东西或工具，到他们那里都可能会以其他方式而非依照原功能使用。孩子们的游戏让我看到了开放的头脑是怎么运作的，也让那些容易被成人忽视的丰富多彩、多层面多棱角的世界一一走到我们的眼中来，走到我们的心里去。

欣赏和赞赏孩子们吧，因为他们值得！

（3）被孩子们感染

和大班的孩子们一起经历了花草园毕业仪式中最重要的"难忘一夜"是我最难忘的回忆。孩子们在入睡前不停地将手电筒拿在手里翻看的兴奋劲，在夜晚拿着手电筒玩耍的疯狂的样子，以及将手电筒放在枕头底下安然入睡等待着第二天来临的期盼样子，不都是我们童年时真实的写照吗？正是因为有了和孩子们在一起的生活，我们在青春时代也回味了童年；也因为有了孩子们，让我们这些成人学会了用期待、轻松的状态拥抱一切事情。

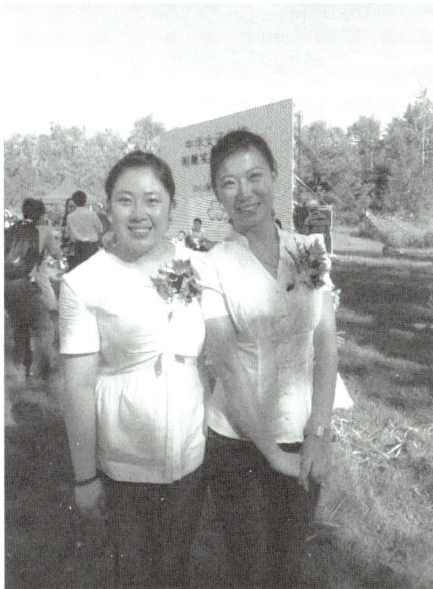

图10-19 第一次挑战大班的毕业典礼，感受十分丰富（摄于2010年）

我被孩子们感染着，说明我的心柔软起来，情感开始再次地流动。

（4）被孩子们触动和震撼

故事一：

有一天，我穿了一条破洞牛仔裤。左左摸着裤子上的洞洞，说："彩霞老师，你和妈妈的大裤子一样。""哦？哪里一样呢？"左左回答："都是又破又旧，该丢了。这样会感冒的。"

故事二：

果果和爸爸妈妈一起回了湖南老家，假期结束后，果果将自己的出游和我们分享。当她展示她在火车上看到大片大片绿油油的农田快速移动的照片时，果果说出了一句让我们很惊讶的"诗句"："麦田好像青青的漂流的小河。"当她展示下火车后发现的湖南红色土地以及很多山的照片时，说道："这里的土是红色的，所以这里的山叫'红土山'。"

故事三：

有段时间小予因为妈妈怀了弟弟，总是显得闷闷不乐，某一天她突然悄悄地对我说道："妈妈肚子里的小宝宝长大了，所以她站着没法抱我，但是坐着就可以了。以前妈妈不能抱我的时候我有点难过，不过现在不会了，妈妈不能抱，爸爸抱也一样好。妈妈换个方法抱也挺有意思的。"

孩子们才是真正的生活家！在孩子们的眼中，生活中细微、细小的变化他们都能敏锐地发现；而那些被我们成人忽视，或者我们觉得根本不起眼的点滴，都是孩子们感受生活、探索生活的源泉！孩子们对美好的表达和感受都是他们内心体验的符号化反应，充满了轻松、愉悦的情感。

（5）孩子们这样看待"生命"

户外活动时我们看到两只小麻雀落在操场上，它们听见孩子们的脚步声，赶忙飞走了。孩子们顿时七嘴八舌地问道："怎么我们一来，小麻雀就飞走了？"石头轻轻地说："它可能是有点害怕，害怕我们把它抓走！"本以为谈话就此结束了，没想到，孩子们用简单的几句话给我增添了不少深刻、新鲜、生动的新感受。

一个孩子说："我家之前也有两只小鸟，不过现在这两只小鸟都放生了"。我问："为什么放生了？"石头说："我觉得两只小鸟宝宝会想妈妈，它们跟妈妈在一起会更开心，所以让它们找妈妈去了。因为我也很喜欢和妈妈在一起的感觉。"小苹果说："我觉得小动物都喜欢在大自然里，它们可不喜欢被关在笼子里或者养在别人家里，因为在大自然里更自由！"悠悠说："小兔子就要在草地上跳来跳去、小鸟就要在天上飞来飞去，那才叫生活！"

孩子们的善良、哲思随着一次又一次简单的对话、游戏显现出来。他们总是倾向于用好奇、观察的眼睛和初心看待周围的世界，花时间琢磨成人视为理所应当的事情！也许就像是《关于人生，我所知道的一切都来自童书》中写到的那样——我觉得与其从一个很广阔的角度看周围世界，不如从一个很小的角度、事件去看，如果你从这样一个角度去看，那平时很多你看不到的东西，就可以看到了。仔细看，你会发现一个不可思议的世界。也许，成人的"自以为是"总是让我们用一种自认为很高深、宽广的角度看世界，殊不知孩子们那样看生活、看世界的角度才是真正的大智慧。孩子们永远是那个最厉害的哲学家，他们的答案永远是充满了哲学意味的思考。

图 10-20　给孩子们讲故事（摄于 2018 年）
我越来越喜欢跟随孩子们，喜欢倾听他们各种有趣且深刻的表达

　　就这样我慢慢地看到了孩子们心中不可思议的世界。哲学对孩子也许意味着——思考和智慧；对我则意味着——跟随和珍惜。

8.再次回过头来看自己

　　这样的感触来自一次"名师推送"，最触动自己的就是胡老师说的"六年之前"的那段时间。其实那个时候的自己对于生活化课程，更多的是不解、困惑甚至是有些许的抵触，那些看似"虚无缥缈"、没有"抓手"的课程，让自己一下子体味到了"失败"的滋味。那个时候胡老师一直说"如果教师没有开放的心灵，便会一直游离在这个课程之外"，我想生活化课程刚开始时，我就是这样的状态。

　　幸运的是，我一直有胡老师的引导和同伴的帮助，不慌不忙、不催促的等待让我开窍了，只要有一次体验到了生活化课程的"美妙"，那走入其中就不是一件困难的事情。我的开窍应该是某一次大班"关于屈原是一个什么样的人的讨论"，孩子们的讨论让我钦佩和敬畏，这样的课程也让我感受到与以往课程的不同。

　　经历过困顿、经历过"从头开始"，再到现在能喜欢并享受，我想生活化课程的终极价值不仅指向孩子，更指向教师——相信美好，才会看见美好。

　　唐代的张谓有句这样的诗："看花寻径远，听鸟入林迷。"生活化课程的探索不也如此吗？每一条规划好的道路、每一个经纬明确固定的位置，如果能依着手册的指示到达固然可美可慕，但那些"未求已应"的恩惠却更令人惊艳。那被嘤嘤鸟鸣所引渡而到达的迷离幻域，那因一朵花的呼唤而误闯的桃源，才是更难得、更愿意让人追

图10-21　小池塘开塘仪式（摄于2018年），和孩子们一起参与花草园每一个重要的时刻

寻的。

如果说十年前选择这个工作是单纯因为喜欢孩子，那十年后依然坚定地继续这份工作，是因为这份工作在无形中带给自己无限的可能，带给自己无限可能的导师就是一群纯真的孩子。也许生活中最大的福气之一就是——放轻松，留出一点时间，让自己借由这份工作再次成为一个玩耍的孩子，发现生活中的乐趣，成为一个有乐趣的人，过有趣的生活。

离孩子越来越近是什么样的感受？

机缘巧合发生的一些小事情，在别人看起来也许是毫不起眼甚至是不值得"研究"的事情，但因为我从事的工作关系，所以我变得敏感、变得"柔和"、变得更"通透"，更愿意理解孩子们的行为和感受。这样的心态应该来自这份工作吧，这份工作让我离孩子的心灵更近。

（二）我的教育哲学观

1. 紧紧跟随儿童

如果没有这些经历，我一直认为这个世界有"二分法"的存在，并且会用这种方式来对待事物或者是对待孩子们行为的判断。但是现在，我不再用简单的二分法，只有对错或者好与不好，而是试着从二维的思考逐步过渡到更完整、更丰富、更饱含情感纬度的思考，这样的思考也许是一种哲学式的思考。

哲学，从生命初始，也许就扎根在孩子们的心里。所有的孩子生来就是哲学家，因为哲学家最基本的特质就是具有好奇心。孩子们总是对世界感到惊奇、对人生充满好奇。当作为成人的我们渐渐模糊了那种感觉时，最好的方法就是紧紧跟随儿童。以孩子为师，重新发现生活的宝藏，发现生活中有趣的事、有趣的人，和孩子们一起过有趣的生活。

2. 让自己的心作为一个"容器"

我们要去体验、去学习、去接纳、去感知流经自己生命的人、事、物。无论这些是精彩的还是不那么精彩的，就像是工作中遇到的"事"、遇到的"坎"，遇到了才能有所思考、有所成长。如果总是在风平浪静中，可能就会缺少了"悟出"的机会。而"悟出"之后的调整和改变，才是更重要的。

每一种经历都是一个契机，借着这个契机让自己心上附着的东西一点点被敲掉，找到那个更柔软、更宽容、更充满善意的心！我们要慢慢寻找内部情感的流动，和孩子们学习如何表达情感和感受；和孩子们一起从容、诗意地对待生活；和孩子一起富有智慧地生活。

3.缓慢而不失力量

记得作家毕淑敏说过："凡是自然的东西都是缓慢的。太阳一点点升起，一点点落下。花一朵朵开，一瓣瓣地落下，稻谷成熟，都慢得很。那些急骤发生的自然变化，多是灾难。如火山喷发、飓风和暴雨。一个孩子要长大是很慢的。一个人睡觉，也是很慢的，从日落到日出，人才能休息过来。"这样的感觉像极了"教育的感觉"，我们现在做的事情不就是自然又缓缓而来的吗？教育的对象可以是孩子们、家长们，更可以是自己。

我们经常说：每个孩子都是一颗星星，有的星星已经闪闪发光，有着自己独特的光芒。在花草园，我们也是一颗颗的星星，有时候我们需要稍作等待，让自己在一个合适的时间、合适的地点绽放出自己的光彩。当然，这一切都少不了一片湛蓝、晴朗而纯净的"天空"！很幸运，我能在花草园不断地学习、不断地调整、不断地成长，不断地遇见更好的自己。

扫描二维码，了解更多王彩霞老师的生活故事

叙事六

王海霞老师：
我的力量来自与童年相遇

（一）求学经历

大三的时候，胡华老师给我们上《幼儿园管理》这门课。胡华老师既是中华女子学院学前教育专业的老师，也是中华女子学院附属实验幼儿园的园长。可能正是因为这样的跨理论和实践的背景，胡老师的课特别生动、有趣、鲜活。她不会照本宣科，也不会对着PPT念，而是经常把幼儿园正在发生的事情当作案例讲给我们听，和我们一起来讨论，带着我们探讨教育的本质。

胡老师的课让我第一次从另一个角度认识、了解幼儿园的工作，也让我知道，原来不是所有的幼儿园都要求老师会唱歌跳舞。当胡老师说，她在招聘老师时，不会在意他们会不会唱歌跳舞，而是和他们聊天，聊聊家里的情况，兄弟姐妹有几个，和家人的关系怎么样……她最看重的是一个人的天性。这简直颠覆了我对幼儿园园长、幼儿园老师以往的所有认知。哇，竟然还有这样的幼儿园园长，这个幼儿园的老师该多幸福啊！对我这种没多少艺术细胞的人来说，要是能去这样的幼儿园工作该有多好啊！

就在我憧憬着将来一定要去胡老师的幼儿园工作时，胡老师给我们分享了一个幼

儿在园里意外受伤的案例：小朋友在户外游戏时意外受伤，去医院就诊后，医生诊断为普通的皮外伤。但是小朋友的妈妈无法接受孩子的受伤，总是在半夜的时候给她和班里

老师打电话。电话接通后，什么也不说，只是在电话里不停地哭泣……听完这个案例，我就想当幼儿园园长和老师得有多么强大的心理才能应对得了这么让人折磨的事情！原来，幼儿园里除了有天真烂漫的孩子们、丰富多彩的活动，还有各种各样的意外和困难重重的家园工作。一位孩子的背后可能站着最少六位成人，如何和这六位成人和谐相处是家园工作的重点。哎，当时觉得，当幼儿园老师实在太难了……

图 10-22　刚入职的我和胡华老师（摄于 2007 年）

（二）教学生涯

1. 失败的公开课

毕业后，我选择了来到中华女子学院附属实验幼儿园工作。在我入职第一年的期末，胡老师来听新老师的公开课，这也是我第一次上公开课。心里铆足了劲儿，一定要上好这节课，要不大学四年学的那些教法课岂不是白学了。综合考量各方面的因素后，我选择了一节小班健康领域的课。前期和班长进行了多次的说课，活动目标对着《幼儿园教育指导纲要》改了又改，活动内容各个环节如何衔接，每一部分说什么样的话都在心里演练了无数遍，也提前和孩子们讲了园长妈妈要来听课，请大家好好配合我，表现好的，课后我会发奖励。总之，把能准备的东西都已经准备妥当，就差最后的展示了。

正所谓期望有多大，失望就有多大。在我组织活动的时候，大脑突然一片空白，我竟然忘记了课前预设的教学环节和教案上所写的内容了，我不知道要和孩子们说什么话，我也不知道该怎么引导孩子们一环扣一环地开展活动，孩子们也不听我说什么，现场乱作一团，他们自顾自地玩着活动材料。当时，我也不知道要如何去挽救这失控的场面，心里只有一个声音："完了，完了，活动组织成这样，胡老师该怎么看我啊？"要不是还有点职业素养，当时我肯定就哭了。我不知道后面是如何收场的，胡老师课后没有点评就走了。这节失败的活动对我的打击太大了，我开始怀疑自己的能力，甚至开始反思自己是不是真的适合这个职业。

现在想来，当时自己太过相信在学校学的那套理论知识，以为仅仅依靠所掌握的理论就

图 10-23　毕业后，我成为了中华女子学院附属实验幼儿园的一名老师（摄于 2007 年）

能够支撑自己组织一节好的活动，以为幼儿教育就是这样自上而下用理论指导实践的。然而，现实却无情地告诉我，如果心里没有孩子，眼里看不到孩子，把公开课当作一场表演，把本来是活动主体的孩子们当作是配合我完成表演的人，活动注定不会是好活动。

2. 科研为专业自信助力

2009 年，幼儿园为了在教师培养方面更有针对性，切实做到从教师需求出发来开展教研和教师培训工作，胡老师编制了一份"教师工作困难度"的调查问卷来了解教师的需求。回收完问卷后，胡老师安排我对这些问卷做一个简单的分析。接过任务，我用 SPSS 软件很认真地做了分析，并做了数据的理论说明，胡老师看过之后，认为分析出的数据具有一定的参考价值，就让我和老师们分享问卷结果。当时我心里特别高兴，心想虽然活动组织得有些差强人意，但是我还可以做科研相关的事情。这件事情之后，胡老师开始让我协助她完成一些科研的工作，我也在跟着胡老师做科研的过程中慢慢找到了自己的专业自信。

后来，我和胡老师聊起这件事对我的意义之大时，胡老师说了一段大意是这样的话："我不希望你们千篇一律。如果千篇一律，工作的创新性从何谈起？你们每个人都有自己独特的价值和不可替代性，都是幼儿园宝贵的财富。作为一个管理者，要做的就是帮助你们找到自己的生长点，让你们能够抓住自己的工作锚，这样你们才能用自己的优势工作，也会看到自己生命的内在力量，有更加主动的发展愿望。"

我真的非常佩服胡老师，她不会去培训我们的教法，也不会在意我们是否能很快组织好一节活动，而是耐心帮助每一个人找到自己的生长点，让我们能够依托这个"生长点"，静下心来修炼，拥有自给自足向上攀登的勇气、能力和力量。

3. 突如其来的"筷子事件"

2010 年 9 月，我跟随小班带的孩子们升到了中班。经过 9 月份升班后的适应与调整，第一次带中班的我对中班生活充满了期待，心里有一股子冲劲，一心想着要用自己的智慧，帮助孩子们更好地成长。但 10 月份发生的一件事情又将我的专业自信打到低谷。

当时为了练习孩子的精细动作、提升孩子的自我服务能力，班级组织了一些评比活动，比如在用筷子夹豆子的游戏中的优胜者，会获得如整理图书馆、做值日生这类事情的机会。原本在第一轮没有胜出的孩子，在爸爸妈妈的帮助下勤奋练习，都希望能够在第二轮胜出。但是在第二轮比赛中，我们改变了游戏规则，那些一直练习希望能够获得胜利的孩子没能够如愿。家长知道后特别生气，在幼儿园的论坛上发表了很激烈的言论，把我们推到了舆论的风口浪尖上。

这是我在职业生涯中遇到的第二个挫折。挫折总是会带给人反思的契机。这件事让我重新审视自己的教学观、儿童观、教学方式以及家长工作的方式。组织这样的活动到底是真正想锻炼孩子的能力，还是为了让活动"做"得很漂亮？活动真正的目的是教师还是儿童？在我设计的活动中有儿童的立场吗？我想可能是缺失的。如果想设计出适合孩子们的活动，一定要倾听孩子的想法，这样才能够确保活动设计建立的基石是双向沟通，有儿童的视角，而不仅仅是我单向的输出。反思过后，我开始调整自己，经历了这些挫折后，我觉得我慢慢有了属于自己的"教育智慧"。

4. 生活化课程，帮助我更深层次地认识了自己

2013年9月，幼儿园开始进行课程改革，自主探索新的课程模式（当时我们把这套课程称为"新课程"，也就是后来的"生活化课程"）。这样的尝试对当时的我来说是一件非常困难的事情。这种困难，不是技术上的，而是心理上的。

经过几年教学经验的积累，对于之前使用的那套教材，我已经非常熟悉，很清楚每个活动该怎么切入，怎样会有亮点出来，怎样依托课程开展班级特色活动，怎样进行环境创设……但现在我要打破原来的舒适区，重新建构对课程的认识，我的内心是很抗拒的。所以，在10月份"爸爸妈妈是这样爱我的"课程中，我看似在跟着年级组的老师们一起在实施课程，但是从内心来讲，我始终徘徊在课程的外围。

胡老师感觉到了我的抗拒与拧巴，11月的时候，和我进行了一次深度的谈话。我开始反思这种阻抗力来自哪里。我以为是技术上的阻抗，"新课程"让我找不到抓手。但是胡老师和我谈话后，才意识到我的阻抗不是因为课程的技术革新，而是来自我的内心。因为10月份的课程主题是"爸爸妈妈是这样爱我的"，它触碰了我内心角落里不愿意触碰的一个东西，就是我和母亲的关系，这是我内心不想言说的故事。哭着向胡老师说出压抑已久的事情，我觉得如释重负，感觉那一刻自己似乎再也没有可惧怕的东西了。

在"生活化课程"中，每一个人都是课程资源的重要组成部分，我们会带着自身所携带的文化烙印融入课程之中。过去所发生的一切都会以一种隐秘的方式，影响我当下的思考与行动。我必须和我的过去、我的原生家庭完成一次对话和某种程度上的和解，才有可能完成一次自我突破。这场谈话也让我深深感受到"生活化课程"所拥有的让人勇敢的力量和治愈人心温暖的力量。

5. 和孩子们一起学习，重建儿童学习者形象

经过前几年的课程探索，每月的课程主题基本确定，六月是花草园的"儿童月"。

2015年的5月底，我和班里的孩子们提前讨论6月份他们想体验的活动时，小宇说："要是能在小池塘上建一座桥该多好啊，我们能站在桥上看鱼，说不定小乌龟'闪电'还会爬到桥上来呢！"听到小宇的想法，孩子们开始七嘴八舌地讨论起怎样建一座桥。就这样，我们决定，六月我们要给小池塘建一座桥。

这座桥该怎么建呢？老师们都没有这方面的经验，家长也没有从事建筑方面工作的，看来只能自己摸索了。没建造过桥没关系，我们见过桥，走过桥。所以，活动的第一步，欣赏桥。孩子们搜集了世界上各种各样的桥，大家一起欣赏，讨论桥都有哪些特点，发现桥的秘密。

第二步，设计桥。既然要在小池塘上建桥，那一定得我们自己设计的才完美。于是孩子们根据自己对桥的理解，以及他们所认为的桥应该具有的功能，开始自己设计桥。在设计的过程中，孩子们会一起讨论，并对其他人所设计的桥提出一些自己的想法和建

议；然后，以小组的形式，分享自己的桥，并从每个小组中选出大家最喜欢的设计；最后，从4个小组胜出的作品中，全班又投票选出我们最终要建的桥的设计稿。经过层层投票，吉祥小朋友设计的"彩虹桥"最终胜出。考虑到材料的情况和可操作性，孩子们又对"彩虹桥"的设计方案进行了改进。

第三步，建造桥。孩子们在幼儿园找到了不同形状的木头，经过实地测量，留下了可以用来建桥的木材。由于用锯子锯木头需要较大的力气，也考虑到安全的因素，我们请了依依的爷爷来帮助我们完成这项工作。桥体雏形完成后，孩子们邀请了大班的哥哥们来试一试小桥结实不结实。等哥哥们试完后，孩子们发现了一个问题：桥的护栏似乎不是那么结实。怎么办呢？经过大家的讨论，我们决定加固防护栏。加固时，孩子们发现"桥"不是很光滑，那就用砂纸把木头打磨光滑吧。接着，孩子们又开始给桥"穿衣服"——刷油漆。油漆已干，大家将桥放到池塘上试一试，发现护栏还是不够结实，接着增加木料。

就在大家都认为我们的桥终于要完成时，胡玥婷说："老师，要是下雨了，我们刷的彩虹色掉池塘里怎么办？鱼会不会得病？"是啊，这又是一个棘手的问题，怎么办呢？想来想去，决定给桥再"穿一层衣服"——刷清漆。经过两天的晾晒，清漆终于干了，当桥架到小池塘才发现桥头是空的，怎么办呢？孩子们又开动脑筋、开始想办法。孩子们找来砖头支在下面，桥稳稳当当，大家悬着的心终于放下了。缠上彩灯，通上电，桥可以通行了。

图10-24　孩子们抬起亲手做的彩虹桥，郑重地放在
小池塘上（摄于2015年）

看到孩子们站在桥上欢呼雀跃的样子，看着他们一遍又一遍地走过自己设计和建造的桥，我心里不停感叹，孩子们实在是太棒啦！这种自己全程参与建造出一座桥所带来的巨大的成就感和满足感是任何人都无法给予，只有他们自己才可以。

这个活动不仅仅让我和孩子们一起完成了6月的课程，更颠覆了我的儿童观。刚入职的时候，我看待儿童更像是对待我自己的小孩一样，必须要把我认为的好东西都给他们，不管他们喜不喜欢，我只站在我的立场看待儿童，没有去了解孩子们的想法。这个活动，让我看到孩子们是会主动学习、主动发现、主动思考、主动把自己的兴趣变成现实的了不起的学习者。看着他们的状态，让我真正意识到儿童的学习与成人是完全不同的，他们的学习在游戏和生活中完成。对于他们而言，生活就是教育，教育就是生活。在"生活化课程"中，我没有比儿童更高明……

毕业的时候，我们将孩子们建造的彩虹桥切割成小块，编上号送给了他们，约定10年之后再相见，带着手中编好号的彩虹桥碎片，重新拼起一座"彩虹桥"。不知道经过三年"生活化课程"浸润的孩子们，十年后会成长成什么样子？我想，一定会很棒！

6. 共读《中国哲学简史》，重塑我的教育哲学观

在我的教育哲学观形成的过程中，由胡华园长带领着和大家一起共读《中国哲学简史》可以说是里程碑式的事件。

"生活化课程"是一套基于自然主义教育观与中国传统哲学思想构建而成的课程，为了让我们能够更好地理解"生活化课程"，从2016年10月开始，胡老师用一年半的时间带领我们每周日的晚上一起读冯友兰先生的《中国哲学简史》。

在读的过程中，通常有以下几个问题："读完本章/节，你有什么样的感受？""本章/节有哪些观点给你留下了深刻印象？""今天讨论的内容，有哪些可以应用于我们的教育教学中？"每一个问题都是开放性的，我们可以尽情地表达自己的思考。也正因为这样平等的、自由的"对话"，每一次的讨论都高潮迭起，我们的思想、精神、情感，跨越时空，在那一刻联结在了一起。

冯友兰先生在这本书的序中写道："哲学的目的，是使人作为人能够成为人，而不是成为某种人。"共读的过程就是在和各位先哲的对话中，找寻自我的过程。印象最深刻的是在共读《儒家的形上学》时，胡老师提出一个问题："你的核心轴是什么？""核心轴"体现的是自己和外界之间建立起的关系，我自己的内核到底是什么，那是我第一次思考这个问题。长久以来，我一直在找那条最适合自己的路径，凡事希望做到极致的人，渴求被肯定，当做到极致的时候，内心会有一种特别美好、很充实的感觉。但一旦别人不能给予我想要的肯定，我就会像泄了气的皮球，常常陷入时而激进、时而沮丧的境地。和大家讨论完这个问题，我慢慢明白"回归平凡"一点都不可怕，那其实是一种返璞归真，和自己相比才能找到自己的核心轴。而找寻到的"自我"恰恰是教师教育哲学观中最核心的部分。

"为学日益，为道日损""物物而不物于物""虚壹而静""物我无别""静默""用敬""知行合一"……这些先哲的思想不是以知识的形式，而是内化为我的某种精神力量，悄然影响着我对教育的理解和我的教育行为……

扫描二维码，了解更多王海霞老师的生活经历与求学故事

叙事七

阎玉新老师：
我行走在成为好教师的路上

（一）教学生涯

大二上学期，我第一次走进花草园，每周二下午来到幼儿园进行半日见习。相较于其他幼儿园满眼的红黄蓝，这里一进门能看到的是爬山虎、灰砖地、很多的留白和随处可见的孩子们的创作。更打动我的是老师与孩子之间自然的互动，如同朋友、家人一般，我觉得这是我理想中的师生互动的状态。

大三下学期，我的实习被安排在其他园所。那里的老师也很爱孩子，但总能感受他们是带着爱的控制和"居高临下"。如果我不曾有之前在花草园的见习，可能会接受"居高临下"的设定。但是，有了对比，我开始有了自己的选择。

在对比选择中，我心中理想的幼儿园模样逐渐清晰：它一定要有很多很多的绿色环绕；它一定不是人们刻板印象中的红绿蓝；它一定不会用很多规定和教条去限制孩子们的自由；孩子们在这里是开心的；老师们在这里工作是愉悦的……这不就是花草园的模样吗？于是，毕业后，我选择来到花草园工作，开始了一段全新的旅程……

从进入花草园到现在，已经过去四年多的时间。回想整个教学生涯，发展态势呈曲线式上升

图 10-25　大二上学期，在花草园见习的我
（摄于 2014 年）

的状态。从一开始的尝试、摸索；到经历低谷，对职业也产生过怀疑；到后来重建专业自信，渐渐拥有自己的职业信仰……这个过程中，花草园不仅鼓励我的每一次成就，也包容我的每一次困顿，给我信心和支持，走出低谷。我很庆幸，能在这里慢慢成长。

1. 从观察和了解儿童开始——慢慢降低自己的视角

当我成为花草园的一名新教师，胡华园长让我们做得最多的就是放下大学时学到的技巧、理论，忘掉脑中的评判，静下心来，观察孩子、观察老师。

这个阶段，我感受到的是自由。当我忘掉自己是一个"老师"的时候，我成为了一个"自由的孩子"，和孩子们一起感受成长。我可以尽情地表达自己的思考；当发现问题时，可以和老师们、孩子们一起展开讨论，共同商议解决方案；可以完成很多自己的创造……我也开始明白，孩子们自然生长的姿态并非"自然而然""毫不费力"，而是

这里的每一个人都很用心、竭尽全力营造出了可以让孩子们自由自在成长的园所文化。在这里，他们被平等地看待、被倾听、被尊重、被深深地爱着……

这是让我卸下教师"居高临下"的视角，真正走入教育实践的第一步。

2. "一个孩子与我的对抗"——尝试真诚地面对、表达自己

如何在融入孩子们的同时，又能"立"起来，这是困扰我很久的一个问题。

当时，班里有一个小朋友，听到我的引导时，反应往往是用肢体攻击我，每次接收这样的反应，也不知道如何回应会更合适。当我在教研会上说出这个困扰后，胡华园长给我的建议是"用合适的方式，向他表达你此时此刻的真实情绪"。听完指导，反思自己和这个孩子的相处方式，自己似乎真的没有明确表达过自己的态度，一直在用"温柔"的外壳，"耐心"地在回应，但是这样的自己是不真实的。如果一个教师在面对孩子的时候一直是不真实的，这样的教师应该也是没有力量的吧。

于是，在再次遇到这种情况的时候，我试着告诉那个小朋友："你把我打疼了，我有些难过。你可以告诉我为什么要打我吗？"当我和孩子真实地交流时，我们的互动也发生了一些变化，朝着越来越好的方向前行。

3. 岗位的变动——学着保持空杯，往心中盛放更多的东西

当面对岗位的变动，从教师助理成为班级的配班教师时，我有些忐忑、紧张，也有一点点期待。期待的是：终于，我有机会真正作为课程的实施者去更深入地了解"生活化课程"，了解这个过程中怎样组织和引导孩子们一起探索和学习。忐忑的是：我真的能做好吗？在不断摸索前行的第一年，我经历了很多挫败。比如在组织课程的时候，会把自己的焦虑和担心带给孩子们；在课程实施中不能放下自己头脑中的一些框框，对孩子控制太多，企图想让孩子一定要从中"学到"些什么。

印象特别深刻的是十月，和孩子们一起开展关于社区里"垃圾"的学习，那是我第一次主要组织课程，我按照自己有关"垃圾"的已有经验设计了一周的学习线索。但是，在实施过程中，我发现孩子们的兴趣点并不在我设计好的有关垃圾标志和垃圾分类的学习轨迹上。在我的已有认知里，垃圾是被人丢弃的东西，孩子们却说"每种垃圾都是有用的"，并且给出了充分的理由。孩子们的思考很有道理，可是如果是这样，后面垃圾分类的课程又该怎样进行呢？我把遇到的问题在教研会上提了出来的，胡华园长让我放下所有的固有观念，只听孩子们的表达，在倾听中找到孩子们学习的兴趣点。我开始调整课程的节奏，在孩子们的眼里"垃圾"都是有用的，那就跟随孩子们，我们一起来讨论和探索"垃圾"再生的方法……

因为害怕孩子们思考的触角伸向自己未知的领域，回答不上来可能会很丢脸；担心孩子们偏离自己设定好的轨道，我走在未知的路上很迷茫；焦虑如果掌握不到孩子们的点，该怎么办……这些害怕、担心、焦虑曾让我一度成为"控制型"的教师。但是，当我转变视角和角色，把自己从"教师"的身份转变成"和孩子们共同学习的人"的身份，一切都变得轻松起来，我能看到孩子们在课程中越来越多的灵动的点，也很享受跟着他

们的兴趣点不断前行的感觉。

这件事情让我意识到，"放下控制"才真正是和孩子们一起深度学习的开始。在这个打破自我的过程中，我将自己心中那个杯子里的"水"倒掉，然后一点点重新倾注自己对课程的理解，慢慢找到课程中生发的感觉。

4. 家长信任感的缺失，让我对自我产生怀疑；园长的拥抱和信任，让我重拾信心

挫败感不仅仅发生在课程组织上，也发生在和孩子们、和家长的相处中。成为配班老师的第一年，我第一次面对家长的投诉。从未有此经历的我，一开始是满满的委屈。自己明明没有做过这件事，但是因为孩子夸大的、有想象成分的描述，受到家长强烈的质问。我突然觉得幼儿教师是一个很脆弱的职业，我也有了很多从未有过的软弱和无能为力的感觉，甚至一度想要辞职，不再做幼儿园老师了……

事件发生后，我收到了园里很多老师的安慰。更让我感激的是，胡华园长知道后，没有质疑我，而是给了我一个暖心的拥抱。这个拥抱让我感受到她对我的信任，这份信任对当时的我弥足珍贵。我很抱歉因为自己给花草园造成了一些不必要的麻烦。在日常教育中，我变得更加审慎：我的教育行为是否恰当？如何更好地和孩子互动对话？当一些意外事故发生的时候，怎样和家长沟通更加妥帖？……也通过这次事件，我建立起了和花草园的双向信任感。

后来，这个孩子毕业的时候，送给了我一张他和爸爸妈妈一起制作的感谢贺卡，感谢小班一年的陪伴，我双手接过，鞠躬表示感谢。每一次挫折，走过去就是成长。这也让我形成了一个信念：遇到问题的时候，不要怕，勇敢地去面对它、解决它。我想我的内心也是在这样一次次的挫折中，慢慢变得强大起来的。

图 10-26 新年大庙会上的我和家长们（摄于 2017 年）

5. 在生活化课程中找到节奏，平稳地舒展

如果说第一年我是在"调整"中度过的，那么第二年，在课程的线索很明朗的情况下，我开始学着"打破"——打破时间，让孩子们在一日生活碎片化的学习中也能感受生活化课程的浸润；打破形式，开始尝试改变课程实施的形式，增加课程的趣味性，也能在课程的实施中调动更多家庭的力量。

四月"健康成长月"，和孩子们一起，认识真实的自己，丢掉所谓优点和缺点的标签，一起朝着更好的自己去努力；六月"儿童月"，和孩子们一起每天在"丛林"中寻找蚂蚁，尊重孩子们用自己的学习方法去获得问题的答案。如果说之前的自己一直在追寻"生活化课程"的活动组织、活动形式等，苦恼于自己不能很好地启发孩子们的学习，这一学期，我不再将目光放在自己的状态上，而是试着顺势而为。孩子们仿佛也

感觉到了我气场的变化，特别是在"丛林学习"中探索蚂蚁时，我没了以往的"慌张感"，找不到第二天我们可以继续找寻。这才有了第二天"偶遇蚁后"的惊喜。我对这个时刻的记忆很深刻，因为这正是自己放下一些内心的"束缚"，真正从容地追随孩子们的节奏探索收获的惊喜。

图10-27　第一次迎来孩子们的毕业（摄于2018年）

这一年我的状态是打开的，我不断吸收着感悟后成长的能量，也欣喜地接收着同伴的感染，过得充实而踏实。

6. 和孩子们一起经历三年的闭环，也是职业生涯的里程碑

新学期开始前的带班意愿调查中，一方面，我不确定自己是否能够胜任全新的、极具挑战性的大班；但另一方面，我又希望能够陪着孩子们完整地度过在花草园的三年时光，获得一份圆满……在纠结和隐隐的渴望中，2019年9月，我和孩子们一起从二楼升到三楼，开始了大班新生活。

我发现大班的生活并没有像我想象中的那么慌乱，只要班级成员沟通顺畅，班级的工作会进行得很顺畅，慢慢长大的孩子们也给了我无限惊喜。这一年和孩子们一样，我也经历了很多个第一次。第一次"大手拉小手"；第一次用项目学习的方式研究北京；第一次做体验做花草纸、扎染；第一次腌泡菜、做馒头；还有最特别的疫情期间的每一次"空中茶话会"和"云毕业典礼"……

由于疫情的原因，2020年上半年"特殊的时光"里，我们和孩子们之间有了一学期"不一样的陪伴"。我们在不同的空间回归生活，运动、做美食，安住当下；我们相约每周的"空中茶话会"，跟随"生活化课程"的节奏，演绎《西游记》，体验"花草小学云面试"，共同策划属于我们自己的"云毕业典礼"……当"云毕业典礼"上《再见，幼儿园》的音乐响起，我的眼泪再也忍不住了，舍不得和孩子们说"再见"。我想这一份美好的情感，会一直埋在我们的心底，帮助彼此更有勇气走向未来……

疫情期间，我们和孩子、家长一起反思、学习和行动，创造出了一个在网络上学习与生活的"共生空间"。在缓慢的生活中，因为远离了教育现场，距离感也让我们始终能够保持一份审视，冷静地对平时被忽略的关于教育的核心问题再思考，"什么是教育""什么是适宜孩子们的教育""教育是否可以突破时间和空间的限制？""教育者在不同时期的定位可以是怎样的？"对这些问题的思考深深地影响着我的教育行为，也是我的教育哲学观形成的重要"路标"吧……

（二）我的教育哲学观

1.儿童是天生的"哲学家"

在最初学习关于教育的理论时，我们会时常听到要树立正确的儿童观，比如"尊重、发展儿童的独立自主性，承认其发展的可能性，使之成为独立的人格，成为能动的主体去认识和变革自然与社会，同时也获得自我认识和自我教育能力的发展"。这样的儿童观是正确的，但不免会给人一种"居高临下"的感觉。

当我走入儿童的世界，对于儿童的看法不再局限于自主、能动的认识，在倾听他们对这个世界的思考和认识时，我觉得我很渺小，能够做的就是尽量做一个平等的对话者，捕捉他们闪烁着的思维的火花。

哲学家亚里士多德在《形而上学》中说，求知是所有人的本性。人都是由于惊奇而开始哲学思维的，一开始是对身边不解的东西感到惊奇，继而逐步前进，而对更重大的事情产生疑问……孩子们天生对世界充满了新鲜感和好奇心，常常对周遭世界和自我发问、思考、探索和解释。

以孩子们探究生命起源，对于"你生活的这个世界是什么样的世界，你来这儿干什么"的哲学思考为例，孩子们是这样回答的：

暖暖（五岁半）：这是一个安静的世界。我们来这个世界是为了学习知识，让自己更聪明。

舒颜（五岁）：我们来到这个世界，要先当小孩儿，然后再当大人。

昊岩（六岁）：我们生活的这个世界是一个非常有序的世界。我们来这个世界是为了做自己，成为真正的我自己。

澍予（四岁半）：这个世界有我的家人，我很开心。

庄睿（六岁半）：我们生活的这个世界是一个很美丽的世界。很多人都喜欢这个世界，我们是来这个世界欣赏它的美丽的。

逸帆（五岁五个月）：我们生活的这个世界是需要治理的世界。我来这个世界是要在这里生活，我们找不到第二个地球，所以我们要把环境治理好。

我们经常和孩子们探究这些生活中的事物并进行对话，这让我更加确信，他们是天生的"哲学家"。

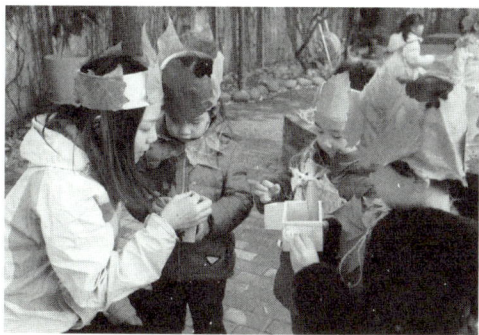

图10-28　艺术月，和孩子们一起玩叶子
孩子们是"哲学家"，也是游戏高手（摄于2020年）

2.教师身份有着丰富的定义

大部分人对幼儿教师的印象可能会是"孩子王""教孩子们知识的人""不需要太高学历，做起来很简单"……但是，在我看来教师身份有着丰富的定义。

在花草园，孩子们在幼儿园所有的生活都构成了课程的有效内容，这决定了师幼关系发生在我们和孩子们相处的点点滴滴之中。我们可以是孩子们游戏的陪伴者，可以是孩子们感受的倾听者和记录者，可以是孩子们经验的唤醒者……

（1）教师是孩子们情感的抱持者

当孩子们遇到困难或者"犯错"的时候，相较于批评或者指责他们，急于帮助他们解决困难、"改正错误"，我想教师需要做的更重要的一件事是抱持孩子当下的情绪，给他们时间和空间允许他们表达和表现自己的情绪情感，让他们觉得这里很安全。因为，如果没有安全感，真正的教育是很难发生的。

我带过的班级中，曾经有一个对"当坏人"有着"小担心"的小朋友。在"打仗游戏"中，他不想当"坏人"，但是为了游戏的进行，他总是成为游戏中的"坏人"，这一度让他很苦恼。但我观察到，这位小朋友追逐游戏中，情绪不是悲伤和忧愁的，而是愉悦的。在和他的聊天中了解到，他的担心来源于小朋友抓他时心理上的不适，更深层的原因是他有时会觉得总是当"坏人"的自己真的是一个坏人。

基于这样的观察，我和班里喜欢玩"打仗游戏"的男孩子来了一次小讨论。"游戏里的'坏人'是真的坏人吗？""我们应该怎样对待游戏里的'坏人'？"通过讨论，这个小朋友的"纠结"得到了表达与释放，获得了很多很棒的疏解烦恼的方法。借由这次机会，我也和男孩子们一起重新确立了"打仗游戏"合理的边界范围，让孩子们能够更安全地进行游戏。

这样的"小烦恼"也许放在整个班级中微不足道，但是对这个小朋友来说却是非常有必要的。经过这样的表达和抱持，我看到他在游戏中一点一点的变化，肢体更加舒展，笑容更加明朗，我猜他的内心应该也是更加自由和强大的吧。

（2）教师是专注生活化课程当下的生活家

生活有着无穷无尽的变化和乐趣，我们和孩子都是这些变化和乐趣的创造者和受益者。我们和孩子们一起在"生活化课程"中感受生活，一起用生活完成学习，也一起学习着如何更好地生活。

比如，每年的十一月是花草园的艺术月。第三周，我们会和孩子们一起，进入"花花世界"，感受"慢"生活。在为期一周的"花花世界"里，好像生活的每一个时刻，孩子们每一个学习的瞬间都与美有了天然、紧密的联系。插花、花的展览、制作手工香皂……这个月的课程跟随季节的更替，在秋风萧瑟、万物凋零的时候我们用满教室的花的创造与窗外的萧条"打太极"。从落叶到花朵再到树枝最后到果实，我们和大自然互相感知着温度，诗意地生活着……

（3）我们和孩子们互相"照见"，共同成长

在"生活化课程"中，我们和孩子们都是重要的课程资源贡献者，每个人都在其中怀着满心的期待和渴望，形成对事物的认识，丰富着内心的感受。在这个场域中，我们都螺旋式地向上生长，慢慢成为着"自己"，是彼此成长的支持者和见证者。

记得有一次活动，一群"小麻雀"在耳旁"叽叽喳喳"吵个不停。"老师，我没有水。""老师，我的水少啦！""老师，我还需要一点石膏。""老师，我没有搅拌棒。"

我有些手忙脚乱："好啦，一个个来，都不要吵啦，我快要被吵死啦！"喊了一声"小麻雀们"终于安静了，这时，其中一只小麻雀悠悠地说："小孩子本来就很吵，你怕吵就不应该选择这个工作。"顿时我没了脾气……这话一出，我还真的不知道怎样回应，因为她说得很对，既然我选择这样一份职业，不应该只看到这份职业的光荣，也应该以平常心面对这份职业的困难。这份职业，孩子会很吵，琐事会很多，有时候家长还会不理解，社会的认同也不是很高……但是谁让我热爱这份工作呢？好吧，为了这份热爱，我还要继续修炼，修炼得更有耐心面对孩子们。

作为教师，最开心的莫过于见证孩子们的成长。看着在一起生活的他们慢慢打开自己，看着他们完成成长中一次又一次的挑战，超越自己，看着他们内心越来越坚定，看着他们慢慢成为"最好的自己"，心中会升起一种欣喜和满足，欣喜他们是我带过的孩子，欣喜他们已越来越棒，欣喜他们慢慢做好准备迎接未来的生活……

我们和孩子们共同学习、共同建构对世界、对他人、对自己态度和认识，实现身、心、灵的共舞。这样的关系不仅滋养着孩子们，我们也在这样的关系中体验着不同的角色，追寻着教育的意义。

图 10-29　和孩子一起学习、生活、游戏
（摄于 2021 年）

3. 在"两难"困境中打通"教育智慧"的任督二脉

在实施园本课程——"生活化课程"中，我形成"教育智慧"的契机往往是面临"两难困境"的时候。当我独自面对一些挑战时，会迫使自己在课程中不断做出调整和超越，这个过程也是深入思考和学习的过程。其价值在于，当下一次遇到挑战时，我不再惧怕，可以自觉跟随深度学习的经验完成对当下问题的思考，积累自己的教学经验，形成教育智慧。

突破"两难困境"是一种很珍贵的感受。让我印象深刻的一次"突破"发生在父母学堂。父母学堂是园所为家长们提供的一种学习方式，我们会和家长们一起用沙龙的方式完成对教育问题的探讨。作为一个年轻教师，那是我第一次和家长进行面对面的沟通。我能接住家长们的问题吗？家长们能认同我的"侃侃而谈"吗？但担忧归担忧，也要进行认真的准备。首先，我找到一个老教师的样本作为自己学习的榜样，观察她与家长的对话。然后，我对家长们预先提出的问题进行了分类，结合带过的小班孩子的特点，试图给家长们一些小妙招……第二天沙龙开始前，我还是紧张地手心冒汗，但是当"大家好"说出来以后，我感觉一下子就流畅和放松了下来……整个沙龙下来，感觉自己的状态比预想的好太多。这次"突破"后，我总结了一些经验：

① 适当的紧张感是有意义的，紧张感可以帮助我更好地做好准备。

② 和家长一同在情境中思考，这样才能深入浅出地剖析问题。

③ 真诚面对。不用装作自己很厉害的样子，真诚地表达和分享就会得到真诚的回复。

这是我在实践中遇到的挑战以及身处其中的感受和思考。这个过程不仅仅是积累方法论，也慢慢形成了对这些问题本身的再思考、再提炼的自觉路径。有了这个路径，我会及时在教学中觉察和顿悟，对自己的能力和知识进行归纳和评估，再去寻求突破和超越，完成教育智慧的积累。

扫描二维码，了解更多阎玉新老师的生活经历与求学故事

叙事八

张芬老师：
这是一份可以让才华得以施展的职业

（一）教学生涯

1. "告别信事件"——经历困境，才能成长

在我目前的职业生涯中，让我最有挫败感的事情是第一次当主班教师时，因为和家长之间没有及时有效地沟通，造成了很多误会，事情以这位家长在班级群发了一封控诉对我种种不满的"告别信"告终。

与这位家长之间的问题来源已久，身处这件事中，我在各个阶段的情绪也在不断变化。从开始的愤怒：愤怒作为教师的权威受到挑战；愤怒自己被误解；愤怒和父母双方的沟通没有效果。到后来的心疼与愧疚：心疼总是不高兴的孩子；对跟着我一起担惊受怕的搭档们感到很抱歉。再到之后的迷茫和无助：迷茫为什么那么多次的沟通没有效果；迷茫如果永远被这样耗下去我还能支撑多久；迷茫我要怎么做才能找到突破口。再到最后的释然：缘分不可强求，既然事情已经发生了，那就去接受去面对去反思去成长吧。

这件事让我思考：

（1）教师是自带权威的吗

中华民族"尊师"的传统让当时还是新教师的我产生了一个幻觉——"我是老师，孩子们和家长们理应尊重我"，但经过这件事情，我想明白教师的权威或者尊重并非凭空得来的，它应该建立在与幼儿相处的每一个瞬间，在与家长的每一次反馈、沟通中，你是否给予他们足够的尊重、足够的理解、足够专业的观察与指导……胡华园长曾说过："只有专业能够让人赋予人在危急时刻的意义感与崇高感。"当我一度强调自己权威被

挑战的时候，是否也应该理性地反思自己，我是否把自己的专业做到了最好？我为家长做了些什么？还有哪些地方做得不够到位？

（2）温柔和善良是一件好事吗

在这件事情中，我也曾经一度反问自己，温柔和善良是一件好事吗？我是否应当不要那么温柔和善良，我是否应该更加严厉一些？现在想一想，这种二元对立的想法我应该摒弃掉，我要感谢我的温柔和善良。因为温柔和善良，孩子们愿意把他们的烦恼告诉我，愿意和我分享他们的小秘密，我的心能够更加贴近他们的心；因为温柔和善良，当事情发生的时候有家长愿意站出来维护我，支持我。这是我很多面中的其中一面，这一面让我在做家长工作的时候更加顺畅。但是在做家长工作的时候，除了温柔和善良，也应该有界限、有自己的坚持、有自己的原则。

（3）想要与家长建立边界，除了"义正词严"还有其他方法吗

有！尝试做到"内方外圆"。与家长建立边界是一件很有必要的事情，但是建立边界的方式除了"严肃"之外能否用"轻松"包裹一下呢？内心有规则，但是表达的方式是否可以更加柔和一些，处事的方式是否可以更加周详一些？

这封信如同当头棒喝一般击碎了我对"完美自己"的幻想，但也让我渐渐走出"假装让家长们觉得我很厉害"的疲惫，开始做真实的自己。我就是一位新班长，我没有很多带班的经验，在家长们心中，我可能就是一个"菜鸟班长"。但是"菜鸟"又怎样，那份自己还是"菜鸟"时，对工作的热忱、对孩子的真心、对美好教育的向往是扑通扑通跳动的初心呀。这些信念给了当时的我很大的力量。

事情发生后，我第一时间将这件事汇报给了园长助理，她及时汇报给了胡华园长。他们没有让我继续硬着头皮处理这件事情，而是将当时接近崩溃状态的我置于身后，细心保护，直接和这位家长取得了联系，积极进行沟通，最后事情得到了妥当的解决。当我听到胡华园长和那位家长交谈的过程时，一方面感恩于胡华园长对我的包容和爱护，

图10-30 从左到右：我、王海霞老师、赵莉莉老师、胡华园长、周冉老师（摄于2019年新年大庙会）
2019年，我从班里来到办公室，担任保教主任的职位，
有更多的机会，可以学着像身旁的她们一样，
用包容、智慧去保护老师们

另一方面也被胡华园长对家长和孩子的关爱所感动。那一刻，我想学着成为一个包容的人、友爱的人，像她们这般有力量去保护别人的人。

2. "起外号风波" ——当我们将目光投向未来，会拥有一个不一样的"解题"思路

在我们的教育生活中，每一天都会遇到各式各样的问题，用何种思路解题，影响着我们的教育行为。让我最有成就感的一次"解题"是和孩子们一起展开关于"起外号"的讨论。

那段时间有一位家长连续两个晚上给我打电话，沟通女儿被别人起外号的情况，他们对此感到很困扰。对于这件事情，我可以选择和起外号以及被起外号的两个孩子甚至双方家庭谈一谈，但是我的思考是"被起外号"是孩子们成长过程中一直会遇到的事情，我们应该将目光投向未来。所以，我决定和全班的孩子们一起聊一聊"起外号"这件事。

第二天一早，我和孩子们围坐一圈，开始了讨论："你被别人起过外号吗？""当你被别人起外号的时候，心情怎么样？""你喜欢这个外号吗？""你有给别人起过外号吗？""如果小朋友真的要给你起外号，你希望他们给你起一个怎样的外号？"……每一个孩子都积极地分享着自己的故事，教室里充满着欢声笑语。讨论到最后，老师们也分享了自己的外号，那天，整个班都叫着别人的外号。

讨论结束，我将孩子们对于外号的讨论文字稍作整理发送到了班级群里，并且发送了话题："对于起外号这件事，爸爸妈妈们怎么看呢？爸爸妈妈们经历过起外号这件事吗？欢迎您在群里和我们一起分享。"这个话题受到了家长们的热议，大家在群里热烈地分享着那些年自己得到的那些外号，借着这次机会缅怀了一把青春。家长们说：

A：写得真好，连在一起看竟是一篇特别有趣的文章。有些恶意的外号确实会让孩子的内心变得敏感而脆弱。这样公开进行讨论竟将一切问题巧妙地化解了，让孩子在有趣的讨论中学会尊重，解开心结，化解矛盾。给老师点个赞，真棒！由衷的。

B：我初中时候，被同学们叫蚊子，我很讨厌夏天，每次她们被蚊子咬了，就会找我说："管好你家的兵，不要到处乱咬人。"高中时候，同学们经常在宿舍熄灯之后还会偷偷看书，可是我从来都不熬夜，这个时候，大家就会叫我："大蚊子，你怎么这么快就休息了，你睡了，我们怎么抓蚊子了！"有时候，同学之间善意的、趣味的外号也会增加彼此之间的情谊。如何看待外号很重要，很赞赏老师们能够和孩子们如此坦诚、巧妙地谈论这样的话。

C：我小时候被起的外号特别多，因为我姓朱，上小学的时候同学经常会叫我"猪"，当时那段时间心里经常充满了愤恨，和同学关系也很紧张。上初中后，有些好朋友叫我"蚊子"，因为那时候我说话声音比较小比较柔，因为同学没有太多恶意，所以也没有太多反感。上大学后，一些亲密的同学会经常叫我秀儿或者朱朱（猪猪），因为知道这是一种同学之间的昵称，所以欣然接受，而且觉得很亲密，如果哪天她们不一样叫我了，反而觉得很奇怪。起外号也算一个比较常见的现象，但是也要看起外号的初衷以及对方

是否接受，良好的关系是基于交往双方互相尊重的基础上的，否则也无法得到别人的尊重，自然也无法交到好朋友。

D：小时候被人起外号，如果是好听的我就接受，不好听的我会难过很久。我估计孩子也是一样的心态吧。我的外号叫狗狗，或者狗蛋儿。还有一波人叫我小猪。都是我很喜欢的外号，现在还有人叫我这个外号的话，肯定是旧相识、老朋友了。

E：感谢老师组织的小讨论，珠珠最近就遇到了"外号"的困扰，她说某位小朋友给她起的外号让她很难受很尴尬。这是她成长过程中的小烦恼，需要自己去面对认识，处理解决。今天的活动，可能对她帮助很大，再次感谢老师们。

……

那天，几乎所有的家长都在群里分享着自己的故事。中午，这些爸爸妈妈"起外号"的故事伴随着孩子们进入梦乡。孩子们一边听着爸爸妈妈的回复一边乐得哈哈大笑，一边感叹：原来爸爸妈妈们小的时候也都这样呀！并且他们迫切地问：我的爸爸妈妈的故事发上来了吗？一下子，感觉孩子们和爸爸妈妈们虽然身处异处，但是却因为这个事情打破时空的界限，贴在了一起。

在讨论中，我很关注那个被起外号叫"猪小妹"的孩子。当被问到"你被别人起外号，是什么感觉？"她说"我很不高兴"，但是原因并不是爸爸妈妈担心的因为她有点胖，害怕孩子因为这个外号而自卑，而是因为"猪生活在泥巴里面不干净"，她希望自己是一个干干净净的女孩子。"如果他们给我起我喜欢的外号，我也是会很开心的。"我们会发现，成人和儿童看待问题的视角是不一样的，孩子不抵触起外号这个事情，只是抵触起了一个不好听的外号。

被起外号，这件每个人生活中都会遇到的事情，希望孩子们能够从小朋友之间的讨论、爸爸妈妈的外号故事分享中敞开自己的心扉，得到解决问题的智慧，学会用幽默面对这一切，祝福孩子们。

这件事也让我特别强烈地感受"教育智慧"带来的轻盈感和幸福感。

图 10-31　2018 年，一起讨论"起外号"这件事儿的孩子们从花草园毕业。现在他们已经是三年级的小朋友了

3.和充满哲思的孩子们一起生活，成为拥有哲思的教师是我们的必然选择

"如果你用心倾听儿童，会发现他们是这个世界上最了不起的哲学家。"这个想法，每当我和孩子们对话一次，就越坚信一点。

记录：《真理越辩越明》——来自五月课程瞬间

电视上说：宇宙的形成就是一个冷却的过程。

孩子们说宇宙的形成和大爆炸有关，旧的星球被破坏，新的星球被推出。

关于爆炸，是一件坏事还是一件好事呢？我们一起回到辩论赛场，听一听孩子们怎么说吧！

关于正反双方：

全班来园幼儿30人，认为爆炸是件好事的6人；认为爆炸是件坏事的19人，剩余5人保持中立。

忠实还原辩论赛当时的情景：

首先正方陈述：

昊臻：我认为自然的爆炸是一件很好的事情，因为他是一件很自然的事情，自然的事情就是很有道理的事情。

反方陈述：

小瑞：我认为爆炸是一件很不好的事情，因为每一次的爆炸都会伤害到很多人。

紧接着，正方称述：

净辉：爆炸是一件好事，因为当地球爆炸的时候，会产生新的星球。

竣程：对，地球爆炸或许是因为地球到了该毁灭的时候，就像人一样，到了该死的时候，高兴地去接受就行了。地球毁灭可能会产生新的生命也不一定。

反方反驳：

昱锐：爆炸并不是一件好事，因为爆炸会随着一个点很快地扩大到很多面，那个伤害是巨大的。你们说地球爆炸会产生新的生命，那对我们这些旧的生命来说，爆炸就是一件坏事。

正方陈述：

小策：爆炸总的来说就是迎新送旧，过年的时候放的爆竹，对很多人来说都是一件很高兴的事情。

反方反驳：

睿轩：过年的时候放的爆竹会产生灰尘和不好的气体，对人的身体和环境都是一件不好的事情。

反方陈述：

佳琪：爆炸并不是一件很好的事情，因为对于经历爆炸的人来说，他们心里的难过是很巨大的。他虽然没有在爆炸中死掉，但是活着的那个人可能就跟死了一样，因为他太害怕太难过了。

这是一场超出我预想的精彩绝伦的辩论赛，辩论的每一个"小辩手"都在用自己的生活经验和已经获得的知识去称述观点，说服别人，甚至是找到别人论点当中的漏洞去反驳别人。

"存在即合理""不破不立""爆炸在节庆习俗中的存在价值""爆炸在战争中的意义"这些由正方提出的论点涉及了东西方的哲学思维，关注到人类日常生活和非正常状态下爆炸的作用，思维的广度和深度让人叹服！

"爆炸的破坏性""爆炸对于不同对象的影响""爆炸对于环境的影响"以及全场最让人感动的、闪烁着人性光辉的"灾难存活者的关怀"，这些反方提出的论点也让人不禁起立鼓掌，激动不已。

真理越辩越明。在思维碰撞中，我们最终都会找到那个明晰的真理。

就是这样，在"生活化课程"中，孩子们的讨论常常会引发我们的深入思考，离"哲思型"教师越来越近，或者说这是一个我们终将到达的终点。

图 10-32　曾经参与这场辩论的孩子们
随着年龄的增长，他们是否拥有了更多的智慧（摄于 2016 年）

（二）我的教育哲学观

"教育"还是"生活"？或者二者可以兼得

当我成为一名幼儿教师的时候，一直在寻找自己的角色定位。在大学的书本上，对幼儿教师的角色定位是幼儿生活的照料者、学习的支持者和引导者、学习材料的提供者……但这些角色定位总让我有一些和儿童的疏离感。随着在花草园工作时间的增长，在生活化课程中的体验越来越深入，相较于以上的这些角色，我更喜欢成为一个和孩子们共同生活在一起的人。

随着时间的流逝，那些所谓的"教育"孩子们的场景渐渐模糊，那些有生活质感的生活片段，却深深留在了我的脑海里。

片段一：乘着歌声的翅膀

一个午休结束后，孩子们陆续起床，穿衣服。我站在离窗台很近的地方，看有没有需要帮助的孩子。端端问我："你会唱《让我们荡起双桨》这首歌吗？"还没等我回答，端端就唱了起来，然后一个小朋友的歌声加入进来了，两个小朋友的歌声加入进来了，三个小朋友的歌声加入进来了……我的歌声也加入了进来。我和孩子们轻声唱起这首歌，阳光从窗户外面照进来，散落在孩子们笑着的脸庞上，歌声悠扬。"小船儿轻轻，飘荡在水中，迎面吹来了凉爽的风。"那一刻我看到教室里所有人的能量在静静流淌，这一切在自然而然地发生。

片段二：和孩子们共读《窗边的小豆豆》

每天午睡前的故事时间是孩子们很期待的事情。现在正在分享的是由老师讲述的《窗边的小豆豆》，"第一次来车站""山的味道，海的味道""电车教室"等等这些很有意思的事情都深深地留在了孩子们的心里，孩子们在听故事的时候除了说"哇！"之外还经常说的一句话就是"这不就是我们的幼儿园吗？"比如，听完"破学校"的故事，当听到其他学校的小朋友唱"巴学园，破学校，走近一看，还是破学校"时，孩子们和小豆豆一样会很生气，小声说："小豆豆的学校明明那么好，他们看不见吗？"当听到小豆豆唱"巴学园，好学校，走近一看，还是好学校"就会很高兴，然后编了一个旋律开始唱："花草园，好学校，走近一看，还是好学校。"一遍又一遍。听着孩子们不着调的歌声，我特别感动，孩子们是有多喜欢花草园才能从心里唱出这几句歌词来！

片段三：把日子过成温暖岁月

上午的畅游结束，孩子们的扎染作品布满了整个美术教室，赏心悦目。下午的时候，应孩子的请求，扎染工作坊再次面向孩子们开放，还想再次尝试的孩子们，还可以来到这里完成扎染作品。

染料桶前，丁丁正在等待进染缸的作品出缸；小虎在桌子前，一刻也不停地边扭动自己的屁股边哼着不成调的歌边拆皮筋；辰辰在收集散落的剪刀；兜兜和分分边扫地，边发现地板上剪短的皮筋的形状特别像 aoe 的形状；我在将刚刚拆好的扎染作品晾到绳子上。大家边做事情边调侃式地说一旁像猴子一样上蹿下跳的小虎真淘气；还时不时用自己新学的东北话"埋汰"来形容周围的事物。然后大家相视一笑，转而交谈晾在绳子上的扎染作品，感叹：太美了！太美了！你看这个好像地图，这个好像眼睛，这个圈圈好像快把我吸进去了！我们怎么能够这么棒！（心里感叹：我们怎么能够那么自恋！）这个场景特别像是一家人一起做饭时，每一个家人手头上做着自己的事情，热闹交谈的场景。

那一刻，心是安静的，心是喜悦的，心是安定的。真想那一刻就是永恒。

幼儿教师是一份很神奇的职业，它很平凡、很琐碎、目前的社会地位也不是很高。同时它又很伟大、极具挑战性、能让真正身处其中的人感受到极大的幸福感，因为我们每天面对的是极弱小（身体）却又极强大（精神）的儿童。

图 10-33　喜欢和孩子们在一起的每一刻

　　我理想中和孩子们的相处状态是彼此平行，偶尔相交。在这一段关系中，我们都是独立的个体，相互尊重彼此的空间，我们在彼此看得见的地方看到对方，放在心里然后自然而然地会在时间长河的某一个节点汇合。

　　这个世界上可能再也没有一个职业，能够让一个人隔着二三十年的时光，和自己内心五六岁的孩子重聚，试着用他的时间去重新丈量人生，用他的时间眼睛重新打量这个世界。从这个角度来说，每一个幼儿教师都是幸运的人，只要你能用自己的本身或内心最真诚的一面和孩子们相处，多多倾听他们，多多和他们对话，让自己深度"卷入"，全情投入每一个教育生活的瞬间，成为一个幸福的幼儿教师，将不再只是梦想。

扫描二维码，了解更多张芬老师的生活经历与求学故事

主要参考文献

［1］［古希腊］亚里士多德.形而上学［M］.吴寿彭，译.北京：商务印书馆，
1959.

［2］［美］杰罗姆·布鲁纳.布鲁纳教育文化观［M］.宋文里，黄小鹏，译.北京：
首都师范大学出版社，2011.

［3］［美］杰罗姆·布鲁纳.有意义的行为［M］.魏志敏，译.长春：吉林人民出
版社，2008.

［4］［美］杰罗姆·布鲁纳.教育的文化：文化心理学的观点［M］.宋文里，译.台北：
台湾远流出版公司，2001.

［5］［美］杰罗姆·布鲁纳.故事的形成：法律、文学、生活［M］.孙玫璐，
译.北京：教育科学出版社.2006.

［6］北京大学哲学系外国哲学史教研室.西方哲学原著选读（上卷）［M］.北京：
商务印书馆，1981.

［7］［英］戴威·伯姆著.论对话［M］.王松涛，译.北京：教育科学出版社，
2004.

［8］［俄］巴赫金.陀思妥耶夫斯基诗学问题［M］.白春仁，顾亚玲，译.北京：
生活·读书·新知三联书店，1988.

［9］［奥地利］马丁·布伯.人与人［M］.韦海英，译.北京：作家出版社，
1992.

［10］包亚明.现代性与空间的生产［M］.上海：上海教育出版社，2003.

［11］［美］露丝·本尼迪克特.文化模式［M］.张燕，傅铿，译.杭州：浙江
人民出版社，1987.

［12］陈友松.当代西方教育哲学［M］.北京：教育科学出版社，1982.

［13］陈向明.旅居者和"外国人"——留美中国学生跨文化人际交往研究［M］.北京:教育科学出版社,2004.

［14］陈向明.质的研究方法与社会科学研究［M］.北京:教育科学出版社,2000.

［15］陈桂生.学校教育原理［M］.上海:华东师范大学出版社,2012.

［16］［美］杜威.我们怎样思维·经验与教育［M］.姜文闵,译.北京:人民教育出版社,2005.

［17］［美］约翰·杜威.民主主义与教育［M］.王承绪,译.北京:人民教育出版社,2001.

［18］［美］约翰·杜威.确定性的寻求——关于知行关系的研究［M］.傅统先,译.上海:上海人民出版社,2004.

［19］冯友兰.冯友兰追问人生［M］.北京:新世界出版社,2012.

［20］冯友兰.中国哲学简史［M］.涂又光,译.北京:北京大学出版社,2012.

［21］冯建军.当代主体教育论［M］.南京:江苏教育出版社,2001.

［22］［巴西］保罗·弗莱雷.被压迫者教育学［M］.顾建新,等译.上海:华东师范大学出版社,2001.

［23］范国睿等.诗意的追求:教师实践智慧案例导引［M］.上海:华东师范大学出版社,2007.

［24］傅佩荣.哲学与人生［M］.北京:东方出版社,2005.

［25］［美］克利福德·格尔茨.文化的解释［M］.韩莉,译.南京:译林出版社,2014.

［26］［德］埃德蒙德·胡塞尔.欧洲科学危机和超验现象学［M］.张庆熊,译.上海:上海译文出版社,1988.

［27］［德］伽达默尔.真理与方法［M］.洪汉鼎,译.上海:上海译文出版社,1992.

［28］刘铁芳.什么是好的教育——学校教育的哲学阐释［M］.北京:高等教育出版社,2014.

［29］联合国教科文组织国际教育发展委员会.学会生存:教育世界的今天和明天［M］.华东师范大学比较教育研究所,译.北京:教育科学出版社,1996.

［30］联合国教科文组织总部.教育——财富蕴藏其中［M］.联合国教科文组织总部中文科,译.北京:教育科学出版社,2001.

［31］刘捷.专业化:挑战21世纪的教师［M］.北京:教育科学出版社,2002.

［32］刘晓东.儿童精神哲学［M］.南京:南京师范大学出版社,1999.

［33］贾谊.新书校注［M］.闫振益,钟夏,校注.北京:中华书局,2000.

［34］［美］戴维·W.约翰逊,罗杰·T.约翰逊.领导合作型学校［M］.上海:上海教育出版社,2003.

［35］［法］多米尼克·贾尼科.父亲的最后30堂哲学课［M］.张宪润,译.长沙:湖南科学技术出版社,2010.

［36］苗力田.古希腊哲学［M］.北京:中国人民大学出版社,1989.

［37］［加］彼阿热.智慧心理学［M］.洪宝林,译.北京:中国社会科学出版社,1992.

［38］［美］威廉·F.派纳等.理解课程［M］.张华,译.北京:教育科学出版社,2003.

［39］［法］卢梭.爱弥儿［M］.李平沤,译.北京:人民教育出版社,1985.

［40］［德］赫·斯宾塞.斯宾塞教育论著选［M］.胡毅,王承绪,译.北京:人民教育出版社,2005.

［41］［西班牙］费尔南多·萨瓦特尔.哲学的邀请:人生的追问［M］.林经纬,译.北京:北京大学出版社,2007.

［42］［美］列奥·施特劳斯.自然权利与历史［M］.彭刚,译.北京:生活·读书·新知三联书店,2003.

［43］［古希腊］色诺芬.回忆苏格拉底［M］.吴永泉,译.北京:商务印书馆,2001.

［44］石中英.教育哲学导论［M］.北京:北京师范大学出版社,2004.

［45］［美］托马斯·J.萨乔万尼.校长学:一种反思性实践观［M］.张虹,译.上海:上海教育出版社,2004.

［46］［美］舒尔曼.实践智慧:论教学、学习与学会教学［M］.王艳玲,等译.上海:华东师范大学出版社,2014.

［47］陶行知.陶行知全集(第1卷):试验乡村师范学校答客问［M］.方明主编.成都:四川教育出版社,2005.

［48］［加］马克思·范梅南.教学机智——教育智慧的意蕴[M].李树英,译.北京:教育科学出版社,2001.

［49］石中英.知识转型与教育改革［M］.北京:教育科学出版社,2001.

［50］施良方.课程理论 课程的基础、原理与问题［M］.北京:教育科学出版社,1996.

［51］［美］沃尔科特.校长办公室的那个人:一项民族志研究［M］,杨海燕,译.重庆:重庆大学出版社,2009.

［52］王坤庆.教育哲学——一种哲学价值论视角的研究［M］.武汉:华中师范大学出版社,2006.

［53］谢延龙.西方教师教育思想:从苏格拉底到杜威［M］.福州:福建教育出版社,2015.

［54］虞永平.生活化的幼儿园课程［M］.北京:高等教育出版社,2010.

［55］虞永平.学前课程价值论［M］.南京:江苏教育出版社,2002.

[56] 叶澜. 教育理论与学校实践 [M]. 北京：高等教育出版社，2000.

[57] 俞国良. 创造力心理学 [M]. 杭州：浙江人民出版社，1996.

[58]〔德〕卡尔·雅斯贝尔斯. 什么是教育 [M]. 邹进，译. 北京：生活·读书·新知三联书店，1991.

[59]〔日〕佐藤学. 学习的快乐——走向对话 [M]. 钟启泉，译. 北京：教育科学出版社，2004.

我的教育信条

本书终于在年底之前付梓。成稿后,我第一时间发给了刘晓东老师。20多年前,因为晓东老师的一本《儿童精神哲学》,我走上了了解儿童精神、关注儿童哲学之路。这十几年的教育探索,我是在用实践的方式向晓东老师致敬。晓东老师看完后回复说,这本书接地气,又有理论提升,对幼儿教育领域与教师而言,都是一部有启发意义的著作,你也可以写写自己的教育信条,作为全书的尾声,这样会更切题、更完整。

我听取了晓东老师的建议,决定在书的最后部分,阐述一下自己对教育的理解与思考。

算起来,我进入教育行业工作已经35年了。我的经历比较特殊,做过幼儿师范学校的专业课教师,又做过专职的科研人员,然后在大学里做老师,之后再做幼儿园的园长。应该说,不同学段的教育都经历过。这样的经历,让我对教育有了一些较为深入的思考。

实践者若醉心于纯粹的方法和技术,就无法发现教育中灵魂性的东西。应该说,我的教育哲学观的形成,并非是把某种教育理论应用于花草园的教育实践之中,而是从实践出发,真切地体悟、总结和概括的结果。其中融合着很多个人对生命意义的探寻与体验。

什么是教育?教育要培养什么样的人?教师要有怎样的教育信仰……这些本质问题是需要教育者反复追问与反思的。因为这些思考,也可以让沉迷于教育现场的实践者们将思绪带到方法和技术的背后,思考一些更有价值的东西。

　　有些人来到这个世界，天然地带着一份使命和责任。我做这份工作，也会感到一份使命的召唤。选择教师作为终身职业，很难说是我选择了它，还是它选择了我。我出生于教师之家，父母是大学教师，他们俩都是很受学生爱戴的老师。童年时，家里的客人除了亲戚，就是爸爸妈妈的学生。我从小就特别喜欢孩子，喜欢看他们的笑，喜欢和他们玩，喜欢和他们对视，喜欢他们的纯真。最终，因为这份喜爱，当年报考大学时，第一志愿选择的就是北京师范大学学前教育专业。

　　这么多年过去了，我依然要说，这个世界上，我最爱的还是儿童。我是一个悲观主义者，对成人世界有诸多的失望，但儿童的存在让我感觉世界很美好，我是通过爱儿童爱这个世界的……这份爱总能让人满怀热忱地走向儿童。

　　教育可以塑造灵魂，塑造人的精神，而这些东西恰恰是我们区别于动物的重要标志。人和动物的区别是，动物靠本能活着，但人有能力让自己生活得更好。教育的使命是改造社会，让社会变得更美好。所以，教育就是塑造人和改造人的社会活动。教育能让人的精神世界超越现实，达到真善美的境界。

　　下面，我将围绕"教育·幼儿园教育；儿童·教师；幼儿园课程·生活"三组关键词，阐释一下自己的教育信条。

一、教育的本质在于塑造"关系"

　　这些年，我越来越意识到，教育的本质就是关系的塑造。温暖的、质朴的、能够让人心灵发生变化的活动既是教育的过程也是教育的目标。好的教育关系能直指心灵、精神和思想。这个想法在这些年的实践中变得越发执着和坚定。现在，我们对形式的东西采取了一种摒弃的态度。我对教师的基本要求是：眼里要有光，心里要有爱，教师是愿意和孩子一起构筑温暖关系的重要他人。好的关系也可以弥补教育手段、教育内容、教育方法的一些欠缺与不足。

　　我不知道这算不算是一种偏执？在我的教育哲学中，强调"联结"的力量。联结本质上是人和人之间关系的核心表达方式。其中，儿童和教师的关系、儿童和儿童的关系、教师和教师的关系、教师和家长的关系、他们和世界的关系等都是教育中特别重要的关系。所以，我们创建的生活化课程，本质上也是在构建一种关系，一种走向更美好、更诗性、更浪漫、更温暖的关系形态，超越现实，安然地活在当下。我认为，这才是教育应该追求的核心目标。

　　花草园教育历经十几年走到现在，变得越来越朴素。我们也真切地感觉到，当各种关系都特别坚稳的时候，对我、教师、儿童、家庭都是一种有意义的"解放"。

　　世界上并不存在一种叫作"教育"的具体行为，一种行为是不是教育并不取决于该行为本身的形态，根本上取决于行为背后起支持性作用的意念。对我而言，教育是生活、是信念、是联结，是世俗生活里的光亮与梦想。

　　我确定：

1. 教育需要回归世界

人在世界中生活，生活是教育的起点，亦是教育的归宿。教育应以人的生活为立足点，以人与世界关系的改善为指向，建构整合向生活世界回归的教育体系。

今天，人们的活动空间看似不断拓展，但精神生活的空间并没有同步拓展，"自然"作为人的精神生活的构成，陪伴的意义在不断削弱。回归自然与真实的世界才是回归的重要开始。

花草园的教育，我们一直不遗余力地强调回归。我们也给回归做了一些属性描述：回归传统、回归文化、回归生活、回归儿童。未来一定还会有更多的"回归"。

2. 教育是构筑关系

教师与幼儿在共同生活中形成的亲密关系是教育中的活性物质。教育的本质是"关系"，在关系中，才可以构筑一段美好的"教育旅程"。

我坚信，当一种基本的信赖关系得以建立，美好的教育才能发生……因为只有关系是和心灵、精神、思想相连的；那种温暖的、质朴的、能够真正让人的心灵发生变化的关系，是教育精神属性中的核心。它会一直留在每个人的内心深处，持续发酵，成为生命成长中最核心的动力。

"教育学就是迷恋他人成长的学问"，[①] 这意味着教育者要陪伴与参与另一个生命的成长。教师与儿童，不是"我"与"他"的对立关系，而是"我"与"你"、"我们"在一起的关系。在教育的旅程中，良好的师幼关系是"你"向"我"问路，我指向"我们"的远方。

3. 教育必须关注心灵成长

教育，重要的不是身体在做什么，而是心灵在做什么。教育应该回归心灵深处，让内在的力量流动起来。教育应该让人的心灵更加开放，更加清澈，也更加高贵。

好的教育是可以通向自由的。一方面是精神的自由和创造的自由，另一方面是心灵的自由。

4. 教育拥有创造的力量

人的生命活动与教育息息相关，每个人都可以在教育活动中探索生命的意义。在现代社会，教育也是人存在的基本方式。

教育的美妙之处也在于，自身与他人都可以借助于某种方式完成生命活动的创造。如果教育者在教育过程中合理地融入了自己的创造性和个性，就能使自己及受教育者在完成教育过程的同时，享受教育的美好。

5. 真实的教育才美好

真实是教育中个人部分最有价值的力量。因为真实是心灵的力量，表明你可以接纳自己做一个诚实的人，拥有真实的感受，在真实的生活中用心灵面对生活。这其中，可

---

① 范梅南. 教学机智 [M]. 李树英，译. 北京：教育科学出版社，2014：13.

以有人性的袒露，也可以有人性的超越。这样的成长才是真实的成长，这样的教育才能触及心灵。

什么时候能把儿童教育中形式主义的虚假去掉，教育就成功了一大半。至真、至善、至美是教育的最高境界。我们需要破除形式主义，真诚地面对世界，面对生活。这样，即使我们不刻意制造教育的美好，美好的教育也会自然发生。

真实的教育、诗意的教育就是在一种开放的心境中完成的。在美好的教育中，我们走出抽象的时间，在具体的生活世界，人的生命具有了意义，教育的诗意和信念才得以彰显。

6. 教育是生命的交相辉映

教育不是灌输，也不是启蒙，而是共同生活中生命的"交相辉映"。

传统的教育中，因为成人世界的"遮蔽"，使得儿童的能量无法绽放。而我们要做的，就是去掉这些"遮蔽"。侧耳倾听，不断进入儿童的精神世界，让我们的精神世界与他们的精神世界交相辉映，形成更大的共存空间。

在与儿童的相互学习中，没有"我""他"的分别，只有"我""你""我们"在一起的感觉，"我"在向"你"学习，"你"也在向"我"学习，相互滋养、相互碰撞，让彼此的感受、经验，甚至生命拥有了另一重意义。

7. 教育本来的样子

好的教育是"生长"出来的，不是设计出来的。

教育的样子应该是：儿童是儿童的样子，教师是教师的样子，家长是家长的样子，环境是环境的样子，生活是生活的样子……

二、幼儿园是一段旅程

幼儿园是所有学段中最令人着迷的一个阶段。从幼儿园诞生到现在，已经有几百年的历史。在这之前，没有人特别关心儿童、研究儿童，在一个成人主导的社会里，儿童一直处于被"压迫"的地位。

幼儿园是人类设计的为儿童适应未来生活的第一个公共场所。在这里，他们要适应环境，学习和同伴交往、和成人交往，也要学会如何使用社会资源，如何实现自我成长。因此，这里要有适宜的环境，要有学习者和对话者，要引导个体实现自我成长。

幼儿园到底是什么呢？幼儿园是花园，幼儿园是安乐园，幼儿园是孩子们心灵打开、吸收信息的海绵体，幼儿园是一个承载着人类所有美好的过去、现在与未来的学校。

只有情怀才能铸造理想教育的形态。我是个理想主义者，心目中的幼儿园也应该是优雅的、美好的、浪漫的……我崇尚伟大的教育家和他们的教育思想，带着理想、带着公平、带着正义。

幼儿园的教育形式是非常高级的，我没有找到更好的语句来形容它。是"润物细无声"？还是"大象无形"？儿童在这里接受教育，不知不觉之中习得了人类面向未来的知识与能力。他们觉察不到"学习任务"，我们只是向他们发出了邀请，却没有让他们感觉到负担。

在花草园里，我们和孩子们谈哲学，因为哲学是人生活在世界上的一种高级智慧；我们谈艺术，因为艺术代表着人类向往的一种最高形态的美好。在我心中，好的幼儿园就应该是一个理想国，实现着我们对教育的各种美好期许。

我有自己的教育理想，不怕"麻烦"，喜欢创造。

我确信：

1. 幼儿园要有精神内核

从某种程度上说，大学和幼儿园对人的发展起到的作用是同等重要的，幼儿园甚至要更重要一些。有人说，好的大学培养的是"国之重器"，那幼儿园的作用是什么呢？好的幼儿园教育也是要塑造人的精神与灵魂的。

当我们试图回答"如何培养出自信的中国儿童"的时候，也意味着我们行走在了追求教育自信的道路上。

2. 幼儿园里儿童意志是自由的

自由不意味着放纵，自由是指"自由的意志"。对儿童而言，自由意味着在和另一个人相处的时候，生命的能量不被控制，不受没必要的限制。如果他们的想法和做法和他人发生了冲突，我们会引导他们自行讨论规则，建立公约，因为我们信任他们。

自由还意味着儿童能够选择用自己的方式学习和游戏。在幼儿园里，儿童学习的知识应该是他们感兴趣的、乐于学习的，而不是成人认为有价值的；游戏更是如此，他们不应该每天被教师安排做什么游戏、怎么玩，他们原本是会玩的，完全可以按照自己的意志游戏。

"创造性地玩耍"是儿童生活中的核心，它能帮助孩子将自己的经历与想法用想象编织在一起，创造出属于自己的一种生活，它也是孩子旺盛创造力的一种重要表达通道。如果孩子们的生活中缺失了自由意志，成长将会受到影响。

3. 幼儿园是儿童获得尊重的最佳场所

任何生命都应受到尊重，我们尊重一只猫、一只兔子，也尊重一座高山、一株青草。孩子是我们的未来，代表着人类的希望，应该受到应有的尊重。

专业机构里，有专业的工作人员，他们深谙儿童心理，视儿童发展为己任，因此，幼儿园应成为儿童最受尊重的地方。在幼儿园里，教师爱所有的孩子，这种爱甚至超越了一般的情感，带有宗教般的虔诚与敬仰。

儿童是充满灵性的生命体，他们对生命、对世界的感受都有自己的认识通道。我们尊重他们对事物的独特判断，认同他们的感受，是对他们成长的最大尊重。

4. 幼儿园要让身处其中的每一个人学会爱与被爱

爱与被爱是人类的基本权利。处在成长中的儿童若缺乏了爱，生命就如一潭死水。

当下，物质丰富，很多人认为儿童获得的爱已经非常充沛了。实际上，爱不是一种表现形式，爱是一种能量，这种能量要靠自然流动才能获得。一个人对自我的认同与价值感都来自这种能量。

在幼儿园里，孩子们应该随时随地感受到流动的爱意，这份爱意来自自然，来自我们为他们创建的环境，也来自教师们的接纳与关爱。他们不紧张、不犹疑、不矛盾，放松地享受这份美好的情感。

5. 每个人都在"自我实现"

我所理解的儿童教育，一定有这样一个重要部分：儿童作为主动的生命体，在和外界环境相互作用的过程，产生了各种想法，于是，他们尝试着发起计划，执行计划，让计划获得成功。在这个过程中，他们需要学习严谨、果敢、坚持、合作等品质，并将自己的能力运用到最大化。在这一过程中，他们会渐渐看到自己的力量，开始尝试超越自己。

在这里，他们了解自己、解释自己、发现自己，开始站在更高的地方俯视自己、调整自己。这种能力一旦建立，就会成为积极的学习者与生活者。

6. 幼儿园的教室是"润泽的"

幼儿园的教室是孩子们生活的地方。对儿童而言，一间教室既是身体的居所，也是心灵的安放之处。

在我心中，幼儿园的每一个教室都应该是"润泽的"。润泽表示湿润程度，也可以说它表达了一种安心的、无拘无束的、轻柔润泽肌肤的感觉。"润泽的教室"给人的感觉是，教室里每个人的呼吸和其节奏都是柔和的……

在"润泽的教室"里，并不存在"大家"，存在的是有自己名字和容貌的一个个儿童。在这里，教师和儿童都不受"主体性"的束缚，安心地、轻松自如地生活着，形成了一种基本的信赖关系。

7. 幼儿园是浪漫的

幼儿园和其他学段的学校不同，它应该更具有一种浪漫的气质。幼儿园教育就如同一段美好的旅程，一段诗一般的旅程，生命的张力在这里打开，儿童以吸收性的心智汲取着一切养分，完成一次重新"诞生"的过程。

8. 幼儿园是教育的"理想国"

幼儿园应该是一个教育的"理想国"，实现人类对美好教育的期许。在所有学校教育的系统中，没有哪个学段可以像幼儿园一样让人着迷，葆有冲动、热情与创造。

一所好的幼儿园不会让在这里生活的儿童感到紧张和压迫，我们向孩子们发出游戏和学习的邀请，却没有让他们感到丝毫的勉强。他们在尊重人的地方成长，眼中无低下和卑贱的事物。被教导自重，习惯于社会眼光的检视。提早留意公众意见，对社会有自己的看法。有闲暇时间阅读、反思、交谈，追求荣誉与责任，在远景中，培养出警觉性、远见和审慎的态度。

9. 生活即教育

"生活即教育，教育即生活。"这里面的"生活"不是活着，也不仅是生活，而是艺术地生活。"艺术地生活"来源于生活，却又高于生活。

儿童生活是独一无二的，是个体生命和周遭意义世界来回震荡的结果。生活里承载着丰盈的生命意义。当儿童带着自己独特的生命体验与教师的生命经验相遇，这两种生命经验的碰撞会产生火花和热情，这就是"生活即教育"的丰富内涵所在。

就这样，我心目中理想的幼儿园，环境是艺术的、雅致的；教师是温润的、有文化气质的；课程是生活化、儿童喜爱的；生活是流动的、充满期待的……

一所真正意义上的幼儿园就是要从儿童出发，以儿童为中心，体现出儿童的需要、儿童的情感，儿童的智慧。在同儿童一起生活的体验中，成人依稀可以看到自己的影子，这种共情也是成人对自己的一种深度理解。

儿童也是真实生活的享用者。在幼儿园里，孩子们的生活是教育的内容，而教育的目标也终将通过生活来达成。孩子们的生活构成了幼儿园课程的核心，也让他们对幼儿园里的人、事、物产生了极大的信赖感，他们变得更加本真、自然，在"成为我自己"的路上越走越远。

三、儿童是这个世界美好的存在

儿童是一种美好的存在，但是能看到这种美好的人少之又少。很少有人静下心来打量儿童的世界，他们的美好总是被匆匆地一带而过。童年是一幅逼真而完整的人性画卷，又像是一本通俗而丰富的人性绘本，儿童是成人的镜鉴。童年有其独特的文化价值，儿童的存在本身就是对人类生活的巨大贡献。

几乎所有的大人都希望孩子们快点长大，这似乎是一句祝福语，但我却不希望孩子们快点长大，因为美好童年的每一天都是有价值的，有意义的。和儿童生活的时间越长，我们对他们越尊重。我们学会了用欣赏的状态观察他们，用耐心的态度倾听他们，一个个鲜活生命思想的流动让我们感动和惊喜；当和他们面对面时，感受到的是他们有温度的思想，虽然简单，但却生动而鲜明。我们可以清晰地触摸到他们的内心世界，这是幸运，也是责任。

传统的儿童研究，儿童总是被当作消极的研究对象，成人也是以自己的视角去理解、解释儿童的思想与行为。今天，需要我们将视角全方位地转向儿童，不仅要以儿童的视角看待发展，也要以更深远的眼光审视儿童在人类社会中的特殊地位。

我们的教育改革一直在寻求突破，但是否能找到最关键的部分？如果改革总是在儿童的认知层面打转，是很难有突破的。因为在认知层面上，儿童无论如何也比不过成人，成人有学科训练，有发达的大脑。但在心灵层面上，儿童的心灵是成人无法比拟的，他们"乘物以游心"，用想象给生活带来了无穷魅力。所以他们的语言、思想、灵性总是能打动成人。

我坚信：

1. 儿童发展是"身心灵"三方面的发展

儿童的发展应包含"身心灵"三个层面。

身的发展不仅仅是指身体的发展，也包含着认知的发展，因为大脑也是身体的重要器官。

　　心的发展是指超越了当下的认知，更直接地感受问题，同时伴有哲学的思考的过程。儿童的心灵丰富程度远超成年人。在我们的教育中，特别注重谈心灵的感受性、丰富性，我们总喜欢问孩子们："现在，你的感受是怎样的？"儿童的心灵非常敏感，如果成人压抑他们，心灵的触角就会缩回去。在爱的滋养下，才会重新长出触角。

　　灵性的发展通常被我们忽略。儿童灵魂的表现方式比成人的更丰富。他们总能感受到一些成人无法意识到的东西，直穿事物的本质，还能用清晰的语言表达出来。

　　儿童的灵性是成人永远无法企及的。如果我们不能意识到儿童的心灵和成人有所不同，就不能创造性地开展工作，也不可能真正地了解儿童，这是对儿童资源的极大浪费。

2. 儿童是主动的学习者

　　儿童有自己学习的方式，他们也是有能力的学习者。

　　儿童是怎样学习的？"奔跑""挖掘""争吵"都是学习。当儿童全身心沉浸在一个事物中的时候，就开始有了属于自己的学习。心理学家把这个学习过程称之为"心流"（flow）。我们对儿童了解得越多，就越能看到儿童这种学习方式的独特性。

　　情感性的、可调节的学习方式更符合儿童的认知。在幼儿园里，我们不必让孩子们"排排坐"，因为身体一旦被束缚，就无法进行情感性的、可调节性的学习，创造性也会受到限制。

3. 每个儿童都有自己的学习方式

　　希望所有儿童在同一学习过程中能够达到同样的学习效果，是一个不切实际的期待。

　　每个儿童建构学习的方式是不一样的。如果儿童在学习中没有受到来自成人的评判压力，他们按自己的方式完成学习的可能性就会越大。

4. 儿童用心灵学习与生活

　　儿童的学习不是知识的堆砌，学习若不能打动人"心"，儿童的思想、意识、情感就不会活跃，也就不可能有深度学习的发生。

　　个体的活动若不触及心灵（内心、灵魂），至多只是抽象个体的心理活动，而不是活生生的有思想、有灵魂的人的活动。

5. 儿童的世界游离在意识与无意识之间

　　儿童的世界游离在意识与无意识之间。孩子们喜欢的生活是按照无意识的状态自由游戏的。而"无意识"的本质就是流动、自由、不受拘束、充满想象……

　　当我们越来越多地了解了儿童的无意识状态，也就离真实的儿童越来越近。

6. 儿童学习的有序性是以"无序"的方式展开的

　　儿童学习的有序性恰是以"无序"开始的。

　　比如树叶的学习。一开始，孩子们并不热衷于了解树叶的构造、原理以及知识，他们更喜欢带有创造性的游戏，比如扔树叶、撕树叶、趴在树叶堆上……而这样的"无序"学习带有情境性，更容易激发他们学习与探索的愿望，这种学习经验也是非常宝贵的，它通常是有序学习的开始。

7. 儿童的学习与生活不是只有模仿，创造才是核心

儿童不需要重复我们知道的知识，我们应当运用恰当的方式去保留原本属于他们的丰富思想与情感、创造性的大脑以及开放和建设性的心态，让教育的目标自然达成。

只要儿童有兴趣，学习与发展就会自然发生。对儿童而言，拥有持久的学习兴趣远比获得知识更有价值。学会学习，对儿童来说也是培养学习兴趣的过程。学习的意义并不在于知识本身，而在于知识背后的价值。

儿童探索总是有带有强烈的好奇心与创造力的特质，他们的思考就像玩游戏一样自然。如果孩子们每次的游戏和学习都感觉愉快，那么，孩子们就会觉得学习是一件很有趣的事情。我们从不主张学习难度越深越好，而主张适度，让孩子在学习中有成功的喜悦与自我的满足。

如果孩子一直保持着对学习的兴趣，建立起了一个积极的动机系统，就会有内部动力不断地去探求知识。如果动机系统被破坏了，则会产生终身难以学习的后果。

8. 儿童生活的"混沌之美"

从哲学的意义上来讲，儿童的整体生活、游戏和对世界及自己的思考是紧密结合在一起的，哲学上称之为"混沌之美"。

成人只有在进行哲学思考时才能回到本源，用经验重构对世界的认知。当我们渐渐老去的时候，生命的整体感才会伴随着豁达再次呈现。儿童则无时无刻不在体现着思考与学习的整体性和完整性。

9. 每个儿童都是哲学家

儿童是哲学家，他们有一套自己独有的认识自然和世界的方法。儿童学习和成人学习最大的不同是，儿童的学习伴随着丰沛的情感体验，就是这部分情感，向上凝练成了哲思，向下幻化成了本能。

儿童哲学起源于儿童对世界的困惑，之后逐渐形成他们对于世界的一些看法与观点。和儿童打交道，需要我们用一颗纯粹而明亮的心去呼应他们，这样才能听到他们的哲思、哲意。如果我们不理解儿童的哲学，也就无法理解儿童的思维方式，更谈不上对他们精神世界的了解。

这么多年来，我们一直提倡要向儿童学习。但应该向儿童学习什么呢？儿童的思维方式、儿童的学习方式都值得我们学习，但要想建立起一个"向儿童学习"的信念，就必须深入了解儿童的精神哲学，因为，儿童所有的行为都是他们哲学观的外化。

当我们能够在更高层次上展现儿童的天真，保留他们的敏锐，欣赏他们的哲学思考的时候，我们才敢说自己是在向儿童学习。

四、幼儿教师，一个值得被尊重的职业

幼儿教师是一个值得尊重的职业。工作内容看似简单，但却是一个入职门槛极高的行业。门槛高并不是指学历或技能，而是指要拥有一种特殊的天赋。这个职业要求无论

从业者是否已经婚育，都应当具备足够的情怀去彰显女性或者说是母性的特质。他们必须有对噪声、啼哭、非理性行为、无序场景有很强的容忍及处理能力；也需要强大的心理机制以适应与未知的复杂系统打交道；并能够在接收大量无效信息的前提下，继续对该系统输入大量有效信息。其中的奥妙，所需的教育智慧，不仅值得家长尊重，也值得全社会尊重。

这份职业的美好和创造性远远被低估了。我在很多地方都谈到，我们是被选中陪伴孩子成长的幸运儿，我们是为人类留下美好种子的人。

值得注意的是，我所谈论的这一切都是基于教育者的健全人格来阐述的。在实践的场域，教师的人格彰显着极大的力量。如果一个教育者不能完成自我的超越和改变，教育也难以实现应有的价值。

教师需要看到自己工作的社会意义。教育强调对人的改变，但这个改变首先应是对自己的改变。教师对真善美的追寻，有主动学习的愿望，有能力超越当下，具备高尚的品质，这一切都构成了教师人格中最关键的部分。

我认为：

1. 幼儿教师是"文化人"

在幼儿园的文化构成中，教师是主要的文化载体，他们承载着教育的使命，也在用自己的文化影响着儿童的发展。

幼儿教师需要有深度思考能力，并有能力将自己承载的文化传递给儿童，然后运用文化的力量将教育推向更高的境界。

我希望，教师的内心与外表都要保持一种文化的庄严感。庄严感的背后也是个人对待现实世界的一种态度，即，在面对工作时要保持一种超越感、意义感和自控感。

2. 幼儿教师需要哲人气质

教育就是由教育者完成的。哲学并不是给我们一种知识，而是给了我们一种智慧、一种追问，追问我们构成思想的依据和道理是什么。

如果我们认为智慧是值得追求的话，就必须视追求智慧为一种荣誉。在科学和技术高速发展的时代，哲学提供的是一种均衡性的力量。

3. 幼儿教师是儿童的"代言人"

成人总认为儿童是弱小的，但作为幼儿教育工作者，我们有义务在任何一个地方为儿童发声。

任何时候，我们都应成为儿童立场坚定的代言人。

4. 对儿童要有真诚兴趣

一个真正的儿童教育者，应该始终对儿童抱有持续的、足够的好奇心，总是愿意倾听儿童，和他们一起幸福地创造当下的生活。教育的内容和过程，本质上是为了帮助儿童获得幸福感。

儿童教育工作者幸福的关键是，能够巧妙地运用隐藏在儿童内心深处的一种力量，使教育达到一种境界。

5. 幼儿教师需要解放

为什么要提"教师解放"？一是因为，教师的专业"解放"关系到每个教师自身的权益，以及个人对幸福教育生活的追求；二是从某种程度上说，解放教师就是解放儿童。

当下，造成工作内卷与职业倦怠的原因很多，就现象而言，在教育过程中，教师的个性被消解了。人的个性一旦被消解，就会过一种缺乏自我的生活。教师的真实与真诚也会消失，教育生活就会出现外在化、形式化、平面化和异己化的倾向。

6. 幼儿教师成长的三个阶段

教师的成长之路至少要经过三个阶段。

第一阶段是找到儿童，看到他们，听到他们，和他们在一起游戏。

第二阶段是和儿童相处的过程中，看到了关系中的自己。在这个关系中，重要的是做深度内观，将自己、儿童、教育三者进行联结。

第三阶段是逐步将认识内化成教育直觉与教育智慧。这之后，才能拥有被称为"专业能力"的教育智慧与品质。

7. 幼儿教师专业成长是一个个性化的过程

教师成长不是一个标准化的过程，而是一个个性化的过程。

相对于教师专业能力的发展，教师个人心灵的丰富与人格完整才是专业化成长的内部核心因素。积攒、总结、升华自己的成长经验，首先应该是作为"人"的成长经验，其次，才是作为教育者的成长经验。

8. "容纳"是幼儿教师专业品质的重要部分

专业品质相对于幼儿教师来说，重要的是，要拥有一种"容纳"功能。

用成人较为成熟的心智去抱持和消化孩子难以承受的情绪体验，用他们能理解的方式帮助他们完成对世界的认知。这种关系体验对孩子的发展是有价值的。

9. 成为心灵开放的幼儿教师

教师要敢于碰触自己，才能走进孩子们的内心世界。

倾听孩子们是个好方法。要学会梳理自己的内心，推翻原来的一些见解，重新建立起内心秩序。只有专注于当下的思考，内心安静，不再只想着自己的时候，成长才能随之而来。

当教师打开心灵，诚实地面对自己和儿童，与儿童共同成长，就是在完成自身认同，同时形成了专业认同。

幼儿教师是护根者。能够抵达远方的，不是能力，而是使命感。我们从事的是一份为民族护根，为未来奠基的事业。要有使命意识，不仅要看到当下，更要眺望未来。

五、生活化，幼儿园课程的根本特性

幼儿园的课程是教育者运用教育观和儿童观与儿童一起"编织"出的一张美好的

"席子"。

我欣赏布鲁纳所言"课程是一个工具箱",希望我们给孩子们的也是一个"工具箱",承载着一切的可能性,一切的创造性,一切的美好目标。但这一切又是孩子们通过自己的努力实现的。课程要从儿童出发,之后,在文化里完成一趟个人化的旅程,重构自己的认识观与价值观。

我们现在的课程,设计了100多个现象与主题,把孩子们未来可能遇到的问题都考虑了进去。

"在知识取向的课程中,儿童是不在场的,他们的需要、兴趣与意愿,他们的生活、文化与世界,在科学、客观的知识面前显得如此卑微和低下。""在这样的课程里,儿童与知识,儿童与课程是割裂的,知识与课程是外在于儿童,外在于儿童的生活,外在于儿童的世界的。"① 如何建构以儿童为目的课程观,是我们一直努力的方向。

我们必须看到,传统知识观下的教育面临着重大的"意义危机"。我们常常把儿童的"知道"当作教育目的,解构知识成了上位目标,认为知识在量上的增加可以推动儿童个人的发展。知识充斥着我们的生活各个方面,几乎所有人都在为知识的累积而努力。如果不摒弃这样的"知识观",我们就无法真正地理解儿童,理解儿童的生活与游戏,也无法从教育改革中寻找到一条出路。

我们认为,那种只将知识中的符号与经验视为核心,并以此构建所谓的知识体系,无视个体生命与心灵在知识产生过程体验的"知识观"是偏狭的,也是不适合儿童的。

生活化课程中亦有深厚的中国文化线索。中国文化博大精深,但其核心在于对德性和境界的崇尚。所以,中国人的生活总体上是从容的。我们将中国文化独有的气质和力量融合进生活化课程里,目的是要培养整全的"中国儿童"。

我确信:

1. 课程要有坚定的儿童立场

儿童是人类精神世界的典范,他们天性中的真善美一直引导着他们的生活。他们拥有的是一种原始但充满诗意的逻辑系统,在成人眼中幼稚、不严谨,但却是自洽的、动人的、浪漫的、有意义的。

正因如此,我们需要站在儿童的角度思考课程,也需要站在儿童的角度设计课程,更需要站在儿童的角度完成课程。如果课程中没有儿童的立场,就无法触及儿童的心灵,无法让儿童获得真正意义上的发展。

2. 课程中需要文化立场

教育就其内容而言,无非是文化与生命之间的积极互动,任何教育都是立足于个体生命而展开的文化引领。文化本身是一条宽阔的河流,我们应当向这条河流中注入新鲜的东西。

我们也意识到,生活化课程的探索是一个从教育过程走向教育文化的过程。教育文

① 蒋雅俊. 课程哲学: 儿童、经验与课程 [M]. 北京: 人民教育出版社, 2015: 95—98.

化，一方面赋予教育实践以一种历史的延续性，另一方面也赋予教育实践以一种文化上的创造性。因此，教育文化虽发生于教育的原点，但却是与教育活动共始终的。

所有的文化都是由人创造的，只有回归到人性最美好的本质中去，文化才有可能淬炼出美好的品相。

3. 好的课程要完成一种诗意的融合

教育应遵循儿童立场。但所谓的"儿童立场"并不是指完全追随儿童的脚步，而是能够帮助儿童在生活中创造出一种可能性。在儿童立场之上，赋予其生活以文化的调性，为他们的思想、情感提供一个更宽广的舞台。

一个好的课程，就是要在儿童和文化之间游走，创造出一种诗意的融合。

4. 课程生成与预成相辅相成

一个好的课程是预成和生成相互作用的结果。如果仅仅只靠"生成"，当教师没有能力来驾驭的时候，会破坏教师的安全感，也会难以在教育中获得满足感。

在课程中，"预成"可以用文化的框架来承载，而"生成"多是从儿童的视角出发来构建。

5. 课程回归儿童，从"你的经验""我的经验"到"我们的经验"

我们认为：幼儿园课程是在幼儿园生活的儿童及同伴与教师共同经验的总和。对于儿童而言，他们的生活即是教育。儿童在幼儿园所有的生活都构成了课程的有效内容，幼儿教育的目标也终将通过儿童的生活来实现。

"课程回归儿童"意味着我们会将生活中美好的东西一点一滴地渗透给儿童。通过他们的眼，通过他们的手、他们的嘴、他们的心，帮助他们建构对生活的全新认识。在儿童学习过程中，他们所借助的经验不仅包含在特定情境中呈现出的经验，也包含着其成长中的历史经验及个人对未来的期望。

不单单是幼儿的经验，教师的经验也构成了课程的组成部分。在课程实施过程中，教师的个人经历、知识水准、哲学观等，都直接或间接地影响着课程的质量。

6. 课程是"具身认知"的

"具身认知"理论认为："思维和认知在很大程度上是依赖和发端于身体的。身体的构造、神经的结构、感官和运动系统的活动方式决定了我们怎样认识世界，决定了我们的思维风格，塑造了我们看世界的方式。"如果学习脱离了身体、脱离了情感，将无法取得很好的效果。

在课程学习中，儿童的认知和身体与周围的环境形成了一个动态的统一体，他们获得的"知识"并不脱离于他们的"存在"，而是带着他们自己的生活体验、情感温度，是触及心灵的，也是难以忘记的。

"生活化课程"以"生成"为基础，超越了单一的知识形态，提供了一个有意义的、宽泛的知识观，帮助孩子们从生活出发，在动态的生成过程中，建构关于知识的信念，体现了人在生活及生命活动中的重要价值与意义。

在这样的学习中，花草园的孩子们也获得了对知识、对自我、对心灵完全不同的知识体系。对教师来说，这样的认识除了让他们以一种全新的方式和儿童共同学习、互动，也让他们始终保持着对世界与知识的好奇心。

这种好奇心对教师而言弥足珍贵。因为如果没有认识上的好奇心，教师就不能把生活阅历转化为知识，也就无法产生工作上的愉悦感与创造感。

六、在生活中塑造自己的哲学观

生活会塑造我们的哲学观，而教育哲学观的形成需要一定的场域，我和很多老师教育哲学观的形成都是在花草园里完成的。

我是一个对哲学问题很感兴趣的人，喜欢思考一个现象背后的原因以及这个现象能带来什么变化等问题。当我们开始思考这些问题的时候，不知不觉中就从儿童哲学走向了成人哲学。

对话在我们的生活中起着很大的作用，脱离开我和教师的对话，哲学观是没法产生的。老师们和孩子们在一起，承接的是孩子们的思想，我和老师们在一起，承接的是老师们的思想。我只有和大家一起讨论的时候，问题才能有清晰的答案。

心灵是一个非常奇妙的东西，这些年，我们的心灵是相通的。当我们心灵相通的时候，就好像穿越了一个时光隧道，在另一个时间和空间里，我们依然在一起。如同灵魂相撞，彼此理解，那时候，我们说的话都很哲学。

就像科学、艺术、哲学，似乎是能够符号化的东西，但背后的本质却都是难以符号化的。科学与艺术的背后表达的那些情感，本质是灵魂之美，我们就是在这样的场域中，当灵魂相遇的时候，每个人都成了哲学家。

这里的人心灵是澄澈的。心灵，是物质的还是精神的？我感觉，它也是物质的，我们中国人叫它"气场"。我很享受和老师们在一起谈论哲学的那种感觉，但我们都需要借助于儿童的力量，在那个场域里，相互激发。这个气场一旦形成，会有一种"能量场"。科学、艺术、哲学，本质上追求的都是心灵之美。

当我们的教育能够追求到心灵之美的时候，我们就如同在高处行走，灵魂也是在高处的，所以花草园人看着不俗气，很有气质。

对话的前提是信任、爱、希望和尊重。我很想用这些年我们成功的案例告诉大家，谈论哲学，才有可能让教育拥有最真实、最美好的样子。

我坚信：

1. 追求纯粹生活是有意义的

事物的本质就是事物最纯粹的东西。忘掉自己，放下自己的执念。只有把目光还原到儿童中去的时候，思想才会流动起来。然后发现，任何时候都能拥有自己的"思想流"。其实，每个人都有可能找到自己的生命力，但是首先是要放空自己。

一个人的直觉和灵感常常来自一颗清明的心。只有内心放空了，智慧的信息才能流向我们。

2. 学做有弹性的人

当我们能接受自己的不好，就能接受好；当我们能接受自己的软弱，就能接受坚强；当我们能接受自己的无能，就能接受强大，这就叫弹性。

当这个弹性空间越来越大的时候，心就变得广阔起来，不受外在事情的影响。因为那个事情，再大也大不过你的心。我们的工作就是在修一颗"心"。

不要害怕自己本来的样子，对自己彻底地诚实和敞开。真正勇敢的人不是没有恐惧、没有弱点的完人，而是在任何情况下都对自己慈悲和诚实的人。

3. 要"息脑运心"，用心感受生活

心灵和头脑的运作是完全不同的。头脑创造出了哲学、科学和意识形态，它们看似有答案，但其实又没有答案。头脑有一千零一个问题，但是它从来不接受任何答案，因为它不知道如何接受。心没有问题，但是它接受答案。

我希望老师们在工作中能够做到"息脑运心"，让心灵释放出更大的空间。那种什么都想到、想透，想得很周全、精细，对各种事情有太强、太清醒判断力的教师，反而会丢掉生活和思想情感中那些感性的、偶然的、独特的、生动活泼的、对儿童发展更有价值的东西。

4. 生活可以让我们拥有智慧

每一个人都可以在回归简单中拥有生活的智慧。智慧一词常被人连在一起使用。但在现实生活中，"智"与"慧"表现出的却是两个不同的状态。

拥有"智"的人学习能力强，获取知识的速度会更快一些；拥有"慧"的人则表现出对事物状态之外的一种预见、把握、变通，甚至是放弃的能力。"智"是大脑的直接产物，而"慧"则和心灵相通。"智"是为人生做加法，而"慧"很多时候是为人生做减法。我们每个人都可以成为更智慧的人。

5. 面对问题，学会臣服

慢下来，才能感觉到自己的生命节奏。不要总是沉溺在生活的节奏里，而是应该寻找生命的节奏，这是我们要向孩子们学习的地方。

当我们顺遂万物、如其所是时，会处在那种内在气场中，处在那种不执取的内在态度中，就具备了一个非常有生命力的空间——一种意识有力的状态。在那样的臣服时刻，某些重要的东西就会来到我们身边，脱离头脑的紧缩与认同（焦虑与烦恼），回归到自然的状态里（宁静与平和）。

6. 学会一种安然生活的态度

安心、安然的状态是我们倡导的。如果赶目标，是走不好路的；如果显能，也是走不好路的；如果努力，也未必能走好。世界上有很多事情没做好，恰恰是因为太努力了。因为努力是向外走，用的是力量或谋划。若是用心，心恰是在宁静里，在干净里，在恭敬里。

7. 掌握生活的平衡之道

当我们换了一个空间，换了一个时间，就会重新感受生活和生命的另一种东西。生活和生命应该是处于一个平衡的状态，而这个平衡一边是工作，一边是自己的闲暇时光。一个人不可能一直都在工作中奔跑，所以我们需要找到生活和生命的平衡关系。

写在最后：

这个世界要有一盏灯，背黑暗而向光明。

随着年龄的增长，越来越怀念逝去的美好时光……那些年，我和老师们一起，缓慢地生活着、创造着，内心充盈着喜悦。生命美好的真挚感，就是通过这些年我们对哲学的谈论得以实现的。这种方式很多人会觉得苦，但对我们而言却是充满喜悦的，如同在黑暗中行走，突然找到了一束光亮。

这么多年过去，愈发感觉我们的探索是有意义的。当我们不再把工作当成一份职业，而是用一种哲学的眼光去探寻儿童，用精神和灵性的力量看待儿童的成长，反而拥有了更多的收获。

时常能感觉到一种召唤，那个力量如此之大，让人难以停下脚步……我很迷恋这份工作，这份迷恋如同寻宝的孩子，知道宝藏在哪里，然后，急切地想把这些秘密告诉那些还没有发现的人：看，这是宝藏！看，孩子们就是这样的宝藏！看，他们多美好啊！

我们是儿童世界的"探秘者"。今天，也很想告诉大家：来吧！从这里开始……

胡　华

2021 年 10 月 28 日于花草园

我喜欢有意义地
活着

图书在版编目(CIP)数据

幼儿教师的教育哲学观:通向幸福的教育之道/胡华著.—上海:复旦大学出版社,2022.1
(2024.11 重印)
ISBN 978-7-309-15677-5

Ⅰ.①幼… Ⅱ.①胡… Ⅲ.①幼教人员-教育哲学 Ⅳ.①G615

中国版本图书馆 CIP 数据核字(2021)第 091171 号

幼儿教师的教育哲学观:通向幸福的教育之道
胡 华 著
策划编辑/谢少卿
责任编辑/夏梦雪

复旦大学出版社有限公司出版发行
上海市国权路 579 号 邮编:200433
网址:fupnet@fudanpress.com http://www.fudanpress.com
门市零售:86-21-65102580 团体订购:86-21-65104505
出版部电话:86-21-65642845
上海四维数字图文有限公司

开本 787 毫米×1092 毫米 1/16 印张 14.5 字数 317 千字
2022 年 1 月第 1 版
2024 年 11 月第 1 版第 7 次印刷
印数 23 601—27 700

ISBN 978-7-309-15677-5/G · 2244
定价:55.00 元